高校英語授業を知的にしたい

内容理解・表面的会話中心の授業を超えて

三浦 孝　亘理 陽一
山本 孝次　柳田 綾　編著

研究社

目　次

第Ⅰ部　総論：知性を育てる英語授業の原則

第1章　英文の内容理解だけに終始する英語授業をどう脱却するか――知性を育てる英語授業の8つの原則 ……………………（三浦　孝）　2

1. はじめに …………………………………………………………………… 2
2. 英文の内容を理解するだけの英語授業でよいのか …………………… 3
3. 内容理解の先に，批判的検討や意見交換がある授業を ……………… 4
4. 学習指導要領も強調する，英語で議論できる教育の必要 …………… 5
5. 本書の独自性 ……………………………………………………………… 6
6. 知的・論理的英語力を育てる8つの指導原則 ………………………… 7

第Ⅱ部　知性を育てる英語授業の実践編

第2章　グラフィック・オーガナイザーを用いた内容理解活動の実践 ………………………………………………（三浦　孝）　12

1. 筆者の自己紹介と実践にあたっての問題意識 ………………………… 12
2. 授業の設計 ………………………………………………………………… 12
   - 2.1　授業実践の枠組み ………………………………………………… 12
   - 2.2　授業のシラバス …………………………………………………… 15
   - 2.3　使用テキスト ……………………………………………………… 17
     - 2.3.1　自主編成テキストを使う理由 ……………………………… 17
     - 2.3.2　テキストの構成 ……………………………………………… 17
3. 毎回の授業の内容の推移 ………………………………………………… 19
   - 3.1　開始期の授業内容 ………………………………………………… 19
   - 3.2　中盤期の授業内容 ………………………………………………… 21
   - 3.3　終盤期の授業内容 ………………………………………………… 22
4. 成績評価方法 ……………………………………………………………… 23

5. 実践の結果 23

第3章　テキストを深く読むクリティカル・リーディングの授業
....（伊佐地恒久）34
　1. 実践にあたっての問題意識 34
　2. 授業実践 35
　　　2.1　授業の枠組み 35
　　　2.2　教材 36
　　　2.3　授業の概要 37
　　　2.4　本時テキストについて 47
　　　2.5　学生作品 47
　　　　　2.5.1　学生によるクリティカル・リーディング・クエス
　　　　　　　　チョンの例 47
　　　　　2.5.2　学生による意見文の例 48
　3. 指導効果の検証 50
　　　3.1　調査材料 50
　　　3.2　批判的思考力への効果 50
　　　3.3　批判的思考態度への効果 51
　　　3.4　授業アンケート結果から 52
　4. 結論 55

第4章　英語が苦手な学生が2分間スピーチを楽しむようになるまで——自作カルタで伝え合う力と関係性を育てる
....（永倉由里）60
　1. 筆者の自己紹介と実践にあたっての問題意識 60
　2. 授業実践の目標 61
　3. 授業の設計 62
　4. 授業実践例 63
　　　4.1　「関係」を育てる Icebreaking
　　　　　——Magical Quiz（≒ Who am I?）............................... 64
　　　4.2　「柔らかい構え」をもたらすリズム音読 65

4.3　「滑舌」向上！　口の周りの筋肉トレーニング
　　　　　——Shadowing Quiz 65
　　　4.4　英語表現リストで Look up & Say 66
　　　4.5　「記憶」を助けるカルタ活動 67
　　　4.6　Magical Quiz 69
　　　4.7　スキーマ（背景知識）を活性化させるカルタ活動 69
　　　4.8　カルタを使って口の周りの筋肉トレーニング 71
　　　4.9　「即時的な判断」を求めるカルタ活動 〜即答バトル〜 71
　　　4.10　スポーツの「意義」を考える Brainstorming 活動 72
　　　4.11　モノローグに挑戦！——1-Minute Monologue 73
　　　4.12　フリートークに挑戦！——2-Minute Dialogue 73
　　　4.13　定番タスク 2 種——Bingo と Find who... 74
　　　4.14　機会を与え，楽しさを共有したいミニ・スピーチ 78
　　　4.15　振り返りシート「Learning Journal」で自律学習者への
　　　　　成長を促す 82
　5.　対象学生の授業観と動機づけの変容 84

第 5 章　生徒が身を乗り出してくるタスクで旧来型教科書の限界を超える——心を動かす授業をめざして ......（柳田　綾）89

　1.　筆者の自己紹介と実践にあたっての問題意識 89
　　　1.1　自己紹介 89
　　　1.2　実践にあたっての問題意識 89
　2.　これまでの実践の課題と授業の目標 90
　　　2.1　実践にあたっての問題点 90
　　　2.2　授業で追求した目標 91
　3.　授業の設計 92
　　　3.1　対象クラスの概要 92
　　　3.2　実践期間 92
　　　3.3　使用教材 92
　　　3.4　年間指導計画表（シラバス） 92
　　　3.5　本実践の指導計画 95
　　　　　3.5.1　本課の目的 95

              3.5.2　本課の指導計画表... 96
  4. 実践の足跡.. 98
     4.1　遭遇した困難点・解決方法.. 98
     4.2　達成できた点.. 99
     4.3　本実践を通して発見できたこと... 100
        4.3.1　年間指導計画（シラバス）の重要性........................... 100
        4.3.2　文法を context で使用することの重要性 100
        4.3.3　peer-editing の効果.. 101
        4.3.4　learning community の構築 101
     4.4　今後改善すべき点... 102
  5. まとめ：「生き方が見えてくる英語授業」に私が提案できること..... 102
     5.1　頂上タスクの設定（原則 3）... 103
     5.2　生徒が感想・意見・疑問・対案等を出す授業（原則 4, 5）
         104
     5.3　学びの共同体，社会性の育成，自律的学習の推進
         （指導原則 6）.. 105
     5.4　試行錯誤を楽しむ... 106
     5.5　approach（教育哲学）を再確認する 106

第 6 章　思考力育成へ向けた授業実践──エマ・ワトソンの HeForShe スピーチを題材として ....（山本孝次）121

  1. 実践にあたっての問題意識... 121
  2. 授業で追求した目標... 123
  3. 授業の設計.. 123
     3.1　対象クラスの概要... 123
     3.2　実践期間.. 123
     3.3　使用教材.. 124
     3.4　指導計画表.. 125
  4. 実践の足跡（授業記録）.. 127
  5. 実践のまとめ.. 150
     5.1　この実践で目指した目標は，どの程度達成できたか......... 150
     5.2　この教材および授業の良い点は何だと考えるか................ 152

5.3　今後の課題は何か 152

第7章　スティーブ・ジョブズと頂上タスクで批判的思考力を伸ばす .... （峯島道夫・今井理恵）156

1. 筆者の自己紹介と実践にあたっての問題意識 156
2. 授業で追求した目標
　　——批判的思考力育成のための「CTスキル目標」 157
3. 授業の設計 157
　　3.1　使用教材 157
　　3.2　指導の方策 158
4. 実践の足跡 160
　　4.1　高校での実践 160
　　　　4.1.1　実施時期と授業進度計画 160
　　　　4.1.2　練習課題 161
　　　　4.1.3　小タスク① 163
　　　　4.1.4　小タスク② 165
　　　　4.1.5　頂上タスク 167
　　4.2　大学での実践 169
　　　　4.2.1　実施時期および対象クラスの概要 169
　　　　4.2.2　授業進度計画（シラバス） 170
　　　　4.2.3　ユニットの構成 172
　　　　4.2.4　第1話「練習課題」 173
　　　　4.2.5　第1話「小タスク」 175
　　　　4.2.6　第2話「練習課題」 178
　　　　4.2.7　第2話「小タスク」 179
　　　　4.2.8　第3話「練習課題」 181
　　　　4.2.9　頂上タスク 183
　　4.3　質問紙調査から見えたもの 190
5. まとめ 192
6. 今後の課題 193
　　6.1　高校での実践の課題 193
　　6.2　大学での実践の課題 193

7. おわりに 194

第8章 小グループが英語で打ち合わせ，英語でプレゼンテーションできる指導――ネイティブ・スピーカーのグループ活動から学ぶ .... （加藤和美） 198
1. 筆者の自己紹介と実践にあたっての問題意識 198
2. 教材作成 199
3. 授業の構成 201
    3.1 授業で追求した目標 201
    3.2 小タスクから頂上タスクへと至る知的交換活動 202
4. 実践の足跡 213
    4.1 授業実践1――基本編 213
    4.2 授業実践2――応用編 215
5. 最後に 226

第Ⅲ部　試作教材『Trinity English Series Book 1』を使った授業実践

第9章 『Trinity English Series Book 1』を使った高専での実践 .... （種村綾子） 230
1. 筆者の自己紹介と実践にあたっての問題意識 230
2. 授業で追求した目標 231
3. 授業の設計 231
    3.1 対象クラスの概要 231
    3.2 実践期間 232
    3.3 使用教材 232
    3.4 指導計画表 232
4. 実践の足跡（授業記録） 234
5. 試用実践のまとめ 247
    5.1 この試用で目指した目標は，どの程度達成できたか 247
    5.2 この教材の良い点は何だと考えるか 248
    5.3 今後の課題は何か 249

第10章　英語を通してより豊かに生きることにつながる授業
　　　　　　　　　　　　　　　　　　　　　　　（鈴木章能）253
1. 筆者の自己紹介と実践にあたっての問題意識 253
   1.1 自己紹介 253
   1.2 日本の英語教育におけるモチベーションの問題 255
   1.3 日本の英語教育におけるモチベーションの問題をどう解決するか 256
2. 授業で追求した目標 256
3. 授業の設計 257
   3.1 対象クラスの概要と授業実践の概要 257
4. 実践の足跡 260
5. 学生の「生きる喜びを見出せる英語学習」とは 276
6. まとめ：「生き方が見えてくる英語授業」に私が提案できること 281

第Ⅳ部　大学入試とこれからの英語授業

第11章　これからの大学入試が求める英語力
　　　　──問題発見・判断・意思決定・解決の力 ....（亘理陽一）286
1. はじめに 286
2. 大学入試における英語試験の政策動向 287
   2.1 経緯と変容 287
   2.2 これから求められる力 289
3. 高校側の受け止め方 291

第12章　現代の大学入試問題はどのような英語力を試そうとしているか──全国33校91種類の入試分析から言えること ....（関　静乃・亘理陽一）294
1. 研究の動機 294
2. 研究の方法 295
   2.1 分析対象校 295
   2.2 分析項目 295
   2.3 A型問題の定義と典型例 297

    2.4　B型問題の定義と典型例... 298
    2.5　O型問題の研究方法と典型例.. 303
  3. 分析結果と考察... 307
    3.1　問題文の語数増加の傾向... 308
    3.2　A型問題・B型問題の割合.. 308
    3.3　B型問題の特徴... 309
    3.4　B型問題の広がりと語数との相関................................. 310
    3.5　O型問題の特徴... 311
  4. まとめと展望.. 313

あとがき... 317
執筆者一覧... 318
索　　引... 319

第Ⅰ部

総論：知性を育てる英語授業の原則

第1章

英文の内容理解だけに終始する英語授業を
どう脱却するか
――知性を育てる英語授業の8つの原則――

三　浦　　孝
（静岡大学名誉教授）

1. はじめに

　日本人の大部分が英語を使うことが苦手だということは，長年にわたって指摘されてきており，中でも英語で自分の意見を主張したり議論することが苦手だと言われている。筆者も海外の語学研修プログラムの引率や国際的学会に参加してきたが，その狭い経験からも，これには同感である。学校英語教育を受けてきた本人はもとより，産業界も外交筋も文部科学省も，日本人の議論下手を大きな障壁として憂慮し，英語で議論できるようにする教育の必要を訴えてきている。

　しかし，英語で議論できる教育を，日本の中学・高校・大学の英語授業で，実際に実現したケースはあまり報告されていない。多少あるにはあるが，それは英語科という専門科での「ディベート」の授業や，Super Global High School のような研究指定校での特設授業が主である。あるいは，ディベートの指導に造詣の深い教師が，年間の授業の中の数時間を使って，教科書を離れてディスカッションやディベートに特化したプロジェクト的取り組みを行ったケースはある。だが，こうした取り組みは普段の授業とは切り離されたところにある。

　この日常的英語授業とディベート的英語授業との乖離は，どうしたら埋められるだろうか。そもそも英語で議論できる人間を育てようとして，必ずしもディベートという形式にこだわる必要はないのではないか。ディベートというのは，議論（ディスカッション）の中のある特殊な一形式である。それは，「言葉のバトル」とも言われるように，対立する二派に分かれて，互いが相手を打ち負かそうとして言い争う活動である。雰囲気的和合を尊重し，異

論を唱えることを嫌う日本人学習者に英語での議論を教えようとして，いきなり学習者をこのような戦いのリングに立たせることには無理がありはしないか。それではどうしたらよいかと言えば，答えは明瞭である。ディベートという形式にこだわらず，普段の英語授業の中で，教材の内容について意見や質問を出し合えばよいのである。本書はその筋道を明らかにしようとしている。

なお本書は，「高校英語授業を知的に」という書名を掲げながら，大学や短大での実践も収録している。それらの実践が，高校でも十分に活用可能であるという判断から，収録したものである。

2. 英文の内容を理解するだけの英語授業でよいのか

高校で言えば「コミュニケーション英語 I」や「コミュニケーション英語 II」といった，週当たりの授業時間数が3時間以上の主要科目で，英語で議論できる授業に取り組んでいるところはほとんどない。また大学で言えば，英語授業の中心を成す Reading の授業で内容に関する議論を取り入れている例はほとんど聞かない。もちろん大学の Conversation の授業では，日常的な話題に関する議論は取り組まれてはいるが，こちらは扱う話題の平易さゆえに，知的・論理的議論とは呼び難いものが多い。要するに，高校や大学の英語教育のいわば「主食」にあたる授業で，英語で意見交換する力が，授業目標の中に取り入れられていない。

「コミュニケーション英語 I」のような，英語教育の中心を成す科目では，テキストの英文の内容を理解させることに全精力を使い果たしまっている傾向がある。こうした科目は授業目標を，「テキストの英文内容と文法事項の理解」に置き，その先に行こうとしていない。これは，我々の通常の「読む」行為からすると，まことに不自然である。いったい我々の中の誰が，記事を全部くまなく理解するために新聞を読んでいるだろうか？ あるいはテレビのニュースを，自分の日本語聴解力を試すために全部理解しようとしているだろうか？ 本来，人間は何かの目的（たとえば求める情報を見つける）のために，文章を読んだり聴いているはずである。そういう目的があるからこそ，それにふさわしい読み方を選択し（たとえば斜め読み，拾い読み），目的が果たされればそれ以上細かくその文章を読むことはしないのである。

3. 内容理解の先に，批判的検討や意見交換がある授業を

　授業が，英文内容の理解でストップしてしまうことは，読みを不自然にするばかりでなく，読んだ内容に対する鈍感さを植え付け，生徒 / 学生の知性にとって有害な影響を及ぼしかねない。日本の生徒 / 学生が大学卒業までに受ける英語授業の時間を大まかに計算してみると，中学校 3 か年で 410 時間（週当たり授業 4 回として），高校 3 か年で 512 時間（週当たり授業 5 回として），大学で 135 時間（90 分半期 15 回授業を 6 つとして），合計で 1057 時間ほどになろう。これだけ膨大な時間を，「次の英文を読み，本文の内容と一致する短文を，(a)～(e) から選びなさい」といった内容理解チェックに費やしているとしたら，はたしてどのような知性が育つだろうか。もちろん読んだ英文の中には，心を打つ名文や，知的啓蒙や示唆に富む英文も多々あるだろう。自分が受けた感動を，クラスで出し合い交流していたら，どんなに豊かな対話となることだろうか。しかし授業は内容理解が済むと，内容を味わう暇もなく次の英文に移ってしまう。また，読んだ英文の中には，読む値打ちのない駄文や，常識から言っておかしな英文も多々あるだろう。「この根拠でこの結論を導くのは論理的におかしいのではないか」「作者の論調は一方的ではないだろうか」等々，違和感や疑念を感じることもあるだろう。しかし授業はそうした疑念には目もくれずに，内容理解チェックが済んだら次の英文に移ってゆく。こんなことを繰り返すうちに，学習者は英文を，自分の人生や問題意識とは関係のないものとして扱うようになってしまう。

　現行指導要領の「コミュニケーション英語 I」「コミュニケーション英語 II」のように，週に 3～4 回授業があり，「環境問題」「人権」「異文化理解」「世界の貧富の差」といった知的なテーマの英文を，同じクラスの生徒たちが一緒になって読み込んでゆく授業は，内容面でも言語面でも，英語を使って議論するための絶好の共通土俵を提供している。ところが生徒と教師にとってこうした絶好の議論の土壌が，みすみすと見捨てられてゆく。これだけ知性と社会性を軽視しておいて（クラス内で話し合うことは社会性育成の要である），週 1 回程度の英語表現の授業で，「犬と猫と，ペットとしてどちらが好ましいか」などといった安直な議論の真似事をしたとしても，生徒はそんな白々しい議論に乗ってはこない。

　さらに，英語授業における内容吟味の欠如は，実は一種の危険すらはらんでいる。それは，長期間にわたって英文を読み無批判に内容を受け入れる作

業を続けることによる，洗脳的効果である。現状のままの授業を続けていても，英語で議論できる日本人が育つことは望めない。

　それではどうしたらよいか，本書の筆者たちは，普段の英語授業でこそ議論を取り入れるべきだと考え，5年前に「生き方が見えてくる高校英語授業改革プロジェクト」を立ち上げた。このプロジェクトは4か年にわたって活動し，その研究成果をプロジェクトのホームページに掲載してきた。そしてプロジェクトの完成段階の取り組みとして，高校・大学の普段の英語授業で，「議論できる日本人」を育てるメソッドの開発と試行研究を行った。そのまとめが，本書の内容である。

4. 学習指導要領も強調する，英語で議論できる教育の必要

　まず初めに，議論できる英語力と現行の高等学校学習指導要領（2008年告示）との関係を考察しよう。

　現行の高校学習指導要領が，それ以前のものでは取り上げていなかった新機軸は2つある。「英語の授業は英語で行うことを基本とする」[1]と，「思考力・判断力・表現力の育成」である。このうち，前者は一部に本来的意図を外れて「授業中は日本語を一切排除すべし」という誤解を生みつつも，文部科学省が教科調査官や各県指導主事を通して，相当強力に講習・指導・点検を行っている。しかし同じく学習指導要領が強化のポイントとしている「思考力・判断力・表現力」の育成はあまり脚光を浴びていない。それどころか，その後に文部科学省が発表した「グローバル化に対応した英語教育改革実施計画」（2013）では，全く言及されておらず，忘れ去られてしまった感すらある。

　授業を英語で行うことだけを強調し，思考力・判断力・表現力を育てることを軽視すれば，テキスト内容の comprehension check-up で埋め尽くされ機械的な授業に堕してしまう恐れがある。

　こうした壁を，日本の英語教育はなかなか突破できてこなかった。そうした事態に危機感を感じた教師たちが集まって始めたのが「生き方が見えてくる高校英語授業改革プロジェクト」であり，その目的は英語授業の主食にあたる科目で，読んだ英文内容について生徒と生徒，生徒と教師が，議論を知的に楽しむための方法論を開発することであった。

5. 本書の独自性

本書の内容が従来の英語ディスカッション指導書と異なる点は：

1. ディスカッションやディベートといった，ある特定の活動形式から授業にアプローチするのでなく，あくまでも「主食」たる4技能統合的な授業で，教材の内容理解活動の先に，内容に関する意見交換を行うという，リーディングの自然な流れを尊重する。
2. 勝ち負けを争うバトルとしての議論ではなく，読んだ感想や疑問点をクラスメートと共有しあう，相互理解的なスタンスから議論を導入するので，自信のない生徒でも安心して意見が言える。
3. 紹介した指導法や教材は全て実際の学校現場で半年以上の試行を経て，日本の学校で機能しうることを検証済みのものとする。
4. 試行を行ったのは，必ずしも特別に英語教育に力点を置く学校やクラスでなく，普通の学校の普通のクラスである。
5. 目指す指導法は，傑出した個人の名人芸ではなく，明確な指導原則に則ったものとする。その原則さえ踏まえれば，誰でも実行可能な指導法である。
6. この研究が単なる現状批判に留まることなく，普通の学校の普段の授業で知性・論理力を高める授業が可能であることを証明するために，自主編成教材『Trinity English Series Book 1』（教材本体と指導書，ワークシートから成る）を作成した。これは，本書が提示する8つの指導原則（本章の6参照）を体現した教材である。さらに，実際にこの教材を使って授業を行った教師の試用体験報告を掲載し，その効果と今後の改善点を報告している（本書9・10章）。
7. 今後起こりうる英語大学入試の変化の動向を情勢分析し，高校側に必要とされると予測される対応を提言している（本書11章）。さらに現代の実際の大学入試英語問題で，知的・論理的英語力を試す問題がどれだけの割合を占めているか，具体的にどのような問題が出されているかについて，全国33大学の91種類の英語入試問題の詳細な分析に基づいた資料を提示している（本書12章）。

ここ数年の英語教育界は，「英語の授業は英語で行うことを基本とする」の文言のみに反応し，「使える」英語力を伸ばす技法にばかり目を奪われて，知

性を育てることを軽視している。本書はこのような状況に対して、知性・論理性を育てる具体的なプロセスと教材を提案しようとするものである。

6. 知的・論理的英語力を育てる8つの指導原則

本書は、高校・大学の普段の授業で知的・論理的英語力を育てるために、下記の8つの指導原則を提案している。

原則1: 繰り返し味わうに足る、内容・英文ともに豊かな教材を用いる。これは質的に高い英文を用いて、内容面から知的啓発をはかり、同時に生徒を優れた英文モデルに触れさせるためである（本書5・6・7・9・10章）。

原則2: グラフィック・オーガナイザー[2]を活用して、訳読以外の直読直解型の内容理解活動を行うとともに、推論発問や評価発問を用いてテキストのより深い理解を養う（本書2・3・7章）。

原則3: リスニングやリーディングの自己目的化を防ぎ、目的を持って聞く・読むという自然な聴解・読解を成立させるために、各単元に「頂上タスク[3]」を設ける。授業の諸活動は、その頂上タスクの達成のための下位タスクと位置づけ、頂上タスク達成のためにテキストを聞き・読む活動を展開する（本書3・4・5・6・7・8・9・10章）。

　頂上タスクとは、たとえば次のようなものである：

・賛否両論を紹介した論説文を読んで、欠けているconclusion部分を作成しなさい。

・生徒が各グループで不動産業を担当し、アパートのリストを見て、顧客の家族構成・収入・希望に合ったお勧めの物件ベスト3を選び、理由と共にクラスにプレゼンテーションし、クラスの投票で1位を選ぶ。

・物語 "The Gift of the Magi" を読んで、生徒がもし物語の主人公だったら、相手にどのようなクリスマス・プレゼントを贈りたいかについて、まとまった英文に書いて発表しあう。

原則4: 聞き・読んだ物語文や記事について、生徒が感想や意見を出し合う。これは、ストーリーについて、自分の感激を伝えたい、クラスメートの気持ちを聞きたいという、生徒の自然な欲求に応えることであ

る。とりもなおさず，教材を深く咀嚼し，そこから何が学べるかを出し合う知的・対人的交渉のプロセスでもある。

　たとえば，授業で読み終えた物語について，次のような質問をすることによって，このプロセスは容易に導入できる。

- What do you think about this story? Would you recommend your friends to read it, or would you rather not?
- Which sentences in this story do you like very much? And why?
- What would you do if you were the hero/heroine of this story?
- Pick up one of the main characters of this story and write a short letter to him/her.

（本書5・9・10章）

原則5: 扱った論説文について，生徒が疑問・意見・対案等を出し合うプロセスを設ける。生徒は，複雑で急変する現代社会を前にして，不安や疑問や問題意識をいっぱい抱えている。一つの論説文を読めば，読者として疑問や不審に思う点が必ずあるはずだし，またそうあるべきである。そうした「他の人はどう思っているのだろう？」を授業に取り入れることで，critical thinking と社会性を養うことができる。たとえば，論説文の記述に関して，「これは事実を述べたものか，それとも推測や意見を述べたものか？」，「もし事実を述べているなら，それは一次情報か二次情報か？」「二次情報の場合，それを誰から入手したかが明記されているか」「観測や意見には十分な根拠や論拠が示されているか」「このテーマを扱う上で，必須の情報であるにもかかわらず欠落している情報はないか？」「利害が対立する問題についての意見では，それが誰の立場に立って書かれているか」などを出し合う活動である（本書3・4・5・6・7・9・10章）。

原則6: 教材に出てきた地名・人名・出来事等で興味を覚えた事柄について，生徒に調べ学習の機会を与えたり，同じ題材を扱った別のテキストと比較させて（これを「対置テキスト」と呼ぶ），その結果をプレゼンテーションで発表しあい，学びの共同体，社会性育成，自律的学習の機会とする（本書5・6・7・10章）。

原則7: 意味ある課題を通して，重要文法事項を spiral 的に学べるようにする。特に，文中における主語と述語動詞の発見，照応関係や並行表

現を見分ける活動，段落構造（Topic Sentence と Support）や段落間構成の見分けは，教材が変わっても一貫して指導できる学習タスクとして活用可能であり，継続発展的に指導することとする（本書 2・3・5・8・10 章）。

原則 8： 意見交流活動で生徒から発せられる感想・疑問・意見・対案等に対して，教師は常に中立的司会者として反応する。つまり，教師はどのような生徒の声も class discussion への貴重な contribution（貢献）として positive に受けとめ，考える材料としてクラスに還元し，それがさらなる discussion を生むように取り計らう。

　教師はたとえ自分の意に反する意見や，愚かと思われる意見が出されても，「先生はそうは思わない！」「その意見はおかしい！」というふうに批判的な反応を取ることは控える。唯一教師が注意を与えるのは，暴力的や侮辱的な言葉遣い，他人の発言を妨害する行為に対してである。これは，教室の中に発言の自由を保障する鉄則である。我々が授業で目標とするのは，特定の意見に凝り固まることではなく，いろいろな意見に冷静に耳を傾ける姿勢だからである。

　なお，先ほども述べたが，これらの 8 つの原則を実際に具現化した「教材＋指導書＋ワークシート集」として，筆者らは高校用に『Trinity English Series』を 3 レベルで試作している。そのうちの Book 1（英検 3 級程度対象）は，浜島書店のご厚意でサンプル版を無償製本して希望校に配布した。他の 2 レベルは，ホームページよりダウンロードして利用可能にしている（http://homepage3.nifty.com/newmiurapage/shisakuban.html）。

〈注〉
1. この文言の主旨は，「生徒がコミュニケーションの手段として英語を使う活動を授業の中心に据えよ」という意味であって，母語の使用を完全に否定したものではない（文部科学省，2009, p. 44）。
2. Graphic Organizer とは，表（table），図式（chart），フローチャート（flow-chart），ウェブ図（web），時系列（timeline）等を用いて，テキストの内容を視覚的に提示すること。Graphic Organizer は，テキストの段落内構造（paragraph organization）や段落間構成（intra-paragraph organization）の掌握力を養成するとともに，テキスト内容の骨子の記憶保持に役立つと報告されてい

る。特に，summary writing と併用するとさらに効果が高まると言われている。詳しくは三浦（2014, pp. 132–146）参照。
3. 授業で生徒が達成すべき creative な課題のことを「タスク」と呼び，1つの単元（普通は数回の授業で完了する）のすべてのタスクの頂点に立つ統合的なタスクを頂上タスクと呼ぶ。単元の最初から，頂上タスクを生徒に提示し，その達成を可能にするように毎回の授業を方向づけてゆく。

〈引用文献〉

永倉由里・伊佐地恒久（編）(2014)．「The Gift of the Magi」，「ジョンとヨーコが描いた平和の世界を知ろう」『Trinity English Series Book 1』浜島書店（非売品）．

永倉由里・伊佐地恒久（編）(2014)．『Trinity English Series Book 1　指導書・ワークシート集』浜島書店（非売品）．

三浦孝 (2014)．『英語授業への人間形成的アプローチ』研究社．

三浦孝・亘理陽一（編）(2014)．「The Message from Helen Keller」，「Steve Jobs' Commencement Address at Stanford University」『Trinity English Series Book 3』2016 年 3 月 17 日ダウンロード．http://homepage3.nifty.com/newmiurapage/shisakuban.html

三浦孝・亘理陽一（編）(2014)．『Trinity English Series Book 3　指導書・ワークシート集』2016 年 3 月 17 日ダウンロード．http://homepage3.nifty.com/newmiurapage/shisakuban.html

文部科学省 (2009)．「高等学校学習指導要領解説　外国語編 英語編」．2015 年 3 月 1 日ダウンロード．http://www.mext.go.jp/component/a_menu/education/micro_detail/__icsFiles/afieldfile/2010/01/29/1282000_9.pdf

文部科学省 (2013)．「グローバル化に対応した英語教育改革実施計画」について．2015 年 12 月 6 日ダウンロード．http://www.mext.go.jp/b_menu/houdou/25/12/1342458.htm

山本孝次・柳田綾（編）(2014)．「The Test」，「Is There a Santa Claus?—Virginia's Letter」『Trinity English Series Book 2』2016 年 3 月 17 日ダウンロード．http://homepage3.nifty.com/newmiurapage/shisakuban.html

山本孝次・柳田綾（編）(2014)．『Trinity English Series Book 2　指導書・ワークシート集』2016 年 3 月 17 日ダウンロード．http://homepage3.nifty.com/newmiurapage/shisakuban.html

第Ⅱ部

知性を育てる英語授業の実践編

第 2 章

グラフィック・オーガナイザーを用いた
内容理解活動の実践

三 浦   孝
(静岡大学名誉教授)

1. 筆者の自己紹介と実践にあたっての問題意識

　筆者は，公立高校で 23 年間英語教師を勤め，その後短大で 4 年，大学の教員養成課程で 14 年間英語を教え，定年退職後は大学で非常勤講師として英語を教えて 3 年目になる。常勤在職中は英作文を主に教え，reading 指導についてはあまり研究していなかった。しかし退職後に依頼された授業が reading であったために，初めて真剣に reading 指導に向き合い，教材・指導方法・評価方法をほとんどゼロから構築することとなった。この実践報告は，そうした筆者の reading 授業の試行錯誤の中間報告である。

　実践にあたっては，

(1) ただ単に英文を読んで訳す作業を繰り返すだけでなく，英文を読みこなすための技法（ツール）を明確に掲げて追求する授業がしたい，
(2) 学生の人生に資する，内容豊かな英文をクラスメートが共に味わい，意見を交流する授業がしたい，

と念願している。それが筆者の問題意識である。

2. 授業の設計
2.1 授業実践の枠組み
（1） 授業名

　Advanced Reading I（2 年次前期必修）と Advanced Reading II（2 年次後期選択）。

（2） 実践期間

　Advanced Reading I は 2013 年，2014 年，2015 年，2016 年の前期に 90

分授業で週1回を15回開講。Advanced Reading II は2013年，2014年，2015年，2016年後期，90分授業で週1回を15回開講。

(3) クラスと受講人数

クラス1とクラス2，それぞれ30名。

(4) 対象学生

クラス1,2共に，文学部2年生30名。

(5) 受講学生の特徴

◇ 英文学専攻生3名を除いて，他は全体に英語に対する苦手意識が強い。特に長文読解とリスニングに苦手意識が強い。開講時アンケートでは，授業についてゆけないのではないかと不安を訴える学生も数名いる。

◇ 将来の就職活動のためにTOEICのスコアを上げなければならないという意識は強い。

◇ 両クラスとも，授業中の私語は少なく，静粛に授業に参加している。しかし，内容が難しくなってくると居眠りする学生が出る。

◇ 出席状況は，おおむね良好で，欠席者は多くてもクラスの2～3名程度。毎回宿題を課している（本章3.1（イ）参照）が，提出状況は良好である。

◇ 4～5名の小グループ（教師指定）での活動を取り入れている。グループ活動に対する学生の反応は，2013年度にはあまり肯定的ではなかったが，年度を追うごとに肯定的・積極的になってきた。この理由には，高校までの授業でグループ活動をより多く経験するようになってきたことが考えられる。しかし，学生によれば，大学入学以後はグループ活動を取り入れた授業は他になかったという。また，2015年度から毎回，グループ活動時の司会者・レポーターをローテーションで指名して役割をはっきりさせたこと，活動時にBGMを流すようにしたことの効果もあると思う。BGMは，YouTubeでアメリカ・イギリス・オーストラリアの最近のヒット曲から，明るくノリの良い曲を選んで流している。洋楽好きの学生からリクエストも出るようになった。

　まれにだが，ジャーナルに「グループ活動は苦手だからやめてほしい」と書いてくる学生もある。そのような学生には，「あなたの気持ち，わかりました。初めてなので，不安もあるでしょうね。あと1～2回グループでやってみて，それでも無理だと思ったら，授業後に私に相談してください，善処します」と返事をしておく。これまでに通算して4人，その

ような学生がいたが，回を重ねるうちにグループに溶け込んでいった。もし今後どうしても拒否反応を示す学生が出現した場合には，筆者としてはその学生の気持ちをよく聞き，場合によってはグループ活動不参加も許容するつもりでいる。

(6) 受講学生の素地

学生たちは1年次に半期，必修科目「Reading」を受講してきている。これは17ものクラスで開講されており，シラバスや教科書が統一されていないため，どのようなreading指導を受けてきたかは様々である。これら17の授業のシラバスを見るかぎりでは，授業内容は（ア）トピック別の英文和訳，（イ）文法項目中心の英文和訳，（ウ）TOEIC練習問題を使った問題演習，のいずれかが多い。

(7) この授業の目標

Advanced Reading I（2年次前期必修）とAdvanced Reading II（2年次後期選択）の内容に関しては，「英文の読解力を養う」という以上に詳しい内容指定はされていない。使用教科書やシラバスにも指定はなく，各担当教員の裁量に任されている。成績評価は，定期試験と平常点をもとに，各担当教員が決定する。

筆者は，これまで高校生・大学生を教えた経験と，英語教授法の様々な知見を総合的に検討して，次のようなreading技術の指導を授業目標の柱とすることにした。

a. やや固い論説英文を読み解くためのbottom-up的reading技術の積み上げ
    i. 英文の主語（S）と述語動詞（V）を発見しながら読む
    ii. 挿入部分を飛ばして，文の骨組みを把握する
    iii. 英文を文頭から固まりごとに語順訳して意味を取る
b. top-down的reading技術の解説と練習
    iv. 各段落のトピック・センテンスとサポート・センテンスを見つける
    v. 内容を，図や表にコンパクトにまとめて理解する（グラフィック・オーガナイザー使用，以後はG.Oと表記）
    vi. 段落間の論述構成を読み取る

さらに，これらのreading processを収斂させる最終段階として，

vii. 読んだ英文の内容について質問・意見・感想を交換する活動

という知的吟味のプロセスを加えた。

なおこれら7つの目標は，3年前のスタート当初から確定していたものではなく，実践を重ねる過程で徐々に練り上げてきたものである。

2.2 授業のシラバス

先述の7つの目標を，2セメスター（30回）の授業でどのように追うかを，図1に表す。

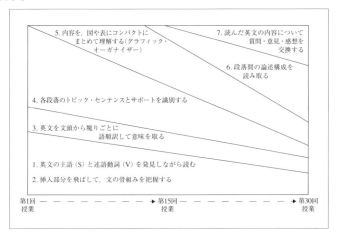

図1　授業進行に伴う授業目標の配分図

授業の最終目標は，読んだ英文の内容について質問・意見・感想を交換できる力の養成に置く。しかし授業スタート当初は，図中1〜4にある基礎的リーディング技術の養成に力点をおき，学生が陥っている全文訳読依存からの離脱を図る。学生がこれらの技術に習熟するにつれて，授業でのウエイトは段落レベルから段落間レベルの読みへと移ってゆく。

同時に，英文passageの内容理解の方法を，語順訳から徐々にG.Oによる理解へと移行させてゆく。こうして読んだ英文の内容をG.Oにまとめる作業は，「目的を持って英文を読む」という本来のリーディング・プロセスを教室に実現するために有効である。さらに，「どの文が重要で，どの部分は軽く読み飛ばしてよいか」を見分けながら読む習慣ができてくる。また，読んだ英

文の内容が，学生の頭の中にも論理図として転写されるので，内容の記憶の保持が容易になる。

　最初は1つの段落単位でG.Oを使用し，中盤から複数の段落を貫く論理構成をG.Oで図示できるようにしてゆく。また，学生にいきなりG.Oを作れと要求するのは無理があるので，最初は扱ったpassageの内容を教師がG.Oにまとめた図を示したり，半完成のG.Oに学生が本文中から語句を探して補うなどして，手本を示すことを行い，慣れを形成する。

　最近，文部科学省が「知的・論理的英語力」を強調するのに伴い，高校の授業でにわかに「ディベート」を取り上げようとする傾向がある。しかし，「知的・論理的英語力」＝ディベートという図式化は短絡的であろう。相手の主張の論理をしっかりと理解・分析することができていなければ，上っ面の反論に説得力はない。その意味で，英文内容の論理構成をG.Oで理解する力は，知的・論理的英語力の土台となるはずである。事実，論理図に要約してみると，その英文の内包する論理的欠陥や問題点までもがはっきりと見えてくる。また，こちらの主張もG.Oを作成して論理的にしておけば，反論は説得力を増す。

　まとめとして，G.Oの利点を要約すると：

ア．「目的を持って英文を読む」という本来のリーディング・プロセスを教室に実現する。

イ．「どの文が重要で，どの部分は軽く読み飛ばしてよいか」を見分けながら読む習慣ができる。

ウ．読んだ英文の内容が，学生の頭の中に論理図として転写されるので，記憶の保持が容易になる。

エ．論理図に要約してみると，その英文の内包する論理的欠陥や問題点がはっきりと見え，改善方法も見えてくる。

オ．「知的・論理的英語力」の根底を成す，相手の主張の論理をしっかりと理解・分析し，こちらの主張を論理的に整然と構築する力を養う。

カ．G.Oを完成するタスクは取り組みやすく，ゴールが明確なので，グループ・タスクとして有効である。

　さて，先述の授業目標の「vii. 読んだ英文の内容について質問・意見・感想を交換する」は，この授業の最終目標である。だが，学生たちは，これま

での英語授業でこのような知的吟味活動をほとんど経験してきていない。そのために，最初から教師が正面きってこのような活動を提示すると，拒否反応が強い。「Reading の授業なのに，どうしてそんなことをするのか？」と怪訝そうな表情をする。また，この活動は小グループ単位の共同作業なので，グループ活動への前向きな姿勢と慣れが必要である。こうした理由から，はじめのうちは読んだ英文について短い感想を書かせる活動や，グループで協力してG.O作成等のタスクを完成する活動からスタートして，徐々に「グループで活動することは楽しく役に立つ」，「質問・意見・感想を互いに出し合うことは面白く・ためになる」という実感を養ってゆくことが必要である。なお筆者の授業では，現状ではグループ活動に日本語を使用している。

2.3 使用テキスト
2.3.1 自主編成テキストを使う理由

この授業で使用したテキストは，自主編成テキスト *Paragraph Reading for College Students*（A4 判 57 ページ）である。

市販教材を使わずに，テキストを自主編成した理由は：

(1) 主要な段落間構成（本章 2.3.2 Part 2 ①〜⑩を参照）の全部を網羅し，しかもすべてに passage の例を添えた市販テキストが見当たらない。
(2) 日本の学生が英文を読み解くための読解技法（本章 2.1 (7) の i〜vi 参照）の一部に言及した市販教材はあるが，全部を網羅してしかも passage の実例を添えたものは見当たらない。
(3) どの市販教材も，様々な英文 passage を reading 練習用に掲載しているが，学生の心を打つような感激や知的啓発を与える passage が少ない。

以上の理由から，やむをえず自主編成教材を作成することとした。原稿は，筆者が以前から少しずつ集めていた名作英文集から適切な passages を選びだし，それに reading 技法の練習部分を付け加えた。2013 年度に初版を作成し，その年の試用結果をもとに 3 回の改編を加えてきた。

2.3.2 テキストの構成

自作テキスト *Paragraph Reading for College Students* の構成は下記のよ

うになっている。

Part 1: 英文を読み取る合理的テクニックを身につけよう
 （ア）語順訳で文を文頭から理解しよう
 （イ）英文の骨格（主語と述語動詞）を発見しよう
 （ウ）パラグラフの Topic Sentence を発見しよう
 （エ）Passage の内容を Graphic Organizer にまとめよう

Part 2: パラグラフ間の論理構成を掌握しよう——代表的な論理構成の紹介
 ① Time Order
 ② Space Order
 ③ Definition
 ④ Classification
 ⑤ Illustration
 ⑥ Cause and Effect
 ⑦ Problem-Solution
 ⑧ Argumentation
 ⑨ Claim-Counterclaim
 ⑩ Comparison-Contrast

Part 3: 読んだ英文を味わおう——質問・感想・批判を出し合う
 英文1. Life of a President
 英文2. San Francisco Vacation Travel Guide / Expedia（YouTube 映像利用）
 英文3. Circles of English Usage
 英文4. Japanese Sayings
 英文5 Eating in a Japanese Restaurant（旅行ガイドブック *Lonely Planet* より）
 英文6. Living Alone
 英文7. Letter of a Businessman to His Son
 英文8. Should Japan Maintain Death Penalty?
 英文9. 科学記事を読む: The Cruber Cave（*National Geographic* より）
 英文10. The Great Dictator（Chaplin 映画のラストシーン）

英文 11. Why Do They Only Complain?（英字新聞記事）
英文 12. A Tribute to Dogs
英文 13. Need an ideal conversation partner? Try a Nonnative!（Murphey, 2006 より）
英文 14. You and I Are Independent
英文 15. Carl Sagan — Origins of Life and the Cosmos（YouTube 映像利用）
英文 16. Steve Jobs' 2005 Commencement Address at Stanford University（YouTube, Jobs, 2005）
英文 17. Forty Years Later（Weizsacker 首相演説）
英文 18. 賛成・反対を論ずる：Rep. Barbara Lee's Speech Opposing the Post 9.11 Use of Force Act
英文 19. 新聞の論説を読む：What does it profit man to gain an MBA?
英文 20. Reverence for Life（by Albert Schweitzer）
英文 21. Three Days to See（by Helen Keller）
英文 22. Pros and Cons about Whaling（インターネット Debatapedia の 'Debate Whaling' より）
英文 23. Space Order の小説を読む（Malcolm Lowry, *Under the Volcano*, 1947 より）

3. 毎回の授業の内容の推移

授業の procedure は，先述 2.2 の図 1 のように，授業の開始期・中盤期・終盤期で異なっている。それぞれの期に典型的な procedure を以下に述べる。

3.1 開始期の授業内容

下記の表 1 は，開始期の標準的な授業内容と時間配分を表したものである。以下に，その要点を解説する。

（ア）ジャーナルによる意思疎通

教師と個々の学生の間で，授業ジャーナルを毎時間交換している。学生の理解状況や気持ち，直面する困難点を知るためである。毎回授業の最初にジャーナルを返却し，出欠確認を兼ねる。ジャーナルに書かれていた学生コメントのうちから数件を取り上げて，クラスに発表し，教師がコメントを返

表1　開始期の授業の内容と時間配分

手順	時間（分）	活動形式	活動内容
1	5	一斉	ジャーナル返却と授業外課題チェック
2	4	一斉	ジャーナルへの教師コメント
3	10	グループ	G.O を完成する授業外課題の答をグループで話し合う（資料1参照）
4	5	一斉	授業外課題の答えをグループが全体に発表，教師が補足
5	10	一斉	レクチャー：Topic Sentence と Support Sentence の見分け方　1 パラグラフ 1 アイディアの原則
6	15	グループ	Topic Sentence 発見練習その1・その2
7	5	一斉	上記の答えをグループが全体に発表，教師が補足
8	7	グループ	Topic Sentence 発見練習その3
9	4	一斉	上記の答えをグループが全体に発表，教師が補足
10	10	一斉	レクチャー：1つの段落の内容をG.Oに要約する方法
11	5	一斉	授業外課題の指示と解説
12	5	一斉	学生がジャーナルに本時の振り返りを記入

す。ジャーナルは授業最後の5分間に学生が記入し，それに授業外課題を挟み込んで提出する。教師は次回授業までに課題をチェックし，学生の日誌にコメントを返す（ジャーナルのサンプルは付録資料3を参照）。

（イ）授業外課題

課題は，本時に学習した事項の応用問題や，次回に学習する passage の語順訳などを課している。大体30分くらいで答えられる内容である。毎授業で，出欠確認の後に課題を机上に出させ，教師が実施状況を確認して名前の横に筆者手製のスタンプを押してゆく。このスタンプで，課題を本当にやってきたか，それとも授業中に他の学生のを写したりしたのかが区別できる。課題は授業最後に回収するが，教師のスタンプのないものは提出扱いとはしない。

（ウ）グループ分けの方法

クラスは，4～5人の小グループに分かれてグループワークを行う。グルー

プ分けは，第一学習社のホームページにあるコンピューターによるシャッフル分けを利用している（http://www.daiichi-g.co.jp/osusume/forfun/10_group/10.html）。

授業3回連続して同じグループで活動し，その後再びシャッフルする。そして，司会者とレポーターを，表2のように指定しておく。

表2　司会者とレポーターの決め方

授業回数	司会者	レポーター
1	名簿の1番上の学生	名簿の2番目の学生
2	名簿の2番目の学生	名簿の3番目の学生
3	名簿の3番目の学生	名簿の4番目の学生

3.2　中盤期の授業内容

中盤期は，「語順訳やSV発見，Topic SentenceとSupport発見」といった基礎的学習と，「段落間の論理構成の読み取りと，英文内容に関する質問・感想・意見表明」といった発展的学習のウエイトがほぼ均等になる時期である。

表3でわかるように，G.Oは手順3～4，5～6で盛んに用いられている。G.Oのタスクがあると，学生がグループワークで何をしたらよいのかが，一目瞭然にわかるので，取り組みやすいのだ。

一方では，手順7～8のように，難解箇所は語順訳やSV発見タスクを用いて，理解する手立てを施している。ただし，どの文を最も難解と判断するかは，グループに任されており，こうすることにより学生のニーズに対応できるようにしている。

さらに，手順9～10は知的・論理的英語力養成という最終目標への準備である。「読んだ内容に関して自分の感想や考えを述べる」というタスクを，学生にとって受け入れやすく，簡便に答えられる形で導入している。すなわち，自分の答えをゼロから作り上げる形でなく，たとえば，

(a)　今日読んだpassageの中で，あなたが一番好きな文章はどれですか？なぜその文章が好きかを簡潔に述べなさい。

(b)　（今日読んだpassageの中で賛成派，反対派の主張を表に列挙した後で），それぞれの主張に対して，あなたは賛成か反対か，○×を記入してみよう。

表3 中盤期（授業9回目）の内容と時間配分

手順	時間	活動形式	活動内容
1	5	一斉	ジャーナル返却と授業外課題チェック
2	4	一斉	ジャーナルへの教師コメント
3	10	グループ	英文5・6に関する授業外課題（G.O図完成）の答えをグループで話し合う（付録資料2参照）。
4	10	一斉	授業外課題の答えをグループが全体に発表，教師が「Process」と「原因―結果」の論述構成についてレクチャー
5	10	グループ	各グループで，英文8に関するタスク（G.O図完成）に取り組む。
6	5	一斉	上記の答をグループが全体に発表，教師が補足
7	10	グループ	各グループが，英文7の中で最も難解だと思う文章3つを，語順訳かSV発見を行う。
8	15	一斉	上記の答をグループが全体に発表，教師が補足
9	11	グループ	今日読んだ英文5・6・7の中で，自分が最も共感した英文1つを選び，グループで発表しあう。
10	5	一斉	今日のジャーナルに，今日読んだ英文5・6・7の中で，自分が最も共感した英文1つを書き，それに共感した理由を書く（日本語でも可）。

のように，あらかじめ存在するものの中から自分の答えを選択する形式である。

使用言語は，現状では日本語としている。学生個々人の意見は，ジャーナルに書いて提出されるので，次回の授業ではその中からいくつかの声を教師が全体に紹介して，さらに交流を深める。

3.3 終盤期の授業内容

図1に示したように，終盤期の授業では，段落間の論理構成の読み取りと，英文内容に関する質問・感想・意見表明といった発展的学習が主となる。

ただし，過去2年の実践では，掲げた授業目標の1～6の指導法を確立することに手一杯で，指導目標7まで系統的に取り組むことができなかった。したがって，終盤期の授業を本格的に実践するのは，今年度後期がはじめて

となる。

　終盤期の，知的交流活動を支えるものとしても，G.O は役に立つと期待している。昨年度試験的に行った Steve Jobs の Stanford 大学での演説の読解でも，Jobs に起こった出来事を年表式に要約した表（付録資料4参照）と，Jobs に起こった出来事が「点が線となる」ことを描いた「原因→結果」の連鎖図（付録資料5参照）が学生の理解を大きく助けた。

4. 成績評価方法

　成績評価は，平常点（宿題の提出状況と内容）で 30％，中間試験で 20％，期末試験で 50％ を付けている。中間試験と期末試験の出題形式は，

(1) 複雑な文の主語と述語動詞を指摘する（既習文より出題）
(2) 難解な文の語順訳（既習文より出題）
(3) ひとまとまりの英文 passage の内容を，G.O 図に要約する（既習文より出題）
(4) 段落の Topic Sentence を指摘する（未習文より出題）
(5) ひとまとまりの英文 passage に関して，80 語以上で関連質問を作成または自分の意見を書く（既習文より出題）

としている。

5. 実践の結果

　この実践は，reading 力養成のための総合的な取り組みであるが，ここでは本章のテーマである G.O 使用の結果に的を絞って，その効果を考察したい。考察にあたっては，(1) 学生にとっての効果，(2) 教師から見た効果，(3) 今後の課題，に分けて行う。なお，ここでの結果の考察は，もっぱら授業担当教員としての主観的観測と，学生のジャーナルへの書き込みをもとにして行ったものであり，厳密な調査や統計的分析の手続きは取っていない。

(1) 学生にとっての効果

　授業ジャーナルには，G.O 利用に対して，学生から肯定的な感想が多く寄せられている。「内容がすっきり理解できる」「訳すよりもわかりやすい」といった声が多い。G.O の導入は，1) 教師が作成した G.O を提示して見せる

→ 2) 教師が作成した半完成の G.O の空欄に本文から情報を拾い出して補う
→ 3) 学生が英文 passage を自分でゼロから G.O に転写する，という発展経路をたどる。これを意識的に取り入れたのは 2015 年度からであるが，ちょうど半期が終わった時点では，上記の 2) の段階まで行った。以下に，学生の G.O に関する感想の主なものを紹介する。

- リンカーンの話は，あのまま普通に読んでいたら，けっこうわかりづらい文章だったと思うけど，年表化することで筋書きがよくわかって，内容の多くをつかめた気がします。
- 今回は時間順に出来事を書いたり，英文の内容を図や表に書いていくということを主にやりました。図に書くととてもわかりやすいように思えました。
- フローチャートにまとめると英文の理解度が普通に読解するだけの時と比べて増すことがわかりました。
- 図式化や，地図を見て問題を解くことはとても楽しかったです。グループで課題に取り組むこともできてよかったです。
- 今回の授業は死刑制度について勉強しました。しかし，まだ習ってないよくわからない単語がたくさんあり，正直難しかったです。けど，1 つ 1 つ訳して表にまとめたら，何が言いたかったのかわかった気がします。
- 英文の図式化にも大分慣れてきました。読み進めていると，無意識にトピック・センテンスなどの重要な部分を丸で囲っていて，驚きました。
- 表にすることで，余計な文や難しい単語でとまどうことが減らせた。だんだん，自分でも読むスピードが上がってきたと感じる。
- 図式化は頭の中がすっきりして良いと思う。しかし，TOEIC などの試験中にこのような図式化をしている余裕がなさそうなのが問題だ。

先にも述べたが，G.O 的なタスクは，少人数のグループ活動には非常に適している。探すべき情報が限定されているために，答えが見つけやすく，また答えを議論する際に話題がはっきりしている。グループで協議しながら答えを探し出す作業は，一種のゲーム的な要素があり，学生のイニシアティブが発揮できるため，嬉々として活動に参加している。

（2） 教師から見た効果

教師から見て，G.O の使用は，次のような点で便利である。

a. その日の教材文の要点を G.O に書き表すことによって，何をポイントとして教えたらよいかが，はっきりと教師に見えてくる。逆に言えば，その教材文をどのタイプの G.O に落とし込むかの選択によって，授業のポイントが変わってくる。たとえば Steve Jobs の Commencement Address (2005) を，時系列の G.O（付録資料4参照）に落とし込むか，それとも「原因→結果」の G.O（付録資料5参照）に落とし込むかで，目指す読解の要点が変わってくる。

b. 授業で教えるべきポイントが視覚化できる。特に，複数の段落から成る長文では，段落同士の関係が一目瞭然に視覚化できる。

c. 授業準備で passage 内容を図にまとめてゆく過程で，原文の内包する論理構成的な欠陥が見えてくることがある。一見，論理的に書かれているように見える文章も，G.O に図式化してみると，意外な欠陥が見えてくることがある。筆者がこれまでに遭遇したものでは，次のようなものがあった：

　i. 「現代の生活と昔の生活と，どちらが住みやすいか」というテーマの passage で，「昔」とはどの国の，いつの年代を想定しているのかが定義されておらず，説得力に欠けるもの。

　ii. 「身体に良い食事法」というテーマの passage で，「野菜は常に生で食べなさい」と述べているが，その根拠が示されていない。また，全ての野菜を生で食べるべきだと言い切ってしまう論調にも無理がある。

　iii. 英語ネイティブ・スピーカーが日本語の「がんばって」という表現を批判した passage で，筆者が「がんばって」を "Work harder." と訳し，その "Work harder." の英語的ニュアンスを根拠として，「すでに必死で努力している人に向かって『がんばって』と激励するのは酷だ」と評しているもの。つまり，日本語の「がんばって」＝英語の "Work harder." という，論証されてない価値判断が，あたかも既定の事実であるかのように持ち込まれているもの。

　iv. 「○○の是非」といった，紙上ディベート的な文章で，賛成派が主張する論点に関して反対派が何の主張もしておらず，反対派の論点に賛成派が意見を述べていない。つまり論点の共有がないすれ違いの文

章。

　なお，このような論理的問題点のある passage は，知的・論理的英語力養成のための反面教材として利用することができる。つまり，passage の内容を G.O に図式化した後，「この文章の中に，論理的な無理があると思います，それはどこでしょうか？」と学生に考えさせるのである。これは学生にとって，非常に新鮮な問いかけとなり，「これまでの英語授業では，テキストの文章は絶対だと疑わなかったが，今日の授業で，自分の頭で考えながら内容を批判的に読まなければならないことを知った」という感想が多く寄せられた。

(3)　テキストに適した G.O を選ぶための教師向けヒント

　まず言えることは，G.O の作成には，ある程度の熟練が必要だということである。しかし，慣れるにしたがって，passage のタイプに応じて適切な G.O を選択し作成することは容易にできるようになる。

　一つの passage 全体を単一の論理構成が支配していることは少なく，ふつう複数の論理構成がオーバーラップして用いられている。たとえば Steve Jobs の Commencement Address の Second Story は，一部が「時間順」で，また一部が「原因―結果」や「問題―解決」の論理構成で書かれ，しかもその 3 つの論理構成が重層的に用いられている。

　もしも，教科書の英文に包括的な単一の論理構成が存在せず，部分的な論理構成が複数併存する場合には，教師は「たとえ部分的ではあっても，どの論理構成の G.O でまとめたら，この passage の主旨が最もよく把握できるか」という観点で G.O を選択するとよい。あるいは，first reading では「時間順」で G.O にまとめ，second reading では「原因―結果」で G.O にまとめるというふうに，重層的に読ませてゆけば，さらに深い読みが実現できる。

　単一の G.O パターンに，ぴったり合致するような英文は，実際には多くはない。そのため，各パターンの典型例を，authentic な source から入手することはなかなか稀である。下記のホームページは，多少の参考になると思われる。

　　Write Source Student Writing Models
　　　　http://www.thewritesource.com/studentmodels/

Developing Effective Arguments with Claims, Evidence, and Warrants
　　http://www2.ivcc.edu/rambo/eng1001/argumentation.htm
Explore Pros & Cons of Controversial Issues
　　http://www.procon.org/
Debatepedia
　　http://www.debatepedia.org/en/index.php/Welcome_to_Debatepedia%21

〈引用文献〉
三浦孝（2014）.『英語授業への人間形成的アプローチ』研究社.
三浦孝（2015）. *Paragraph Reading for College Students 2015*. 非売品.
Jobs, S.（2005）. The Commencement Address by Steve Jobs Stanford University News.　http://news.stanford.edu/news/2005/june15\jobs-061505.html
Murphey, T.（2006）. *Language Hungry!* Abax.

付録資料1　G.O を用いた予習課題（授業開始期）

　　　　　　番号（　　　　　　）氏名＿＿＿＿＿＿＿＿＿＿＿＿＿

Time-order（時間順）の文章を読む―'Life of a President'

タスク：テキスト pp. 14–15 を読み，下の年表の events（出来事）欄に語句を補って，年表を完成させなさい。

Date	Events
February 12, 1809	
When he was nine	
At the age of 21	
By 1837	
When he was 37	
In 1858	
In 1860	
In 1865	
April 14, 1865	
the next morning	

28 第Ⅱ部 知性を育てる英語授業の実践編

付録資料2　G.O を用いた予習課題（授業中盤）

課題1 英文5のフローチャートの①～④に，文中から適語を補いなさい。

①	
②	
③	
④	

課題2 英文6の内容を下記に図示しなさい。

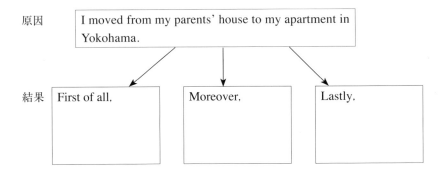

課題3 英文8について，死刑反対派と賛成派の主張を，下の図に整理してみよう。

	those against capital punishment	those in favor of capital punishment
死刑に対する諸外国の態度		
人権の観点から		
社会正義の観点から		
国連の死刑廃止条約への態度		
死刑が殺人を予防する効果の有無		

| 無実の人を死刑にする危険 | | |

付録資料3　ジャーナルの一例

　ここに紹介するのは，当初英語の苦手意識が強く，不安を訴えていた学生の書いたジャーナルだが，徐々に不安が解消されていくのが見える。この学生は最終的には中位の成績を取っている（学生のプライバシー保護のため，ワープロで打ち直したものを掲載する）。

日付	今日の授業で学んだこと・感想・質問したいこと	先生からの返事
Apr. 7	トピック・センテンス，サポートのこと。これを使えるようになれば，問題ももっとできるようになって，自分のためになると思います。高校のクラスが，英語のレベルが低く，基礎から自分は不安。大丈夫でしょうか。	わかりました。基礎の要点に言及しながら授業することにします。がんばってください。
Apr. 14	グループ学習が始まった。英語はもちろん，コミュニケーション力も養えて，とても有意義と感じる。長い文章が苦手で，訳もあいまいなまま進んでしまっているので，今回の課題のように1つ1つ区切っておちついてやっていこうと思う。	グループ，みんなで盛り立ててください。長い文章も平気になるよう，授業でがんばりましょう。
	（中略）	
Apr. 28	今回でこのグループも終了。3回目ということで，すっかり打ち解けた感じで楽しく学習できた。英語だけでなく，学習を通してコミュニケーション能力を養っていると，身をもって感じた。次の新しいグループでも，このようになれるよう，頑張っていきたい。	グループワークが，自分たちに上手に活かせていますね。新しいグループでも協力して盛り上げてゆこう。
	（中略）	

May. 19	当初の不安は解消されつつありますね，と書いてもらえましたが，やはりグループなどで話し合う時，自信があまりなく，自分で考える時も苦労しているので，もっと頑張っていきたい。しかし，やり方やコツなど，学んできたことを生かせているのも事実なので，自信を持てるようにしていきたい。	わかりました。今の時点での他の人との英語力の上下なんて，これからの長い一生の中では気にする必要はありませんよ。伸ばすべき自分の力が伸びてさえいれば。
May. 26	コメントありがとうございます。自分は自分，他者は他者，として頑張っていきます。今日，表にして考えながら長文を読んでみて，このやり方だとしっかり頭に内容も入ってきた。問題を解く際，できる問題はこのように考えていきたいと思った。教材のビデオを見て，サンフランシスコに行きたくなりました。	ぜひ，San Francisco へ行ってみてください。とても美しく，楽しく，おいしい街です。
	（中略）	
	（中略）	
Jun. 16	死刑の是非，日本語でやっても難しい議論だと思うので，英語だとなおさら難しかった。 　日本では死刑制度があるので，それを廃止しようとする人もいるだろうが，大切な人が殺された時その人ははたしてそれでも死刑廃止と言えるだろうか。先生はどう思われますか？	私は死刑ではなく終身刑を支持します。もしも冤罪だった場合，死刑だと取り返しがつかないので。
Jun. 23	*Journey to the Center of the Earth* という映画もあるということで，見てみたいと思った。深さ 2000m を越える洞窟があるというのはとても神秘的だ。 　探検するのはものすごく大変なことだと，写真からも感じた。帰るのも一苦労だろうと思うし，迷わないのかと思う。TS をしっかり理解していけば，大変そうに思える文も解けるのではと思った。	Krubera Cave の地図を見ると，ものすごく複雑で，よくぞこれまで遭難がなかったものだと思いますね。プロの技ですね。

Jun. 30	英文7の最後のたとえは，よく理解できなかったので，今回先生が動きを交えて説明してくれたので，そういうことか，とわかった。 　　　友達は多いにこしたことはないと思う。では親友はと言われた時，親友の定義もあいまいであるし，友人に順位をつけるようで，これもまた難しいと私は思う。	この英文は，初老の筆者（Ward 氏）が長い人生を振り返っての結論なので，「親友」がはっきり思い浮かぶのでしょう。若いうちは，君の言うように，あまり友人を限定しない方がいいでしょうね。
July. 7	英語なので，スピーチの内容は，訳を見ないとなかなか理解することが大変だったが，口調や表情，感情の込め方から，熱い想い，チャップリンの迫真の演技は，心にくるものがあった。 　　　独裁政治はもちろん，いいものではない。この時代のドイツがいかに大変で，本当に恐ろしい国であったのか．．．。	たしかに，この映画のラストの演説は，チャップリンが必死になって世界に訴えている実感がありますね。
	（中略）	
July. 21	前期があっという間に過ぎたように思う。苦手な英語ではあるが，先生の学習をとおして，問題を解決する際にヒントになることをたくさん得ることができた。まだまだ分からないこと，大変なこともあるが，それでもしっかりやっていこうと思う。後期も頑張ります。先生のギター演奏，素晴らしかったです。	

　上例では，教材内容への学生の感想が授業第6回目あたりからジャーナルに登場している。これは多くの学生に見られることである。このようにして，学生が英文内容に読者として感想を述べるようになったら，授業で感想の交流を始められる時期が到来したと言える。

付録資料4　出来事を年表式に要約した表（終盤授業で）

Jobs' Speech (1st Story) の内容の timeline

タスク：Jobs のスピーチの 1st Story を読み，下記の問いへの答えを探し出して英語のキーワードで答えなさい。

頁	パラグラフ	行数	問	答（英語でキーワードを答える）
1	4	18	17年後彼は何をしたか	
1		19	彼はどんな学校を選んだか	
1		20	その学校が家庭に与えた影響は	
1		20–22	入学半年後の彼の迷いは	
1		23	彼が下した決断とは	
2		1	振り返って，良かったと思う決心は	
2		2	大学を辞めて，よかったことは	
2	5	4–5	彼はどこで寝たか	
2		5	どうやってお金を得たか	
2		5–7	クリシュナ教寺院へ何をしに行ったか	
2		7–8	その頃のかけがいのない経験とは	
2	6	9–11	Reed College が全米トップだった授業とは	
以下略				

付録資料5 「原因→結果」の連鎖図（終盤授業で）

Jobs' 2nd Story の,「原因→結果」の図式

タスク：Jobs のスピーチの 2nd Story を読み，1〜6の空欄に，（a）〜（f）から該当する出来事を補いなさい。

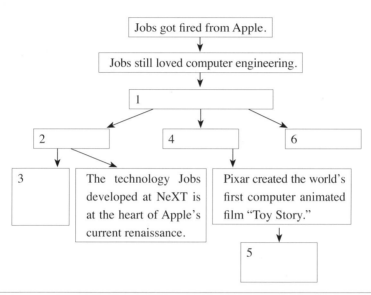

(a) John fell in love with an amazing woman.
(b) Pixar is now the most successful animation studio in the world.
(c) Apple bought NeXT, and Jobs returned to Apple.
(d) Jobs started a company named NeXT.
(e) The heaviness of being successful was replaced by the lightness of being a beginner again.
(f) Jobs started a company named Pixar.

第3章

テキストを深く読む
クリティカル・リーディングの授業

伊佐地　恒久
(岐阜聖徳学園大学)

1. 実践にあたっての問題意識

　日本の英語教育においてもクリティカル・リーディング（critical reading：批判的読み）に対する関心が高くなりつつある。クリティカル・リーディングとは，「テキストの内容を評価するために批判的に読む方法」（中野，2000）で，それを支えるクリティカル・シンキング（critical thinking）とは，「何事も無批判に信じこんでしまうのではなく，問題点を探し出して批判し，判断しようとすることである」（道田・宮元，1999）。井上（2009）は，クリティカル・リーディングのチェック項目を3つの観点（a.語の用法は明確であるか，b.証拠となる資料・事例は十分に整っているか，c.論の進め方は正しいか）からまとめ，各々についてさらに3〜5項目ずつ示している。井上が示したこれら項目のうち，論理的思考に不慣れな学生には，主張に対する適切な理由や根拠を示すこと（前文の観点b）と，自分の考えとは反対の立場からも考え，自分の主張を検討すること（前文の観点c）は特に困難であると考えられる。

　メディアの発達など社会の変化が著しい現代においては，世の中に溢れている情報は玉石混交であり，情報を鵜呑みにするのではなく自分なりに吟味して受け取り，適切に活用できることが求められる（楠見・子安・道田，2011；道田，2012）。このような社会状況のもとで求められるクリティカル思考とそのための読解力を養うために，国語科だけでなくすべての教科でテキストを理解・評価しながら，考える力と連動した形で読む力を高める取り組みを進めることが重要である（文部科学省，2006）。

　クリティカル・リーディングの授業では，読み取ったテキストの内容について自らの知識や経験に関連づけて意見を述べたり，批判したりすることが

求められるので，学習者は主体的にテキストに取り組むことが欠かせない。このような指導を可能にするために，筆者は読解発問に着目する。発問とは，「生徒が主体的に教材に向き合うように，授業目標の達成に向けて計画的に行う教師の働きかけ」(田中，2008) と定義される。英語リーディング指導における教師の発問は，生徒が興味を持ってテキストに向き合い，深い読みを行うよう促す重要な要素の一つとして挙げられる (例：池野，2000；田中，2008)。発問は，(a) 事実情報の把握を目的とし，テキストに明示されている情報だけで答えられる「事実発問」(fact-finding questions)，(b) テキストに明示されていない事柄を推測することが必要な「推論発問」(inferential questions)，そして (c) テキストに書かれた内容に対する読み手の考えや態度を答えさせる「評価発問」(evaluative questions) に大きく分けることができる。クリティカル・リーディングにおいて，学習者はテキストに書かれた情報を正確に取り出すだけでなく，テキストに明示されていない事柄を推測することにより理解を深め，読み取った内容について考えや態度をまとめていく。したがって，教師は「事実発問」に加えて，「推論発問」と「評価発問」を効果的に用いる必要がある。本実践では，推論発問は，精緻化推論 (elaborative inference) を促す発問を指すこととする。精緻化推論とは，文章をより詳しく理解するために，文章には明示されていない情報を補足する認知的作業である (田中他，2011)。ただし，この際，推論の手がかりとなる情報がテキスト内に存在するものを扱う。

例：歯は痛みなく抜かれた。患者は新しい方法が好きだった。

文には明示されていない「歯医者」という情報を補って，「歯を抜いたのは歯医者である」と解釈する (田中他，2011 より)。

本実践は，私立大学 3 年生を対象とした授業科目「英文読解 III」において，英語力の向上とともにクリティカル・リーディング力とそれを支えるクリティカル・シンキング力の養成を目指したものである。

2. 授業実践
2.1 授業の枠組み
(1) 授業科目

「英文読解 III」

(2) 対象学生

私立大学3年生8名，4年生1名。英語力は英検準2級から2級程度。

(3) 実施期間

平成26年4月〜7月。90分間×15回。

(4) 授業の目標

「受動的な内容理解で終わるリーディングではなく，読んだ英文についてその主張や根拠などを検討し，自分の意見を論理的に構築すること，すなわちクリティカル・リーディングを実践し，英語力の向上とともにクリティカル・シンキングを学ぶことを目標とする」（シラバスより抜粋）。

2.2 教材

(1) テキスト

靜哲人・Rebecca Calman (2009)『Ready to Start?: Developing the Four Skills: A Basic Course [Revised Edition] リーディングから始める総合英語学習コースブック基礎編（改訂版）』松柏社。ただし，本テキストのみでは教材が不足したため，第14回の授業では補充教材を使用した。

本テキストでは，書かれた内容について読者の意見が賛成・反対に分かれるような題材が選ばれている。そのため，テキストに書かれた情報を理解したのち，読み取った内容について考えや態度をまとめていくクリティカル・リーディングの指導に適当であると判断した。

(2) 英文の内容に関する発問プリント

後述の「2.3 授業の概要」で述べる読解前（pre-reading）に，英文のトピックに関する学生の興味を喚起したり，背景知識（schema）を活性化したりする発問（例: Does your hometown hold a Miss Pageant?）を与えた。読解中（while-reading）には，1巡目の読解（first-reading）で「事実発問」（例: In the 1990s, was the number of beauty contests increasing?）を中心に英文の概要を把握するための発問を与え，2巡目の読解（second-reading）では，「推論発問」（例: Is the author for or against beauty contests?）を中心に，テキストの記述に基づいて推論し理解を深めるための発問を与えた。そして読解後（post-reading）に，テキストの記述内容に対して疑問を投げかける質問を作らせたり，別の観点から考えさせたりするための発問を与えた。

(3) 意見文記入用紙（付録資料1参照）

英文のトピックに関する学生の意見を求める論題を示したA4版の用紙1枚を配布し，意見文を英語で書かせた（「評価発問」）。自分の意見を構築するために英文を再読することにより，英文の内容理解が一層深まると考えた。さらに，意見文を書くことにより，考えが深まるだけでなく，自分の考えをより客観的で批判的に判断できる（大井（編），2008）ようになり，意見の論理性が向上することを期待した。

2.3 授業の概要

本実践の指導手順は下記の通りである。

単語・熟語の小テスト

単語・熟語の小テスト：前回の授業で扱った英文を範囲とした単語・熟語の復習テストを行う。筆者が発音した単・熟語のつづりを書き取り，その意味を日本語で答えさせる。授業の復習として，単語・熟語だけでなく英文全体を読み直させるため，語句の意味は英文の中での意味とする。他の意味が辞書にあっても，英文中の意味のみを正解とする。10問出題し，10点満点とする。

Pre-reading（本書 pp. 41–42 参照）
(1) オーラル・イントロダクション（oral introduction）：英文のトピックについて簡単に導入する。
(2) 読解前発問（pre-reading questions）に解答：発問プリントを配布し，読解前発問に解答させ，発表させる。

While-reading（本書 pp. 42–45 参照）
● 1巡目の読解（first-reading）
(1) 黙読：CDに合わせて英文を黙読させる。
(2) 事実発問に解答：再度黙読させ，1巡目の読解発問（事実発問中心）に解答させる。
(3) 解答の発表と正解の確認：解答を発表させ，正解かどうかチェックする。英語の正確さよりも，内容の適切さを重視する。ただし，学生の発表に対して，教師は正確な英語で正解を与える（recast）。

(4) 説明 (explanation)：内容理解のために必要な本文中の文法・語法，語彙について説明する。内容理解のためという目的から行い，詳しくなりすぎないよう注意する。日本語で行う。
(5) オーバーラッピング：CDに合わせて音読させる。

● 2巡目の読解 (second-reading)
(6) 推論発問に解答：黙読させ，2巡目の読解発問 (推論発問中心) に解答させる。
(7) 解答の発表と正解の確認：解答を発表させ，正解かどうかチェックする。推論発問には，解答だけでなく解答の根拠とした英文とそのような解答に至った理由を答えさせる。
(8) オーバーラッピング：CDに合わせて音読させる。

Post-reading (本書 pp. 45–46 参照)
(1) クリティカル・リーディング・クエスチョン (critical reading questions)：黙読させ，テキストの記述に対して疑問を投げかけたり，英文とは別の観点から考えさせたりするための発問に解答させる。慣れてきたら，学生にこのタイプの発問を作らせる (2.5 参照)。
(2) 解答の発表とコメント：解答を発表させ，それに対して他の学生の意見を求めたり，論理性の観点から教師がコメントしたりする。学生が言いたい内容を十分に表現できることを重視し，日本語の使用を認める。
(3) 評価発問：英文の内容に関する論題 (proposition) を設定し，賛成・反対の意見を根拠とともに述べる意見文を英語で書かせる。2.2で述べたように，英文の内容に関する題目で意見文を書くためには，英文を再読し，英文の理解をさらに深めたうえで，自分の考えをより客観的で論理的にまとめることが求められる。意見文の記述により，英文のより深い理解と批判的思考力の養成を目指す。
(4) A4版の意見文記入用紙 (付録資料1参照) に記入させ，次回の授業で提出させる。第1回の授業で，意見文は最初に主張を述べ，そのあとに根拠とその説明・具体例を述べるスタイル，つまり「主張 → [理由1 → 説明・具体例] → [理由2 → 説明・具体例] → [理由3 → 説明・具体例] → まとめ」の「型」に従って書くよう指導する。作品はA～Fの6段階で評価し，次の授業で返却し，指導・助言する。はじめに主張を述べ，そ

のあとに必ず理由を述べるスタイルに慣れさせ,それとともに具体性と客観性のある理由と説明を論理的に示すことができることを目指す。意見文記入用紙に教師が記入するコメントや授業中の指導助言でも,このような英作文の「型」と論理性を重点的に指導する。

表1 各回の授業内容

回	授 業 内 容
1回	オリエンテーション (1) 事前テスト：批判的思考力テスト（付録資料2参照）・批判的思考態度アンケート（付録資料3参照） 意見文の構成の「型」の提示と説明：「主張 → [理由1 → 説明・具体例] → [理由2 → 説明・具体例] → [理由3 → 説明・具体例] → まとめ」 意見文：Electric dictionaries are better than paper dictionaries for learning English.
2回	Unit 1: What is your view of English? 意見文：We need to learn English. Yes / No
3回	Unit 2: Stop the name-flipping practice! 意見文：The name-flipping practice of Japanese people is Good / Bad.
4回	Unit 3: Ugly Japanese, ugly Americans 意見文4：We should follow the customs of host countries we visit. Yes / No
5回	Unit 4: Daughter fed up with "tyrant" father 意見文：I agree with Mr. Fujiwara. Yes / No
6回	Unit 5: Don't leave engines idling! 意見文：I agree with Gilbert: Legislation to prohibit drivers from idling engines is necessary. Yes / No
7回	Unit 6: Agreed to die 意見文：To prohibit suicide-related websites decreases the number of suicides. Yes / No
8回	Unit 7: Don't buy cheap, buy fair. 意見文：What can the poorest people do for fair-trade movement?
9回	Unit 8: We should educate all our children. 意見文：The Japanese constitution should entitle non-Japanese children in Japan the right to receive education. Yes / No

10回	Unit 9: Poison that makes you look younger. 意見文：Men shouldn't undergo cosmetic surgeries. Yes / No
11回	Unit 10: We should appreciate the food chain. 意見文：The class showing how to kill the chicken by the elementary school teacher is good. Yes / No
12回	Unit 11: Is shorthand here to stay? 意見文：Shorthand will stay popular. Yes / No
13回	Unit 12: Miss Pageants: Misdirected or misunderstood? 意見文：Beauty contests should be abolished. Yes / No
14回	補充教材：Linus (Carpenter & 関口，2012 より) 意見文：How can we decrease the number of abandoned pets?
15回	まとめ 事後テスト：批判的思考力テスト・批判的思考態度アンケート・授業アンケート

各回の授業展開例（以下の授業展開例は，筆者の授業メモをもとに1回の授業の流れを示したものである）

テキスト：Unit 4: Daughter fed up with "tyrant" father

Dear Troubleshooter:

I am a female student in my 20's. I hate the way my father orders my younger sister and me around. For example, he comes home and interrupts our dinner, asking for tea or ordering us to "serve pickles." When all of us are watching television, he changes the channel as he pleases. When we sigh and express our disgust with his ways, he goes on to criticize us for "never cooking breakfast for the family" or for "getting up late in the morning."

I can't stand his tyranny. I appreciate him for paying my tuition and letting me live under his roof, and I hope someday to repay the support he gives me. But I have a hard time relating to someone who orders me around. How should I deal with him?

A, Nagano Prefecture

Dear Ms. A:

A father has the right to order his two daughters around. You should assume that there is no room for liberty and equality in schools and households. In the hierarchical order of things, parents have authority over the children under their wings and teachers are expected to guide and control students.

In terms of human rights, freedom and equality are guaranteed only in the most fundamental sense, and don't apply to aspects of the everyday world. If you think it is unfair that you have to obey your father when he doesn't obey you, you are wrong. You should reexamine what freedom and equality really mean.

Your father's attitude is common, and is not worth dwelling on.

Masahiko Fujiwara, mathematician

(靜哲人・Rebecca Calman『Ready to Start?: Developing the Four Skills: A Basic Course [Revised Edition] リーディングから始める総合英語学習コースブック基礎編(改訂版)』Unit 4: Daughter fed up with "tyrant" father [松柏社] より)

授業の流れ:

単・熟語の小テスト〈前回の授業で扱った英文から10問出題する〉	◆復習による語彙力の伸長 筆者が英語を読み上げ、学生はスペリングと意味を書く。英文中の意味を答えさせる。
Pre-Reading(読解前)〈T: Teacher, S: Student〉 T: Today's topic is "father." I think your father loves you, and how do you feel about him? First, answer the questions in the pre-reading. Q1: Is there anything that you want your father to change? Q2: Do you think a child should obey his/her parents? T: Now, answer Q1, please. S: I know my father loves me, but I feel he tells me too many small things about my everyday life. T: I understand your feelings. How about you?	◆読解への動機づけ トピックに関連した質問により問題意識を喚起し読解への動機づけを高める。

S： I like my father as he is.
T： You are a good daughter. Let's go on to Q2.
S： I think so, because I can go to university thanks to my parents.
T： How about you?
S： I think it depends. I understand what he /she said, but sometimes I want to do against my parents' opinion.
T： Answers to both Q1 and Q2 may be different between children. Let's read the text and think about this topic together.

While-Reading（読解中）

● **1 巡目の読解（first-reading）**〈事実発問中心〉
T： Now, read the text silently listening to the CD. 〈CD を聴きながら本文を黙読させる〉
T： Read silently again and answer the questions in the first-reading part.
〈学生は，再度テキストを黙読し，発問に解答する〉
T： Now please answer the questions.

Dear Troubleshooter
Q1： Who is Ms. A talking about?
S： She is talking about her father.
Q2： What is her problem in a word?
S： Her father often orders her and her sister.
S： Her father is tyrant.
T： Yes, her problem is her father's tyranny.
Q3： Write down the examples of her troubles.
S： When he comes home, he interrupts her and her sister's dinner, asking for tea or ordering them to serve pickles.
S： When they are watching television, he changes the channel as he pleases.
S： He criticizes them for never cooking breakfast

◆概要を把握させる
　事実発問を中心に英文の概要を理解させる。発問はハンドアウトに印刷して与える。

for the family or for getting up late in the morning.
T： Ms. A says she has a hard time having these troubles caused by her father.
Q4： What does she thank him for?
S： I appreciate him for paying my tuition and letting me live under his roof, and I hope someday to repay the support he gives me.
T： That's right. She thanks her father for paying her tuition and letting her live under his roof. (下線部は教師の corrective recast)

Dear Ms. A
Q5： According to Mr. Fujiwara, what right does a father have?
S： He says that a father has the right to order his daughters around.
T： Yes, he says so.
Q6： According to Mr. Fujiwara, where are freedom and equality guaranteed?
S： He says those rights are guaranteed only in the most fundamental sense.
T： Good.
Q7： How about aspects of everyday world?
S： Such human rights are not guaranteed in the everyday world.
T： Then, Mr. Fujiwara says Ms. A and her sister don't have the rights of freedom and equality in their family.
Q8： Does Mr. Fujiwara agree to Ms. A's complaint?
S： No, he doesn't.
T： Why do you think so?
S： Because he says a father has the right to order his daughters around.

◆学生の解答は内容が正しければよしとする
　解答の英語に誤りがあっても指摘しないで，教師が正しい英語で言い直す（recast）。

◆解答の根拠を答えさせる
　解答に至った根拠を答えさせる。本文の記述に基づいて推論することを指導する。

●語句や文法・語法の説明（explanations）
T: pickles は「漬物」のことです。can't stand は，can't endure と同じです。endure の意味は？
S:「我慢する」です。
T: そうだね。では，letting me under his roof はどういう意味ですか？
S: 屋根の下にいさせてあげるわけなので，「保護する」とか「養う」という意味だと思います。
T: そうだね。では，authority は？
S: 欄外に power, control とあるので，「力」とか「コントロールする力」ですか？
T: そうですね。authority over the children とあるので，子供たちに対して力を持っているわけですね。では，If you think it is unfair 〜 の it は何を示していますか？
S: これは，そのあとの that から obey you までを受けています。
T: こういう it を何と言いますか？
S: 仮主語です。
T: そのとおりです。よく使われる it ですね。

T: Well, now read the text aloud listening to the CD.
〈CD に合わせてテキストを音読させる：オーバーラッピング〉

●2巡目の読解（second-reading）〈推論発問中心〉
T: Now, read the text silently and answer the questions in the second-reading part.
Q1: Does Ms. A completely hate his father?
S: No, she doesn't.
T: Why do you think so?
S: Because the text says she thanks her father for paying her tuition and letting her live under his roof.
T: That's right. She thanks him for the things but

◆語句・文法・語法を説明する
　2巡目の読解への準備として，深い内容理解に必要であり，学生にとっては難解であると考えられる語句・文法・語法の説明をする。日本語で行う。
注：テキストの欄外に語句の意味が英語で示されている。

◆理解した内容を音読により確認させる。
　オーバーラッピングにより，ここまで理解した内容を確認させる。

◆深い内容理解へと導く。
　推論発問により，テキストの記述をもとに推論させ，深い理解へと導く。

she can't stand his attitude to her.
Q2: What is the hierarchical order of things?
S: hierarchical は「階層性の」で，order はどの意味かな？
T: the hierarchical order of things の例が，parents have authority over the children と teachers are expected to guide and control students です。これらがヒントになると思います。
S: 「順序」かな。the hierarchical order of things で，「物事の階層的順序」つまり上下関係と考えれば，意味が通じると思います。
Q3: According to Mr. Fujiwara, why should Ms. A obey her father?
S: The hierarchical order of things のなかで，お父さんは子供よりも上にいるから。
T: そう。だから？
S: freedom と equality は保証されない。
T: That's right. This is Mr. Fujiwara's opinion.
T: Well, now read the text aloud listening to the CD again.
〈CD に合わせてテキストを音読させる：オーバーラッピング〉

◆キーワードを理解させる
　主張の理解のために重要で難解な語句を理解させる。

◆主張の本質を理解させる
　Q2 の理解から主張の根拠を理解させる。

◆理解した内容を音読により確認させる
　オーバーラッピングにより，ここまで理解した内容を確認させる。

Post-Reading（読解後）

〈テキストの内容への問いかけ中心：クリティカル・リーディング・クエスチョン〉（2.5 参照）
Q1: Ask Ms. A one question to make a rebuttal.
S: たまには朝ごはんを作ったりしないんですか？
T: 君は下宿しているから，自分で作っているからね。
S: 家族のために何かしていますか？
T: なぜ君はこの質問をするかな？
S: 養ってもらっているのだから，不満を言うだけではなくて，何かしたらいいと思うから。

◆テキストへ問いを発することによりクリティカルに考えさせる
　ここまでの深い内容理解に基づいて，主張とは反対の立場から考えさせる。

◆英語でも日本語でもよい
　学生が考えたことを十分表現できることを優先し，英語ですすめることにこだ

T: なるほど。 S: すべての人間は自由と平等が保障されるべきだと思いますか？ T: The hierarchical order of things に関係した質問だね。 Q2: Ask Mr. Fujiwara one question to make a rebuttal. S: 子どもが大人になるまで命令されるのはおかしくないですか？ T: 子どもはそう思うよね。 S: 子どもの自主性についてどう思いますか？ T: どうして君はこの質問をしたのかな。 S: 命令されてばかりだと自主性は育たない気がするから。 T: なるほど。もっともだね。 Q3: What advice do you give Ms. A? S: たまには早起きして朝ごはん作ったり，アルバイトのお金で何か両親にプレゼントしたりするといいと思う。それで，感謝の気持ちを見せれば，お父さんもうれしいから少し変わるんじゃないかな。 T: なるほど。子どもが何かしてくれれば親はうれしいよね。 S: 就職まではひたすら耐える！ T: 就活にも力が入るね。 **意見文：I agree with Mr. Fujiwara. Yes / No〈評価発問〉** T: では，このタイトルで君たちの考えを英語で書いて，次回の授業で提出してください。いつも言うように，パラグラフ構成と根拠を論理的に示すことを心がけてください。 See you next week！ （この題目による学生の意見文の例は，2.5を参照）	わる必要はない。 ◆質問の理由を問う 　何となくではなく，英文の内容に対する具体的な質問になっていることを確認する。 ◆解決策を検討させる 　相談者への回答を考えさせ，自分の意見の構築へと導く。 ◆意見文により自分の意見をまとめさせる 　自分の意見を根拠とともに記述することにより，考えを深め，自分の考えをより客観的で批判的に表現できるようにする。

2.4 本時テキストについて

　本時テキストでは，二十代の女子大学生がいわゆる古いタイプの父親との付き合い方について相談し，回答者は，父親の態度はごく普通であり，不満を述べる相談者が間違っていると述べている。いくぶん極端な例であるはあるが，父親と娘の関係という学生にとって身近な題材を扱っており，意見を構築しやすい内容であると思われる。ただ，英文の語数などの制約のためなのか，論理性にやや疑問を感じる点が見受けられる。

　第一に，相談者は父親の行動を tyranny と称し，具体例として，(a) 仕事から帰宅して，家族が食事中でもかまわずお茶や漬物を出すよう命じること，(b) 皆でテレビを見ている時に自分の好きな番組にチャンネルを変えること，(c) 相談者と妹が家族のために朝食を作らなかったり，朝遅くまで寝ていることを叱責することを挙げている。しかし，(a) と (b) は父親の自己中心性への不満であり，(c) はしつけの厳しさに対する不満であるので，異なるタイプの内容が混在している。ただし，相談欄への投稿者が必ずしも相談内容を論理的に整理したうえで相談できるわけではないので，このような記述になっているのは，やむを得ないかもしれない。

　第二に，母親と妹についての記述が見られない。父親に対して母親と妹はどのように考えているか情報が欲しいところである。第三に，回答の最後の部分に "Your father's attitude is common" とあるが，根拠が示されていない。本当にそうだろうか？ 本当に common ならば，女子大学生が相談欄に投稿することもなかったのではないだろうか。以上のような問題点が感じられたが，父と娘の親子関係は学生にとって身近な話題であり，授業への積極的な取り組みが見られた。

2.5 学生作品

　学生は，テキストの各レッスンの英文に対して，様々な critical reading questions を発したり，意見を記述することができた。以下に，そうした学生の発言と意見文の一部を紹介する。

2.5.1 学生によるクリティカル・リーディング・クエスチョンの例
Unit 5: Don't leave engines idling!
・アイドリングの法規制よりも，温室ガスの影響への理解を深める試みのほ

うが先ではないですか？
- エンジンを何度もかけたり切ったりすることの影響はどうですか？
- あなたがタクシーに乗っていて何度もエンジンを切られたらどう感じますか？
- 電車やバスでもアイドリング禁止は可能ですか？
- アイドリングを禁止するのと1台の車に4人で乗るのとでは，どちらが効果的ですか？

Unit 7: Don't buy cheap, buy fair.
- 高くてまずければ，売れなくても仕方がないのではないですか？（以前，fair-trade 運動による 800 円のチョコレートを買ったが経験があるが，まずかった）
- 消費者の好みに合わせるのは難しいのではないですか？
- Fair-trade 運動で扱っているのは問題の一部だけではないですか？

Unit 12: Miss Pageants: Misdirected or misunderstood?
- 昔と今の beauty contest の審査基準は同じですか？
- 女性が beauty contest に応募する理由は何ですか？
- 美人の条件は何ですか？

2.5.2　学生による意見文の例
Unit 4 : "I agree with Mr. Fujiwara. Yes / No"（原文のまま）
- <u>Yes</u> の例（Mr. Fujiwara に賛成）女子

　I agree with Mr. Fujiwara. I have two reasons for it.

　First, parents have a duty to bring up their children till they become full adults. So, father don't have to let children free to do whatever they like. If they cause a serious trouble, they can't take responsibility.

　Second, parents have undergone many good things and hardships. I think parents want them to spend good life. So, parents always order their children for their own good.

　In conclusion, I think children have to obey their parents. They should be thankful for their parents. So, I agree Mr. Fujiwara.

- <u>No</u> の例（Mr. Fujiwara に反対）男子

　I disagree with Mr. Fujiwara. There are two reasons.

First, everyone can do it in our own way. For example, when we choose go on to college or get a job in high school, we can choose what we like, regardless of parents' or teachers' opinion. The person who determine the course is "You", not others. So we don't have to obey our parents.

Second, we can put a veto on what we dislike. If you meet a religious body and they recommend strange religion to you, you can refuse their offer. You have the right to select anything.

For these reasons, I disagree with Mr. Fujiwara.

Unit 10: "The class showing how to kill the chicken by the elementary school teacher is good. Yes / No"

・Yes の例（食物連鎖のサイクルを教えるために，小学校の学級で育てたにわとりを処理する授業を実施した学級担任に賛成）女子学生

I agree with this opinion. I have two reasons for it.

First, it is the best way for children to know about life. When children eat food, they won't think that they eat the life of the living things. So, they leave the meal unfinished and they eat only favorite foods.

Second, it makes them appreciate food. Children don't understand how food is delivered to the table. So, they should understand that their eating habitats are supported by many producers and the living of lives.

In conclusion, the teacher should teach about life and children should respect life and appreciate food.

・No の例（食物連鎖のサイクルを教えるために，小学校の学級で育てたにわとりを処理する授業を実施した学級担任に反対）男子学生

I think it's not good for children to show how to kill the chicken in the elementary school.

Recently, I watched a TV program that showed some pigs were shipped to a piggery and processed to the pork. They were the pigs raised by some students. Most students looked very sad and were screaming when their "pets" were shipped. Are there any other ways to teach them the importance of lives? For example, we can invite an expert in pig raising. Children could know how important the lives are by him. They never get sad or nervous, so their parents might not make a complaint. I think this way is better than killing chicken.

For young people, it's essential to understand the lives. But we should think how to teach them.

3. 指導効果の検証
3.1 調査材料

以下の3種類の調査を行い，批判的思考力と批判的思考態度に対する本実践の効果と学生の本実践に対する感想を検討した。批判的思考力と批判的思考態度の事前テストを第1回の授業で実施し，最終回である第15回の授業で事後テストと授業アンケートを実施した。

(1) 批判的思考力テスト（付録資料2参照）

久原・井上・波多野（1983）による批判的思考力テストを事前・事後テストとして使用した。これは，参加者の批判的思考力を論理的思考に重点を置いて推論課題により測定するものあり，平山（2004）が3種類に分類した批判的思考である「狭義の批判的思考」，「広義の批判的思考」，「拡張的批判的思考」のうちの「狭義の批判的思考」を測る尺度であると考えられる。同じ形式で内容の異なる2種類の平行テストが用意されており，日本語により事前・事後テストとして使用できるものである。

(2) 批判的思考態度アンケート（付録資料3参照）

平山・楠見（2004）が提示した，「論理的思考への自覚」5項目，「探究心」5項目，「客観性」5項目，「証拠の重視」3項目の合計18項目から構成される批判的思考態度尺度を用いた。各項目について「5：あてはまる」から「1：あてはまらない」の5段階で評定させた。

(3) 授業アンケート

最終回の授業で，本授業実践について感じたことを自由に記述させた。

3.2 批判的思考力への効果

表2は，批判的思考力テストの事前・事後テストの平均値の差をウィルコクソンの符号付順位和検定により検討した結果を示している。事前・事後テストの平均値の差は有意傾向（$p < .10$）を示し，大きな効果量（$r > 50$）を示した。これらの結果から，本授業実践は学生の批判的思考力の向上に一定の効果があったと言える。ただし，今回使用した久原・井上・波多野（1983）

は，3.1で述べたように，参加者の批判的思考力を論理的思考に重点を置いて測定するものある。したがって，論理的思考を中心とした批判的思考力が向上したとは言えるが，それ以外の2種類の批判的思考力については本実践の効果について判断することはできない。また，分析対象が9名と少ないので，より多くの結果を対象とした分析が必要である。

表2 批判的思考力テストの記述統計と検定結果　($N=9$)

事前テスト		事後テスト				
M	SD	M	SD	Z	p	r
8.11	3.66	9.78	1.92	1.90	.057	.64 (大)

Note　20点満点

3.3 批判的思考態度への効果

表3は，批判的思考態度アンケートによる事前・事後調査の各因子の尺度得点の平均値の差をウィルコクソンの符号付順位和検定により検討した結果を示している。その結果，「証拠の重視」では有意傾向（$p<.10$）が見られ，大きな効果量（$r>.50$）が認められた。本実践により「証拠の重視」が表す批判的思考態度はかえって低下した可能性がある。

表3 批判的思考態度アンケートの記述統計と検定結果　($N=9$)

因子	事前	事後	Z	p (r)
	M (SD)	M (SD)		
論理的思考への自覚	3.04 (0.86)	2.96 (0.80)	−0.35	.73 (−.12: 小)
探究心	4.24 (0.51)	4.13 (0.51)	−1.21	.23 (−.40: 中)
客観性	3.69 (0.58)	3.67 (0.60)	−0.12	.91 (−.04: 無)
証拠の重視	3.89 (0.58)	3.48 (0.87)	−1.75	.08 (−.59: 大)

Note　アンケートは1〜5の5段階評定

「証拠の重視」はそのアンケート項目（付録資料3参照）から，証拠に基づいた判断をしているかどうかを表している。本実践では，テキストの内容を文字通り理解するのではなく，書かれている意見が具体的で客観的な根拠（証拠）に基づいて論理的に示されていることかどうか検討し，自分自身の意見を同様に論理的に構築していくことを目指した。各回の授業の最終段階で提出させる意見文を書く際にもこの点を強調し，この観点を重視して評価した。

事前調査では,「証拠の重視」の評定は3.89と学生は比較的自信を持っていたと考えられるが,授業を受講し,意見文等の評価を受けることにより,実際にはこの力が十分に身についていないことに気づき,自己評価を下げた可能性がある。このことは,事前調査と事後調査の結果を比較すると,評定平均が向上した因子が一つもないことからも推察される。今後,批判的思考力が向上し,それを実感することにより,学生が自信をつけ自己評価も向上することが期待できると考えられる。また,分析対象が9名と少ないので,より多くの結果を対象とした分析が必要である。

3.4　授業アンケート結果から

　以下に授業アンケート結果を,内容別に整理したものを示す。誤字以外はできる限り原文のまま載せてある。

◆**アンケート回答例**($N=8$；1名欠席)(＊印はこの授業で今後改善が必要な内容を示す)

クリティカル・リーディングに焦点をあてた授業実践について
・自分は何でも言われたらすぐに納得してしまうから,筆者に疑問点を考えるのが,最初は難しかったけれど,他の人の意見を聞いているうちに少しは自分でも考えられるようになった。
・他の人の意見を聞いたり,意見に対する先生の質問が,より深く考えるきっかけになりました。
・内容に重点を置いて自分で考えながら読解することができました。
・英文の内容に疑問や批判をするのがとてもユニークで楽しかったです。疑問や批判は,きちんと読んでいるから湧き上がってくるものだと思うのでテキストもしっかり読めた。
・私は文章を読むとき,いつもすべて事実なのではないかと思いながら読んでいたので,クリティカル・シンキングの力を身につけることは英語でも日本語でも大事だと思いました。
・意見交流の時間があるといいと思った。＊

テキストの内容について書かせた意見文について
・毎回いろいろなトピックについて学び,意見文を書くので,そのトピックに関することを自分で調べたり,友達と話したりしたのは大変だったけれ

ど，新たに知ったこともありよかったです。
- 毎回自分の意見を作文することで，自分の意見を述べれるようになったし，文章を書くのにだいぶ慣れた。
- 当初は意見文の材料集めや根拠集めに時間を多く費やしていましたが，今では1時間もあれば書きあげられるようになりました。
- 自分の意見を英文で書くときに，根拠をしっかり考えて意見のあとに続けることなど，英作文の書き方を学べたのでよかったです。
- 意見文も繰り返しているうちに30分もかからず書けるようになった。
- 英作文の構成の仕方など復習ができてよかった。
- 日本語で多くの角度からものを見ることですら僕にとっては難しいのに英作文で記述するのはとても難しいと感じた。
- 良い意見文を書いた人の文を見てみたかった。*
- 意見文が返されるとき，自分の評価がわかるのはよかったですが，ここはよかったとかこう直したほうがいいということをもう少し具体的に伝えてもらうとうれしかったです。*

オーバーラッピングについて
- 自分で黙読して，CDに合わせて読んでひとつの文章を何回も繰り返し読んだから，内容理解がすごいできたし単語が覚えやすかった。
- CDに合わせて英文を目で追いながら音読したのでTOEICのリスニング対策になった。
- CDに合わせて音読するのは，CDのスピードが速すぎてついていくのが難しかった。14回目の授業で伊佐地先生が読むのに合わせて読みましたが，とても音読しやすいと感じました。（注：教室へCDを持参するのを忘れたため，伊佐地が音読した。）*

単・熟語の小テストについて
- 毎回の単語テストは単語を覚えるよいきっかけとなりよかった。
- 毎回の単語のテストはよかった。

英語で進めることを基本とした授業形態について
- 授業が英語を中心に進められていたので，教員希望の私にはひとつのモデルとなりました。
- すべて日本語を使う授業ではなかったので，眠くなりませんでした。

◆アンケートの回答の分析

　本実践では，事実発問と推論発問によりテキストを深く理解したうえで，テキストの記述に対して疑問を投げかけたり，英文とは別の観点から考えさせたりするための発問に解答させたり，学生自身にこのタイプの発問を作らせたりした。このようなプロセスにより，英文の内容について批判的に評価し，自分自身の意見を構築させ，意見文にまとめさせた。このような英文を理解するだけではなくテキストに書かれたことを評価する授業に学生は興味を持って積極的に取り組んでくれたようである。

　ただし，この授業アンケートからは，学生がクリティカル・リーディングを具体的にどこまで理解できたかについては記述が見られず，判断できない。意見文は，毎時間，自分の意見をまとめていくうちに，英作文の構成の「型」に従って書くことに慣れた様子がうかがえる。ただ，具体的で論理的な根拠に基づいて意見を述べるプロセスが身についた程度には，学生が提出した意見文から判断すると，ばらつきがあるようである。

　トピック・センテンスを中心にパラグラフを構成するパラグラフ・ライティングが身についていない学生は，とりわけ苦労したようである。指導した「型」に従って書くことは，3～4回の授業ではほぼ全員ができるようになった。しかし，「型」に従ってはいるが，「主張―理由」，「理由―説明」の間の論理的なつながりが不十分な意見文は，授業を進めるうちに徐々に減少はしたが，これらの論理性について最後まで理解できない学生もいた。この点に関して，「意見交流の時間があるといいと思った。＊」，「良い意見文を書いた人の文を見てみたかった。＊」の回答に表れているように，学生同士でお互いに学ぶというクラス内コミュニケーションを進めることにより，動機づけと理解がさらに高まる可能性がある。

　とりわけ，今回の授業実践でクリティカル・リーディングとクリティカル・シンキングへの理解が十分でなかった学生には，教師の指導に加えて，学生間の活動により仲間から学ぶことが向上の突破口になるかもしれない。しかし，授業内で，アンケートにあったような学生間の活動時間をとることは，現在の活動ごとの時間配分では困難である。英文の内容理解に費やす時間を短縮する工夫が必要である。

　また，「意見文が返されるとき，自分の評価がわかるのはよかったですが，ここはよかったとかこう直したほうがいいということをもう少し具体的に伝

えてもらうとうれしかったです。＊」に表れているように，評価とともに記入したコメントをより細やかに，わかりやすくする工夫が必要だと思われる。CDに合わせてのオーバーラッピングは，英語力が十分でない学生にとっては難しかったかもしれない。

　単語・熟語の小テストは，授業で扱ったテキストから出題したので，単語集からの丸暗記と異なり，文脈等により記憶しやすかったのだと思われる。本実践は，できるだけ英語で進めるようにしたが，英語で進めることが第一の目的ではないので，1回ごとの授業例からわかるように無理はしていない。そのため，この点について否定的な回答はなかった。

4. 結論

　本実践では，私立大学3年生を対象とした授業科目「英文読解III」において，英語力に加えてクリティカル・リーディング力とそれを支えるクリティカル・シンキング力の養成を目指した。まず事実発問と推論発問によりテキストを深く理解させたのち，テキストの記述に対して疑問を投げかけたり，英文とは別の観点から考えさせたりするための発問 (critical reading questions) に解答させたり，学生自身にこのタイプの発問を作らせたりすることで，英文の内容について批判的に評価させた。その結果に基づいて，テキストの内容について自分自身の意見を構築し意見文（評価発問）にまとめさせた。このような授業実践の結果，3.2で示したように論理的思考を中心とした批判的思考力が向上した。一方で，批判的思考態度では，証拠に基づいた判断をしているかどうかを表す「証拠の重視」において低下が見られた。しかしこれは，学生が当初は「証拠の重視」に比較的自信を持っていたが，授業を受けるにつれてそれがさほど簡単ではないことがわかって，自己評価が下がった結果ではないかと推測される。このことは，これ以外の因子についてもあてはまると推察される。外国語である英語の授業の中で，クリティカル・リーディングとそれを支えるクリティカル・シンキングを身につけることはやさしいことではない。しかし，授業アンケートから，学生は興味を持って積極的に授業を受けた様子がうかがえる。今後，指導内容を改善し，今回は3年生対象の授業であったが，できれば，より低学年から指導を継続することが望まれる。また，本実践のようなテキストの深い理解に基づいたクリティカル・リーディングの授業が，英語力全般の向上に効果があるのかどうかを検

証することも課題である。

〈引用文献〉

池野修（2000）．「読解発問」高梨庸雄・卯城祐司（編）『英語リーディング事典』（pp. 73–88）研究社．

井上尚美（2009）．『思考力育成への方略——メタ認知・自己学習・言語論理〈増補新版〉』明治図書．

大井恭子（編著）・田畑光義・松井孝志（2008）．『パラグラフ・ライティング指導入門：中高での効果的なライティング指導のために』大修館書店．

楠見孝・子安増生・道田泰司（2011）．『批判的思考力を育む：学士力と社会人基礎力の基盤形成』有斐閣．

久原恵子・井上尚美・波多野誼余夫（1983）．「批判的思考力とその測定」『読書科学』27, 131–142.

靜哲人・Calman, R.（2009）．『Ready to Start?: Developing the Four Skills: A Basic Course [Revised Edition] リーディングから始める総合英語学習コースブック基礎編［改訂版］』松柏社．

田中武夫（2008）．「リーディング指導における教材研究のあり方について」『中部地区英語教育学会紀要』37, 105–112.

田中武夫・島田勝正・紺渡弘幸（2011）．『推論発問を取り入れた英語リーディング指導——深い読みを促す英語授業』三省堂．

中野幸子（2000）．「クリティカル・リーディング」高梨庸雄・卯城祐司（編）『英語リーディング事典』（pp. 239–254）研究社．

平山るみ・楠見孝（2004）．「批判的思考態度が結論導出プロセスに及ぼす影響」『教育心理学研究』52, 186–198.

道田泰司（2012）．『最強のクリティカルシンキング・マップ』日本経済新聞出版社．

道田泰司・宮元博章（1999）．『クリティカル進化論』北大路書房．

文部科学省（2006）．『読解力向上に関する指導資料：PISA 調査（読解力）の結果分析と改善の方向』東洋館出版社．

Carpenter, R., & 関口智子（2012）．『Focus on Reading: 読み方から教えるリーディング・レッスン』松柏社．

付録資料1　意見文提出用紙の例

```
Unit 1: We need to learn English. Yes/ No
No._____ Name_____
```

付録資料2　批判的思考力テスト（説明の抜粋）

　解答用紙には，それぞれの推論について，真・たぶん真・材料不足・たぶん偽・偽，と書いた欄があります。次の説明に従って，解答用紙のもっとも適当な欄の数字を○で囲んで答えてください。

1. 真：推論がまったく正しいと思われる場合，つまり，記述された事実から，まず疑問の余地なく導き出される時。論理的に必然だという場合を

含むが，それだけではない。
2. たぶん真：記述された事実から推して，推論はたぶん正しい。つまり，5割以上の確かさで正しいと思われるが，「真」とは言えない時。
3. 材料不足：判断の材料が不十分だと思われる時。記述された事実からは推論が正しいかどうかわからない時。または，記述された事実が判断の基準にならない時。
4. たぶん偽：記述された事実からみて，推論はたぶん誤っている。つまり，5割以上の確かさで誤っていると思われるが，「偽」とは言えない時。
5. 偽：推論がまったく誤りだと思われる時。記述された事実から必然的に出てくる推論と矛盾する場合。

　ある推論がたぶん正しい，あるいはたぶん誤っているという判断をする場合，一般的に認められていて誰でも知っているような知識をある程度利用しなければならない時があります。これは次の例題に説明があります。例題を見てください。

〈例題〉
　東海地方の200人の高校生が，先ごろ週末を利用して，ある都市で開かれた討論会に自発的に参加した。この会では人種問題と，恒久的な世界平和を達成する方法という2つの問題が，今日の世界で最も重要な問題として生徒たちによって選び出され，討議された。
1. この大会に参加した生徒は，全体的にみて，人道主義や社会問題に対して深い関心を持っていた。「**たぶん真**」
2. この大会に参加した生徒は，全体的にみて，人道主義や社会問題に対して深い関心を持っていない。「**たぶん偽**」
3. 東海地方の高校生は，全体的にみて，人道主義や社会問題に対して深い関心を持っている。「**材料不足**」
4. この大会に参加した生徒のうち，何人かは，人種問題と世界平和達成の方法を討論するのは重要なことだと考えた。「**真**」
5. この大会に参加した生徒はだれも，人種問題と世界平和達成の方法を討論するのは重要なことだとは考えなかった。「**偽**」

付録資料3　批判的思考態度アンケート項目　（−）は逆転項目

「論理的思考への自覚」
 1. 複雑な問題について順序立てて考えることが得意だ。
 5. 物事を正確に考えることに自信がある。
 9. 考えをまとめることが得意だ。
12. 誰もが納得できるような説明をすることができる。
15. 何か複雑な問題を考えると，混乱してしまう。（−）

「探究心」
 2. いろいろな考え方の人と接して多くのことを学びたい。
 6. 自分とは違う考え方の人に興味を持つ。
 7. 生涯にわたり新しいことを学び続けたいと思う。
13. さまざまな文化について学びたいと思う。
18. 外国人がどのように考えるかを勉強することは，意義のあることだと思う。

「客観性」
 3. 物事を決める時には，客観的な態度を心がける。
 8. 自分が無意識のうちに偏った見方をしていないか振り返るようにしている。
10. 物事を見る時に自分の立場からしか見ない。（−）
14. 一つ二つの立場だけではなく，できるだけ多くの立場から考えようとする。
17. いつも偏りのない判断をしようとする。

「証拠の重視」
 4. 判断をくだす際は，できるだけ多くの事実や証拠を調べる。
11. 結論をくだす場合には，確たる証拠の有無にこだわる。
16. 何事も，少しも疑わずに信じ込んだりはしない。

第4章

英語が苦手な学生が2分間スピーチを
楽しむようになるまで
——自作カルタで伝え合う力と関係性を育てる——

永倉　由里
(常葉大学短期大学部)

1.　筆者の自己紹介と実践にあたっての問題意識

　教員生活の前半は高等学校で，後半は大学・短大で英語授業を担当している。振り返れば，教師主導の文法説明や和訳中心の授業から，次第に学習者の英語使用や学び合いに配慮した学習者中心の授業を志向するようになった。ALTとのティーム・ティーチング，国際交流活動，海外研修の引率，授業力向上のためのセミナーへの参加などがこうした変化につながっているが，何よりも私を刺激してくれたのは生徒・学生である。どんな時もこちらの試みの授業プランに付き合ってくれ，理解できれば頷き，面白ければ笑い，つまらなければアクビをし，その結果をテストの点数や授業中のリアクションで突きつけてくれるからである。

　授業に活かそうと学んだ第二言語習得や動機づけに関する先行研究からヒントを得て，学び方を意識した授業（ストラテジー・トレーニング）を行ったり，動機づけにつながる要因に着目したりもした。本章では，これまでの実践を参考に考案した小タスクから頂上タスクへと至る知的意見交換活動の実践の一例を紹介させていただく。

　本実践の主な特徴は，(a) 誰でも楽しめる小気味良いやりとりや俊敏な応答を求める活動によって，心と頭，時には身体をほぐし，(b) スイッチが"On"の状態になったところで，自分なりに思考を巡らせる活動を織り込み，タスクには欠かせない主体的コミュニケーションを引き出しているという点である。いくつかの活動を繋げて行い，あるトピックについて様々な角度から考え，相互に意見を交わし思考を深めさせた上で，頂上タスクとしてミニ・スピーチを課している。

スマートフォンなどICT機器の活用が求められる昨今だが，ここではあえてカルタを使った活動を紹介する。食べ物，人物，スポーツ，職業，世界の国々，ことわざ等，思いつくとカルタを作ってきたが，最近ではウェブ上でイラストや写真が手に入り，ラミネートすれば耐久性にも優れた教材・教具が短時間で出来上がる。カルタやフラッシュカードは，単語やフレーズを覚えるために利用するのが一般的だが，使い方を工夫すれば互いにとって交わす価値のある，面白みのあるコミュニケーション活動を引き出してくれる最強アイテムである。

2. 授業実践の目標

　本実践の目標は，交わす価値のあるコミュニケーション活動を段階的に成り立たせることである。まず，楽しく参加しやすい活動から入り，心と頭のスイッチを"On"の状態にし，クラスの雰囲気を和らげる。次に，ペアまたはグループで作業をしながら思考を促す活動を行い，話したい気持ちと他者の考えを聞きたい気持ちを高める。すると，生徒・学生にとってrealなやりとり（母語でも言いたくなるような自身の気持ちや意見などの受け応え）が生まれ，そこから生じた発見や疑問が，コミュニケーション活動をより活発で意義深いものにしてくれる。

　交わす価値のあるコミュニケーション活動が活発に展開するためには，動機づけ研究でよく引用される「有能性」「自律性」「関係性」が充たされていることが必要である（自己決定理論，Deci & Ryan, 1985）。つまり，居心地がよく安心できる環境のもとで，学習内容が理解でき，自ら進んで諸活動に参加できてこそ，互いの意見や感情を表現し合うことができるのである。そして，そこから生まれる共感や発見がコミュニケーション活動を一層realなものにしてくれる。

　そのため，授業プランを練る際には，様々な要因に配慮しなければならない。無理なく楽しめる活動を提案しているつもりでも，生徒・学生がこちらの期待通りに，思考を巡らし主体的に活動に取り組んでくれるとは限らない。生徒・学生の活動状況，コメントペーパーや授業後のちょっとした会話から読み取れることをその後の授業の改善につなげる。

　総じて，自らの学習状態や効果的な学び方への意識を高め，より自律的な英語学習者へと成長してもらいたいと思っている。大学生の場合，わずか半

期15回の授業だが，その後の英語学習に役立つ知恵を授け，「いざとなったら英語が使える日本人」となりうることを伝えたいと考えている。

3. 授業の設計
（1） 対象クラス

　大学1年生。教育・農学部クラス（32名）及び，人文・理学部クラス（25名）（活動内容を取捨選択することにより中学生，高校生でも可）

（2） 実施期間

　半期（1コマ90分×15回），英語コミュニケーションⅠ（必修科目，1単位）

（3） 使用教材

　テキストは『English Listening and Speaking Patterns』南雲堂。日常会話において定番とされるトピックで構成されている（家族，友人，スポーツ，食べ物，英語学習，音楽，ファッション，ショッピング，旅行，インターネットなど）。

（4） 指導計画

　テキストは主に予習材料として扱い，授業中はペアワークやグループワークに時間を割いている。トピックごとに1コマをあて，上記の10種のトピックについて段階的に小タスクから準頂上タスクに取り組む。こうした通常の授業の途中に，半期で3～4回，頂上タスクとしてミニ・スピーチを課している（図1）。

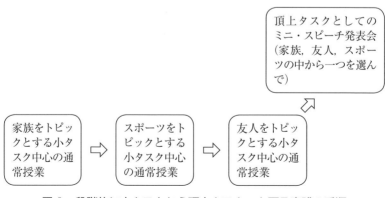

図1　段階的に小タスクから頂上タスクへと至る実践の手順

4. 授業実践例

ここでは，「スポーツ」に関する小タスクから準頂上タスクへの段階的諸活動とミニ・スピーチの実践概要について紹介する．前述のとおり，カルタを利用して心と頭をほぐし思考を促す活動を重ねることにより，段階的に小タスクから準頂上タスクへと自己表現の幅を広げていく．

大まかな手順は表1の通りである．数多くの活動を紹介しているが，学習集団の状況に応じ活動項目を選択し，時間配分を調整していただきたい．

表1　スポーツをトピックとする1コマ（90分）の授業概要

	学習活動	時間	内容
予習①	Listening＋音読＋Shadowing		〈Shadowing Quiz 準備〉スクリプトを見ないでCDにかぶせて言えるように練習してくる（4.3参照）．
予習②	語彙・英語表現リスト		〈タスク活動準備〉問いかけに対する自分の立場での応答を書き込み，声に出して練習してくる（4.4参照）．
1	Icebreaking（4.1に後述）	5分	〈Pair Work〉Magical Quiz（≒Who am I?）季節やその日のトピックに関連するものなどを出題．
2	リズム音読（4.2に後述）	5分	「会話の潤滑油」（I see. / Well … / Oh, no. など）をBGMに合わせて音読．
3	Shadowing Quiz（4.3に後述）	5分	〈Pair Work〉テキストにあるDialogueを利用してShadowingで小テストを実施（予習①の確認）．
4	Look up & Say（4.4に後述）	5分	教師の問いかけに対し，予習で用意してきた自分なりの応答を1度目は音読，2度目は顔を上げて言う．予習②の確認．
5	カルタを利用する活動 / カルタで語彙を確認（4.5に後述）	〜10分	〈Group Work〉「記憶」を助ける活動．
6	カルタを利用する活動 / カルタでMagical Quiz（4.6に後述）	〜10分	〈Group Work〉「想像」を促す活動．
7	カルタを利用する活動 /「分別」と「順列」（4.7に後述）	〜10分	〈Group Work〉スキーマ（背景知識）を活性化させる活動．

8	筋肉トレーニング （4.8 に後述）	5 分	〈Group Work〉スピード音読，言い換えドリルで気持ちと表情をほぐす活動。
9	「即答バトル」 （4.9 に後述）	～10分	〈Group Work〉カルタを使っての即断即答練習で躊躇・ためらいを払いのける活動。
10	Brainstorming （4.10 に後述）	～10分	〈Group Work〉スポーツごとに特徴，意義を考え，互いの意見を共有する活動。
11	1-Minute Monologue （4.11 に後述）	5 分	〈Pair Work〉1 分間モノローグ Word Counter 用紙を使って発語数を測定する。
12	2-Minute Dialogue （4.12 に後述）	5 分	〈Pair Work〉2 分間ダイアローグ 全くのフリートークを目指す。
13	定番タスク 2 種「Bingo」と「Find who …」 （4.13 に後述）	どちらも～10分	〈Group Work〉打ち解けてきたら導入したいタスク。対話者を固定せず歩き回りながら行う。どんなテーマでも応用可能なワークシートが便利。
14	「Learning Journal」 （4.15 に後述）	5 分	Shadowing Quiz, 1-Minute Monologue 等の結果と活動状況についての自己評価ならびに自由記述。

4.1 「関係」を育てる Icebreaking——Magical Quiz（≒Who am I?）

その日の授業を英語を使うことからスタートできる活動で，最初のうちは教師がヒントの出し方の例を挙げるとよい（4.6 参照）。

T: Let's enjoy Magical Quiz!
　Everybody, stand up, make pairs and face each other.

(1)　S_1 は黒板の方を向いて立ち，S_2 は黒板に背を向ける。
(2)　S_1: 板書された答（通常 2 問）について英語でヒントを出す。
(3)　S_2: S_1 が出すヒントを参考に原則として英語で答える。
(4)　終わったら着席する。
(5)　役割を交代して，(1)～(4) を行う。

主に，季節や学生生活に関連するもの（以下参照），その日のトピックに関するものを出題している。英語での表現を紹介したいことから，日本文化に関するものもしばしば出題するが，その際には日本語での回答を認めている。

4月：April fool, cherry blossom viewing, entrance ceremony など
5月：Golden Week, Mother's day, carnation, Children's Day など
6月：umbrella, Father's Day, June Bride, hydrangea（あじさい）など
7月：Milky Way（天の川）, Galaxy, Star Festival（七夕）, fireworks など

4.2 「柔らかい構え」をもたらすリズム音読

「会話の潤滑油」として役立つ表現（表2）をBGMに合わせて音読する。テンポの速いBGMを利用したり，表現内容にあった表情やジェスチャーを付け加えさせたりすることにより，Icebreakingの効果も生まれる。

表2　会話の潤滑油（一部）

1	Probably …	たぶん，そうね。
2	I see.	なるほどね。
3	Me, too!	私もよ。
4	Me, neither!	私も（〜ではない）よ。
5	That's right.	その通りね。
6	Sure!	もちろん！
7	Cool!	いいね！
8	Really?	ホント？
9	Are you sure?	マジ？ 本気？
10	Pardon?	もう一度言ってもらえる？
11	It depends.	場合によるね。
12	How can I say?	なんて言うかぁ〜？
13	So …	じゃあ，
14	Well …	ええと…
15	Uh-huh …	ふ〜ん…
16	Hmh-hmm …	ふ〜ん…

4.3 「滑舌」向上！ 口の周りの筋肉トレーニング——Shadowing Quiz

予習①（CD Listening → 音読 → Shadowing 練習）を前提とし，小テストとして実施している。

（1）　ペアになり，スクリプトが印刷された小テスト用紙を交換する。

(2) S₁: CD の音声にかぶせて Shadowing を行う。
(3) S₂: S₁ が CD の音声に沿って正しく Shadowing し，S₂ がはっきり聞き取れた部分にマーカーで色付けする。色付けされた語数が S₁ の得点となる。
(4) 役割を交代した後，ペアでパート練習をする。すでに内容を理解し，スクリプトを見ないでもなめらかに口が回るので，アイコンタクトやジェスチャーを交えたパート練習が成り立つ（図2　スクリプト例）。

Bob: It's really nice outside. Do you want to play basketball?
Adam: With you? No way. You'd beat me too badly.
Bob: No, I wouldn't.
Adam: Sure you would. You're taller than I am. You're stronger. And you even play on a team.
Bob: Yeah, but we're all amateurs. Most of the players are in their 30s or 40s.
Adam: Maybe, but you still have games every Saturday and Sunday.
Bob: Truth be told, I'm not even one of our best players. Come on, it will be fun — and good exercise.
Adam: OK. I'll make a deal with you. I'll play basketball for a while. But then you have to play chess with me.
Bob: So you can get revenge?
Adam: Exactly!　　　　　　　　　　　　　　　　　　　　　　（112 words）

（南雲堂『English listening and speaking patterns』Unit 5 より）

図2　スクリプト例

4.4　英語表現リストで Look up & Say

予習教材として配布した関連する英語表現の一覧表（表3）を使う。教師の問いかけに対し，表の右の列を埋めて用意してきた自分なりの応答を Look up & Say（1度目は音読，2度目は顔を上げて言う）で確認する。

第4章　英語が苦手な学生が2分間スピーチを楽しむようになるまで

表3　英会話表現お助けシート「スポーツ」の記入例

1	Do you like sports?	*No, I'm an indoor kind of person, but I …*
2	What sports do you play?	*I play tennis in the P.E. class. I enjoy it.*
3	Are you good at sprinting?	*No, I run 50 m in 9 seconds.*
4	Do you usually do any exercise?	*Yes, I jog every other day.*
5	Have you ever tried skiing?	*Yes, I've been skiing since I was two.*
6	Have you ever been scuba diving?	*Yes, it is awesome!*
7	Do you practice any martial arts?	*Yes, I have a black belt in judo.*
8	Who is your favorite sports player?	*Shinji Kagawa. He is a treasure of Japan.*
9	What team are you rooting for?	*I'm a Rakuten fan.*
10	Have you ever watched a game in a stadium?	*Only once. I went to Ecopa.*

4.5　「記憶」を助けるカルタ活動

　カルタを使った活動は，発音を確認した後，通常，カルタ遊びの要領で「記憶」のための活動から始める。

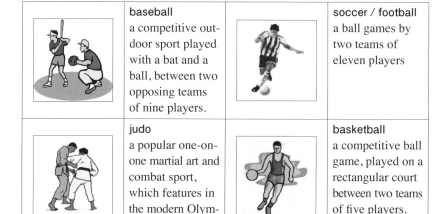

	jogging non-competitive running at a slow or medium pace, in order to keep fit.		skiing a competitive sport, which has two categories: Nordic and Alpine
	table tennis a competitive sport played with a racket and a ping pong ball on an indoor table.		swimming moving through water by means of physical effort

図3 「スポーツカルタ」(30種のうちの一部)

(1) 3人グループを作り，単語の意味とスペルを確認し，発音しながらイラストを表にして札を置いていく。

T: Please spread the cards, checking the English words and reading them aloud.

(2) 教師の音読を聴いてリピートしながら絵札を取る（1回戦）。

T: Please listen to me carefully, repeating and taking the card.

(3) 自分が取れなかった札の単語とその発音を確認するために，自分が取った札を右隣りの人に渡し，左隣りの人からその人が取った（自分が取れなかった）札を受け取り，それらを音読しながらイラストを表にして札を置いていき，2回戦に備える。

(4) 教師の日本語を聴いて英語を発しながら絵札を取る活動，あるいは3人が各々自分がイラストを見て英語を言える札を，英語を発しながら一斉にかき集める活動もスピード感があって面白い。また，教師が発する質問の答となる札をすべて取る活動もよい。

T: Now I'll ask some questions. Please take the correct cards.
　── What sport needs bats?
　── What sport needs rackets?
　── What are one-on-one fighting sports? など

いずれの活動も慣れてきたら教師役を生徒・学生に委ねるとよい。さらに裏面の英英辞典の定義を読んで札を取る活動もできる。

4.6　Magical Quiz

「Who am I?」の要領で，3人グループで行う。S_1 がヒントを出し，S_2, S_3 が英語を発しながらカードを取る活動である。Yes! That's right! / Sorry. Listen to the next hint. など会話を繋げる表現の使用を促すとよい。ヒントを文章で出させたり，英英辞典を使ったり，時にはジェスチャーのみで行うのも面白い。

S_1: It's a kind of sports.
S_1: It's a kind of martial arts.
S_1: It needs a bamboo sword.
S_1: It's sometimes called Japanese fencing.
S_2: Kendo!
S_1: That's right.

逆に，S_2, S_3 が交互に質問をして S_1 の答を参考にするやり方もある。

S_2: Does it need a ball?
S_1: No, it doesn't.
S_3: Is it played on the ground?
S_1: No, it isn't.
S_2: Is it a kind of martial arts?
S_1: Yes, it is.
S_3: Does it need any special tool?
S_1: No, it doesn't.
S_2: It's Judo, isn't it?
S_1: That's right.

4.7　スキーマ（背景知識）を活性化させるカルタ活動

次に紹介するのは，様々な角度からスポーツについて考えさせることでスキーマ（背景知識）を活性化させる活動である。

図4　Line-up の活動風景

「Division（分別）」は，屋外/屋内，勝敗のあり/なし，個人/チーム，プロ/アマ，タイム/技量で判定，季節，オリンピック種目か，学校クラブかなどで二分する活動である。

「Line-up（順列）」は，人数，対象年齢，費用，競技人口，必要スペースなどで，順位づけをして札を並べていく活動である。

Division（分別）

    Please divide into outdoor sports and indoor ones.

    Do you enjoy sports in teams or by yourself?

    Do you mind if you win or lose?

    What sports have professional teams?

    What sports decide the winner by time or by skill?

    What sports are Olympic events?

    What sports are played in school club activities?

Line-up（順列）

    How many players are there in a team? Line the cards up in the order of the numbers of players.

    How much does it cost to enjoy that sport? Line the cards up in the order of the cost.

    How wide space does it need to enjoy that sport? Line the cards up in the

order of the space.
　　How popular is it in Japan? Line the cards up in the order of popularity.

4.8　カルタを使って口の周りの筋肉トレーニング

　声量と滑舌に注意し，速さを競って音読をすることによって，口が回るようにする<u>筋肉トレーニング</u>であるが，日本語を話すのと英語を話すのとでは，顔の筋肉・舌・息の使い方などが異なることにも気づかせたい。例えば，think, sink, 真紅，あるいは lice, rice, ライスや light, right, ライトなど似て非なるものをペアになって，口を見合いながら発音させたりしている。
　この活動はタスクではないが，時折，ごく単純な活動としてはさむのも気分転換になってよい。語彙や英語表現などの一覧表を用いてもよいし，カルタの札を使ってもよい。シャッフルすることで順序を入れ替えることができ，また，素早い札さばきが求められるため，動きが出て盛り上がる。イラストを見て単語を発音するだけでなく，定義の部分を音読させるのもよい。
　一覧表の範囲，あるいはカルタの枚数を決めたら，指示に従ってできるだけ速く音読させるだけの活動である。個人で競わせてもよいし，S_1 の音読に続いて S_2, S_3 がリピートしてもよい。息の合わせ方でかなりの差がつくこともある。また，背中合わせになって行うと，より大きくはっきりと発音する必要が生じる。さらに，単語だけでなく，文章でやらせたり，S_1 は平叙文，S_2 は否定文，S_3 は疑問文を発するドリル的な活動を取り入れてもよい。

4.9　「即時的な判断」を求めるカルタ活動　〜即答バトル〜

　次は名づけて「即答バトル」。S_1 の Yes/No Question に，札を取りながら早く答えた方が勝ちとする活動で，日本人学習者特有のためらいや躊躇しがちな態度を払いのける狙いもある。Because … で理由を加えたり，説明を添えさせるとさらによい。

　　S_1：(golf の札を見せながら) Do you like this?
　　S_2 または S_3：(札を取りながら) No, I don't. I've never played it.
　　S_1：(skiing の札を見せながら) Have you ever tried this?
　　S_2 または S_3：(札を取りながら) Yes, I have. I went skiing for the first time when I was ten.

複数の札を使用しても面白い。

S₁:（2枚の札を見せながら）Which sport do you like better, ... or ...?
Which sport do you watch on TV more often?
Which sport would you like to play with your friend? など

4.10 スポーツの「意義」を考える Brainstorming 活動

まず教師が，表4にあるような問いを投げかけ，ペアワークかグループワークで該当すると思われる札を選ばせる。一口にスポーツと言っても「健康維持」「体力増強」「気分転換」などその目的は様々で，同じスポーツを楽しんでいても考え方の相違が見られることもあるが，それもまた面白い。

次に，表4を配布し，各項目についてどれほど重要なのかを4件法で回答してもらったのち，ディスカッションの時間を設ける。いくらかハードルを低くしたい時は日本語による意見交換の時間を与え，その直後にパートナーを変えて英語に切り替えればよい。

表4　スポーツの意義（一部）

	意義	重要度 4–1
1	Which sport is good for your health?	4 3 2 1
2	Which sport makes you happy?	4 3 2 1
3	Which sport increases concentration?	4 3 2 1
4	Which sport reduces health risks?	4 3 2 1
5	Which sport teaches team-work?	4 3 2 1
6	Which sport helps build friendship?	4 3 2 1
7	Which sport cuts down on pressure and stress?	4 3 2 1
8	Which sport brings about self-confidence?	4 3 2 1

〈会話例〉

T: What's your favorite sport, Kenji?
S: Definitely soccer.
T: Really? I played soccer when I was a high school student.
S: Wow! I didn't know that.
T: By the way, what do you think are soccer's good points?

S: Well, I think it is one of the best sports for keeping fit.
T: I see. You have a nice body and look energetic.
S: Besides, I have friendship with my teammates and we trust each other.
T: Yes, any sport will help build good relationship.
S: I agree, but soccer is a contact sport, so I've got a lot of injuries from bad tackles.
T: I know. To tell the truth, I began to play tennis because it is a lot safer.

4.11　モノローグに挑戦！——1-Minute Monologue

　ここまでの活動で，口が回るようになり，スキーマも活性化しているため，何を話すかを考えながら英語を発する活動として，1分間のモノローグを取り入れている。「特定のスポーツサークルへの勧誘」あるいは「My Favorite Sport」といったテーマを与えてもよいし，スポーツに関することを何でも自由に話させるのでも構わない。

　日常会話で一般的なトピックの場合には，あまり考え込まないで，パッと話すことを決め，サクサク話し続けることを目指している。通常15秒程の準備時間を与えて，その後すぐに本番に入る。語りかける相手がいないと話しにくいので，以下の要領で行っている。

　　S_1: 何も見ないで1分間話す。
　　S_2: うなずいたり，合いの手をはさみながら聴く。
　　S_3: 1〜100の数字が並ぶWord Counter用紙に指を滑らせて，S_1が話した語数を数える。

　正確さを気にする者も多いので，直後に言ったばかりの内容を書き起こさせ，訂正すべき部分を改め，パートナーを変えてもう一度発話させている。経験を積むごとに発語数は増加するが，トピックに対する関心度や相手との相性などにより，なかなか調子が出ないこともあるが，徐々になめらかに言えるようになる。

4.12　フリートークに挑戦！——2-Minute Dialogue

　最後にDialogueの形でフリートークの時間を与えると盛り上がる。通常2分間で行っているが，トピックによる話しやすさなどから会話が弾んでいる

場合は 1〜2 分延長するとよいだろう。Really? / Me too. などの合いの手が盛んに用いられ，教室には和やかな雰囲気が広がる。

　これまで多くの活動を紹介してきたが，常に実行中の活動がきちんと機能しているか否かを観察し，次の活動を選択していただきたい。時間を気にして対話を中断させるよりは，その場の雰囲気を大切にして「楽しかった」「相手のことがわかった」などの満足感が得られるよう配慮したい。

　カルタを使った様々な活動を紹介したが，学習集団のレベルや授業プランに応じて取捨選択が必要である。試みに取り入れてみると，こちらの予想以上に積極的に活動し，思いがけないところで強い興味関心を示すこともある。授業中の活動状況や後述の「Learning Journal」(4.15 参照) に寄せられたコメントをその後の授業内容に反映させる姿勢を示すと，結果として生徒・学生が授業づくりに参加しているという状況が生まれる。

4.13　定番タスク 2 種——Bingo と Find who ...

　次に紹介するのは，タスクシートを使用するタスクの定番とも言える「Bingo」と「Find who ...」である。

　一口に Bingo と言っても，語彙の意味や文法事項を確認するためのものや，使用する英語表現を限定した比較的シンプルなものから，使用する英語表現を限定せずにいわゆるタスク活動を目指すものまで様々である。

　まず，前者の例として，3×3 の Bingo (図 5) を紹介する。1 枚のビンゴシートでも楽しみ方はいくつか考えられる。

baseball or soccer 【　　　】	playing baseball or watching it 【　　　】	indoor sports or outdoor ones 【　　　】
races or games 【　　　】	ball games or martial arts 【　　　】	summer sports or winter ones 【　　　】
team sports or individual ones 【　　　】	short-distance races or long-distance ones 【　　　】	fitness exercises or muscle building 【　　　】

図 5　Sports Bingo (1)

第4章　英語が苦手な学生が2分間スピーチを楽しむようになるまで　75

対話をしたら✓
(1) ジャンケンをして、勝った方がトピックを選んで対話する。
(2) 回答のいかんにかかわらず、両者ともにそのトピックの欄にチェック（✓）を入れる。
(3) 次のパートナーを探し、(1), (2)を繰り返す。
(4) 出来上がったビンゴの数をポイントとする。

同じ回答なら✓（名前を書く）
(1) 前もって自分の回答を○で囲んでおく。
(2) ジャンケンをして、勝った方がトピックを選んで対話する。
(3) 自分と同じ回答なら【　】に名前を書く（または書いてもらう）。
(4) 次のパートナーを探し、(1), (2)を繰り返す。
(5) 出来上がったビンゴの数をポイントとする。

使用する英語表現は様々である。たとえば、Which do you like better, ... or ...? という構文を定着させたければ、一度、以下のような表現となることを確認した後に、対話例を示して活動をスタートさせるとよい。

表現　Q: Which do you like better, baseball or succer?
　　　Q: Which do you like better, playing baseball or watching it?
　　　Q: Which do you like better, indoor sports or outdoor ones?
　　　Q: Which do you like better, races or games?
　　　Q: Which do you like better, ball games or martial arts?
　　　Q: Which do you like better, summer sports or winter ones?
　　　Q: Which do you like better, team sports or individual ones?
　　　Q: Which do you like better, short-distance races or long-distance ones?
　　　Q: Which do you like better, fitness exercises or muscle building?

対話例　S_1: So, which do you like better, races or games?
　　　　S_2: Well, I like games better.
　　　　S_1: Oh, really? I like races. I especially like short-distance races.
　　　　S_2: I see.

いきなり疑問文で尋ねるのではなく、まず肯定文で自分のことについて語

り，How about you? などと相手の発話を促す手法も便利である。

S₁: Ah… I like team sports better than individual ones. How about you?
S₂: Well, I like individual sports better.
S₁: For example?
S₂: I especially like jogging while listening to my favorite songs.
S₁: I see. It's relaxing, isn't it?
S₂: Yeah! Why don't you try it, too?
S₁: Maybe …

次に紹介するのは，使用する構文を限定せず，対話のヒントを提供するタイプのビンゴである。様々な英語表現が用いられるため，相手の発話をよく聴かなければならないし，自由度が増す。このスタイルのビンゴでは，互いに話したい事柄について対話を楽しんでいる様子がうかがえる。

in teams / by yourself	weekdays / weekend	play / watch	races / games	cost much / a little
sportswear	Olympic Games	summer / winter	dangerous / safe	hard / light
food	nutrition	indoors / outdoors	muscular pain	win / lose
body / mind	skills / power	relationship	leadership	fitness / strength
young / elderly	injuries	sunburn	offence / defense	equipment

図6 Sports Bingo (2)

Q: Would you like to play sport in a team or by yourself?
A: By myself. I like jogging. How about you?

Q: Do you usually practice a sport on weekdays or on weekends?
A: On Tuesday I usually go to a fitness club.

Q: Are you good at ball games?
A: No, I'm not. I'm terribly poor at volleyball.

Q: Which sport costs more, tennis or soccer?
A: I think tennis costs more. Good rackets are expensive.

Q: Do you usually think about nutrition when you eat?
A: I know I should, but I eat what I like and as much as I like to eat.

Q: Please tell me a sport which is good for the mind.
A: Well… I think Yoga is good for the mind. I've never tried it, though.

次に紹介する活動は，ビンゴよりも対話を自然の成り行きにまかせることができ，より自由なやりとりが期待できる「Find who …」である。各自が話題にしたいことを付け足すと楽しくなる。

表5 Find who …

	Find who …	Name + Extra Information	Name + Extra Information
1	… likes indoor sports.		
2	… likes to watch baseball on TV.		
3	… belongs to a sport club.		
4	… thinks about nutrition		
5	… has tried skateboarding		
6	… played table-tennis when he/she was a junior high student.		
7	… has never swum in the sea.		
8	… has tried scuba diving.		
9	Your ideas ( )		
10	Your ideas ( )		

このようにして心と頭をほぐし思考を巡らせながら対話する活動に慣れてきたら，ディスコース（談話構造）について説明したり，コミュニケーション

に有効な方略を紹介するとよい。fillersや合いの手などの会話の潤滑油や困った時の「言い換え」「ジェスチャー等の利用」「ヒントを出して相手に教えてもらう」といった方略が使いやすく有効である。

このように糸口だけを与えて自由な会話を促すタイプの活動は，活動の様子を見ながら2〜3分でパートナーを入れ替え，合計で15〜20分行うとよい。

4.14　機会を与え，楽しさを共有したいミニ・スピーチ

ここでは，いきなりクラス全員の前に立って行うスピーチよりも受け入れられやすいミニ・スピーチを紹介する。

これまで紹介した活動は，Think & Talk つまり柔軟な思考と態度を促し，タスクレベルを徐々に上げることを目指している。一方，スピーチは準備の時間を十分に取り，伝えたい事柄・心情等を適切な表現を用いて，聞き手の頭と心に届けることを目標としている。人前で話すことに慣れ，他者のスピーチに耳を傾けることも大切である。

ここでも学習集団のスキル面と情意面の両方に配慮している。4人グループで行う場合の手順を以下に述べる。

(1) グループ内で，一人2分程度のスピーチを行い，表7を使って自己評価・相互評価を行う。
(2) グループ代表発表者を決める。代表発表者の選び方は各グループにまかせる。
(3) 代表者が全体の前でスピーチを行う。同グループの他の3人は後述のように役割を担当し，代表者の氏名とタイトル並びに代表に選んだ理由などを述べる。

自己評価および相互評価には以下の評価基準（表6）と評価シート（表7）を用いている。相互評価の際には一人一人が評価者として責任を持って評価に当たるよう指示し，そこから生まれる気づきや反省が自身のスピーチを向上させることを強調している。

表6　ミニ・スピーチ評価基準（12点満点）

	1点	2点	3点
① 内容	まとまりに欠け，わかりにくい。	ある程度まとまった内容だが，少しわかりにくいところがある。	うまくまとまった内容でとてもわかりやすい。
② 独創性	教科書や一覧表の表現をそのまま使っている。	伝えたいことを自分らしい表現で伝えている部分も少しはある。	自分なりの表現を何ヵ所も使っており，面白み，魅力に溢れている。
③ 声・態度	・声が小さい。 ・アイコンタクトが乏しい。 ・伝えようとする気持ちが感じられない。	・時々アイコンタクトを行う。 ・聞き取れる大きさの声である。 ・伝えようとする気持ちはやや感じられる。	・適切にアイコンタクトを行う。 ・はっきりした声で，十分に聞き取れる。 ・伝えようとする気持ちが十分に感じられる。
④ 暗記	全く暗記しておらず，ずっとメモを見ている。	時々ちらっとメモを見る。	（ほとんど）メモを見ない。

表7　相互評価・自己評価シート

Evaluate with each other.　3 = very good, 2 = good, 1 = not good

Name	① 内容	② 独創性	③ 声・態度	④ 暗記	合計

　代表者のスピーチの際，そのグループの他の3人は次のように司会進行を務める。

S₁: The next speaker is Yosuke Ito. The title is 'I broke my leg three times'.
〈名前とタイトル〉

S₂: His speech is a very pitiful true story, and also it makes us laugh. His family and friends helped him a lot. It's very touching, too. Please listen to his speech carefully and enjoy it!
〈このスピーチのおすすめポイントの紹介〉

S₃: Hi! My name is …〈代表者のスピーチ〉

S₄: Did you enjoy the speech? Please evaluate by clapping your hands. Ready? Go!（聴いている学生たちは，拍手1～3回のいずれかでスピーチを総合的に評価する）Thank you.

〈評価の依頼〉

スピーチの原稿は提出させ，文法的な誤りや不自然な表現にはアンダーラインを施して返却している。最終回の授業でのミニ・スピーチ発表会は，全員が一人ずつ全員の前で行うことにしている。その際の評価については，それまでと同様，4人グループでの相互評価と自己評価を行い，全体からの評価は，各自の発表の直後に拍手の回数によって行われている。

以下に2名の学生のスピーチを紹介する。

〈スピーチ1〉

Hi! My name is Moe. The title of my speech is *My Summer Vacation*."

The summer vacation is coming soon. Do you have some special plans?

I'm going to spend a lot of time practicing kyudo. I'm going on a training camp for about two weeks in Aichi and in Nagano. I applied to join the kyudo club soon after I entered this university. I had never belonged to a sport club. I don't know why I suddenly felt like trying kyudo at that time, but the members looked very happy and they were very good at encouraging me to join the club.

Now I think I made a good choice. There are three reasons.

First, I can build friendship. Our seniors look after the juniors very kindly. They help me with kyudo and various other things. I started to live alone in a small apartment in April. I was afraid that I was leading uneasy life. I missed my family and friends in Miyagi, but now I'm OK and don't feel lonely.

Second, I can lead a healthy and well-organized life. Almost every day we practice kyudo for more than three hours. It is tiring, but I feel very hungry and every food tastes very delicious. Besides I have a good sleep every night.

Third, I can learn good manners. Kyudo is a kind of Japanese martial art. We have to always show correct manners. I hope I will become a well-mannered person and also become spiritually strong.

This summer, I'll try to practice kyudo very hard and shoot a lot of arrows to hit the target.

Thank you for listening.

〈スピーチ 2〉

Hi! My name is Takuro. Please call me Taku. The title of my speech is *The Future of Baseball*.

I like baseball very much. I've been playing baseball since I was eight.

I'm really sorry that the number of baseball players seems to be decreasing these days. Why?

I think there are some reasons for this.

Firstly, baseball has an image of dirtiness and bad smell with sweat. Many people want to keep their own body clean. It is certain that baseball players sweat a lot and sportswear becomes dirty with soil and mud. My mother always complained that it was very hard for her to wash my dirty shirts, pants and shoes.

Secondly, baseball is a group sport, which is associated with some conventional group behavior and attitude. Even now the heads of high school baseball players are sometimes close-cropped (坊主頭). In fact my head was close-cropped when I was a junior high school student. (中学時代の写真を見せながら) Look at this. Don't laugh at it, please.

Lastly, young people prefer indoor sports to outdoor ones. The earth is growing warmer and warmer. Then Japanese summer is terribly hot, and the news of heatstroke (熱中症) is often reported on TV. You have to fight the heat, the cold, the strong wind and so on. Bad weather prevents you from practicing outdoor sports.

For these reasons, baseball players don't look cool. But I really believe baseball is wonderful. You learn a lot of precious things through base-

> ball. Hard training gives you better skills and strong body. You can build fantastic relationships and teamwork.
>
> These days various kinds of new sports are becoming popular, while the number of children is decreasing. It may be difficult to keep any sport popular, but I think it is necessary to make an effort to spread baseball now and in the future.
>
> I hope that I will become a PE teacher, and I'm looking forward to becoming a coach of a school baseball team and producing a new star of baseball. Thank you. That's all.

4.15　振り返りシート「Learning Journal」で自律学習者への成長を促す

　第二言語習得や動機づけの先行研究などで，その効果が認められているものに「振り返りシート」がある。自らの学びをモニターし，学習内容，自身の理解度・満足度，学習計画などへの意識を促し，学習にまつわる様々な要因を自らコントロールすることにより，より自律性の高い学習者へと成長させるためのものである。

　通常，A4両面で半期15コマ分の簡易版の「Learning Journal」（表8）を用意し，毎回授業の最後に学生が記入する。上記のように，学習者自身が自らの学習を観察・理解・内省する習慣を身につけ，その後の人生にいかなる場面においても強い味方となる<u>メタ認知ストラテジー能力</u>を高めることをねらいとしている。

表8　「Learning Journal」（1コマ分）

Date	予習・準備	Shadowing Quiz	Word Counter (1)	Word Counter (2)	できたわかった	興味が持てた楽しかった
5/22	/10	words	words	words	/10	/10

Your Comment

....

....

注）自己評価は，10点満点で，ShadowingとMonologueは語数を記入する。

「Learning Journal」は，授業終了後直ちに目を通し，下線を施したり簡単なコメントを添えている。授業の進め方などについての意見や要望があれば，翌週の授業で話題にし，調整・改善するようにしている。以下に学生のコメントをいくつか紹介する。カッコ内は筆者のコメントである。

・英語は以前から苦手ですが，話すことにだんだん慣れてきました。Shadowing はできるようになってきたかなと思います。
　［いいね！ みんな，イイ線行っていると思うよ。自信を持って会話を楽しんで下さい。］
・え？ カルタ？ と思ったけど，自然に英語が出てきておもしろかったです。［Thanks! 作った甲斐がありました。］
・今日のトピック（スポーツ）は，部活の思い出がいっぱいあって楽しく話せた。Monologue の Word Counter は過去最高数だった。
　［Great! 見ていてかなり盛り上がっているのがわかりました。］
・Sounds good. とか Me too. とか，前より言えるようになった。今日も，いろんな人と話すことができて楽しかった。［何よりです！］
・予習をしっかりしてきたら，いろいろ話せた。野球トークで盛り上がった。
　［Good job!］
・ミニ・スピーチは予想通り緊張した。人前で話すのは苦手です。みんながすごく上手で驚いた。次はボディ・ランゲージなんかも入れて楽しんでもらえるようにしたいです。
　［意識して改善を図れば，必ず上達します！ You can do it!］
・自分なりにスピーチを書くことはできたが，グループのみんなに向かって話すのは緊張してうまくできなかった。
　［声に出してリハーサルを！ スマホに録音してみるのもいいよ！］
・やる前は怖くて仕方なかったけど，スピーチの班でちがう学部の人と知り合えたり，ヘタでもいいところをほめてもらったりして，気が楽になり，思ったより楽しかった。［それが何より大切ですよね！］
・オタクっぽい人のスピーチは勢いがあり，おもしろかった。いろいろな表情を交えたスピーチができるようになりたいと思った。
　［その人らしさを認めるクラスの雰囲気がいいですね！］

5. 対象学生の授業観と動機づけの変容

「期待×価値理論」（Expectancy-Value Theory）を用いて，半期15回の授業の1回目と15回目の授業で，英語学習に対する動機づけに変化が見られるかを調査した。

「期待×価値理論」とは，動機づけを「期待（成功の可能性に関する主観的認識）」と「価値（課題遂行に関わる価値）」との積によって捉えようとする理論である（Eccles & Wigfield, 2002）。「期待」とは，その課題を遂行する自信があるかどうかという主観的確率のことを指す。課題の遂行にはどのような知識や技術が必要とされ，自分がそれらを持ち合わせているかどうか，課題がどの程度困難なものかを主観的に判断することである。価値とは，その課題を行うことに心理的必然性があるかどうかを以下の4つの次元で判断するものとされている。

a. 重要性（課題を達成することで得られるものに対する個人的な概念）
b. 内発的価値（課題に取り組むことに対する楽しさや興味）
c. 実用的価値（将来の目標などのニーズから発生する価値で，外発的動機とも言える。）
d. コスト（課題に取り組むことで逆に失う時間や労力，予想される不安などの価値を低める否定的側面）

質問紙（付録資料1）では，質問文1, 2で「期待」について，質問文3, 4で「価値（重要性）」について，同じく5, 6で「価値（内発的価値）」について，7, 8で「価値（実用的価値）」について，そして質問文9, 10で「コスト」について回答を求めている。これらの4件法による回答（0〜3）を動機づけを表す以下の計算式に当てはめて，その変容を数値化した。

$$\text{期待} \times \text{価値} [\text{重要性} + \text{内発的価値} + \text{実用的価値} - \text{コスト}] = \text{動機づけ}$$

各クラスの項目ごとの回答結果は付録資料1の通りで，1回目と15回目の両クラスの平均値の差に関する対応のあるt検定を行った結果，統計的な有意が認められ（$t(56) = 4.17$, $p < .01$, $r = 0.49$），動機づけが促進されたと言える（付録資料2）。

付録資料3は各学生の動機づけの変化をグラフ化したもの（太線は平均）である。

また，「Learning Journal」には，「話すことへの抵抗感がなくなってきた」「今までと違った頭の使い方をしていると感じる」「考えさせられることが多くためになる」「1-Minute monologue はこれから一番役立つ学習法だと思う」「楽しく活動的で 90 分が短く感じられる」「会話の潤滑油が自然に使えるようになってきたのがうれしい」などといった肯定的なコメントが多く寄せられた。しかし，一方で，「人前で話すのは苦手だ」「スピーチで何を話したらいいのか思いつかない」「今日のトピックは話しにくかった」といった感想も見られた。それでも，どの学生も真面目に取り組み，15 回目の授業は両クラスとも全員がスピーチを披露してくれた。

　授業中の諸活動について「ためになったか」「できたか」「たのしかったか」を 4 件法（0＝まったく〜ではない，1＝あまり〜でない，2＝ある程度〜，3＝とても〜）で調査した結果，付録資料 4 が得られた。一般に学生が教師に優しい回答する傾向を差し引いても彼らの要望に応えられたのではないかと考えている。

　今後も対象学生の実情とニーズに配慮しつつ，「学習方略への意識を促し発信力を高める英語授業」のあり方を追求していきたい。また，いわゆるアンケート形式の調査と併せて，実行可能な「発話の量と質」を測る手立てを模索していきたいと考えている。

〈参考文献〉

Bennett, E. A. (2014). *English Listening and Speaking Patterns*. Tokyo: Nan'undo.

Deci, E. L., & Ryan, R. M. (1985). *Intrinsic Motivation and Self-determination in Human Behavior*. New York: Plenum.

Eccles, J. S., & Wigfield, A. (2002). Motivational beliefs, values, and goals. *Annual Review of Psychology*, 53, 109–132.

Mizumoto, A. (2015). Langtest (Version 1.0) [Web application]. Retrieved from http://langtest.jp/

付録資料1　質問紙

期待×価値理論に基づき動機づけの「質」を調査する（4件法）

当てはまる＝3　少しは当てはまる＝2　あまり当てはまらない＝1
全く当てはまらない＝0

教育・農学部クラス（$N=32$） 人文・理学部クラス（$N=25$） $M=$平均，$SD=$標準偏差		教育・農学部				人文・理学部			
		M		SD		M		SD	
		1回目	15回目	1回目	15回目	1回目	15回目	1回目	15回目
1	私は英語ができる方だと思う。	0.53	0.59	0.62	0.56	0.87	1.09	0.69	0.53
2	やればそれだけ英語の力がつくと思う。	1.78	2.13	0.66	0.79	2.09	2.32	0.73	0.57
3	英語力を向上させることは私にとって大事なことである。	2.41	2.44	0.71	0.67	2.65	2.50	0.57	0.60
4	英語力を向上させるために努力することは価値のあることである。	2.53	2.50	0.67	0.62	2.57	2.68	0.59	0.57
5	英語を学ぶのは楽しい。	1.38	1.69	0.91	0.86	1.70	1.86	0.93	0.83
6	英語が好きだ。	1.38	1.50	0.91	0.92	1.65	1.73	0.83	0.83
7	英語は将来役に立つと思う。	2.56	2.56	0.72	0.62	2.83	2.73	0.39	0.46
8	英語ができれば思考や行動の幅が広がると思う。	2.47	2.53	0.57	0.72	2.57	2.64	0.66	0.49
9	英語は難しい。	2.78	2.72	0.49	0.52	2.70	2.27	0.47	0.46
10	英語学習はいろいろな意味で重荷である。	2.25	2.03	0.76	0.82	1.78	1.55	0.74	0.74

1, 2＝期待，3, 4＝達成価値，5, 6＝内発的価値，7, 8＝実用的価値，9, 10＝コスト

付録資料2　期待価値理論に基づく動機づけの変化（対応のある t 検定）

	1回目の授業	15回目の授業
観測数（n）	57	57
平均（M）	23.37	30.02
標準偏差（SD）	16.38	17.67

付録資料 3 　期待価値理論に基づく各学生の動機づけの変化

（Mizumoto, 2015）

（$n = 57$，Data 1 = 1 回目の授業，Data 2 = 15 回目の授業）

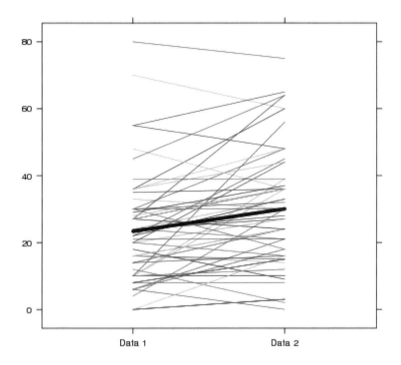

付録資料4　授業中の諸活動に関する評価（4件法，$n=57$）

3＝非常に当てはまる（◎）
2＝ある程度当てはまる（○）
1＝あまり当てはまらない（△）
0＝全く当てはまらない（×）

	ためになった						できた／わかった						楽しく取り組めた					
	3 ◎	2 ○	1 △	0 ×	M	SD	3 ◎	2 ○	1 △	0 ×	M	SD	3 ◎	2 ○	1 △	0 ×	M	SD
Magical Quiz	30	23	4	0	2.46	0.67	34	19	1	0	2.61	0.45	35	20	2	0	2.58	0.45
Shadowing Quiz	14	37	6	0	2.14	0.54	12	41	4	0	2.14	0.49	6	32	17	2	1.74	0.63
Brainstorming 活動	38	18	1	0	2.65	0.67	8	38	11	0	1.95	0.56	16	28	10	3	2.00	0.68
即答バトル	41	16	0	0	2.72	0.57	13	40	3	1	2.14	0.47	29	25	2	1	2.44	0.62
1-Minute Monologue	31	25	1	0	2.53	0.54	9	39	9	0	2.00	0.57	17	29	10	1	2.09	0.62
2-Minutes Dialogue	27	28	2	0	2.44	0.45	10	44	3	0	2.12	0.58	26	27	4	0	2.39	0.74
ミニ・スピーチ	19	30	8	0	2.19	0.52	16	37	4	0	2.21	0.58	29	22	6	0	2.40	0.66
会話表現シート	25	22	9	1	2.25	0.53	22	24	11	0	2.19	0.58	35	17	3	2	2.49	0.82
座席を毎週変えたこと	19	32	5	1	2.21	0.63	26	27	4	0	2.39	0.53	46	10	1	0	2.79	0.70

第 5 章

生徒が身を乗り出してくるタスクで 旧来型教科書の限界を超える
―― 心を動かす授業をめざして ――

柳田　綾
（愛知県立阿久比高等学校）

1. 筆者の自己紹介と実践にあたっての問題意識
1.1　自己紹介

「なぜ英語教師になったのか？」「自分の英語教師としての使命は何か？」という自分の原点を、忙しくがむしゃらに働き続けるうちに忘れがちになっていた教員5年目。自分の根幹がぐらぐらしているような気がしてたまらなくなり、ついに School for International Training（SIT）というアメリカの大学院で英語教授法を学ぶことを決意した。SIT では英語教授法だけでなく、自分自身を見つめなおす「内省（reflection）」を行う機会が何度もあった。reflection のおかげで、自分の教育哲学は「英語を通して生徒の人生に良い影響を与える」「自分自身も生徒から学び、ともに成長する」ことだと再確認できた。

帰国して職場復帰後、大学院で学んだことを現場に応用することは容易ではなく、またとても勇気がいることだった。さらに勉強する必要性を感じ、それまでも参加していた名古屋外国語大学の教員ワークショップや、各種学会や研究会にできる限り参加するようにした。そしてある年の全国語学教育学会（JALT）の発表で三浦孝先生にお声をかけていただき、この「生き方が見えてくる高校英語授業改革プロジェクト」に参加させてもらうことになった。プロジェクトの基本理念が自分の信念とまさに合致しており、この出会いに本当に感謝している。

1.2　実践にあたっての問題意識

筆者は日頃から生徒たちが英語を実際に使用し、自己表現を行う機会をな

るべく多く設けるよう努めている。英語は学校で試験のために勉強する科目というだけではなく，人と人とがコミュニケーションを行う際の道具であることを実感し，英語で他者とやりとりすることの楽しさを生徒たちに味わってほしいと思っている。さらに，「英語を」学んだら「英語で」お互いの意見交換を行い，クラスメートとやりとりすることを通して社会性を養い，生徒たちが自分自身や他者を尊重できるようになることが大切だと考えている。

　上記のように生徒が真の意味でのコミュニケーションを行う授業を実践するには，大学受験との兼ね合い，同僚の理解，教科書の特徴や難易度，生徒の学力レベルやニーズなど，様々な条件をそろえなければならない。以前の自分は「条件がそろっていないから，自分の理想の授業ができない」と自分自身に言い訳をして，それまでの授業スタイルを変えることを恐れていた。しかし，その時置かれた状況で授業を tailor-make することは可能ではないだろうか？ 自分の教育哲学は，「生徒とともに学び，自分も教育者として成長する」ことではなかったか？ 大学院で学んだ，"You are your own best resources." という principle を思い出し，まずは「○○のせいで心を動かす授業はできない」という意識を捨て，「どうしたら心を動かす授業ができるか」という意識に変えてみた。

　本章は，旧来型の教科書を利用し，学力レベルが多様で受験を控えた高校3年生を対象に，筆者が試行錯誤を繰り返し，「心を動かす授業」を目指した実践報告である。実践にあたっては，以下の3点に特に重点を置いた。これらが筆者の問題意識である。

(1) 教科書で学んだ文法事項を，実際に発信的活動（ライティング・スピーキング）を通して使用する。その際，「生徒の心が動く」ような，興味深いタスクを設定する。
(2) 文法事項を使用する発信的活動を通して，その文法事項に対する理解を深める。
(3) 生徒同士が英語で意見交流を行い，自分や他者の新たな側面を発見し，お互いの違いや多様性を尊重しあう「学びの共同体」を構築する。

2. これまでの実践の課題と授業の目標
2.1　実践にあたっての問題点
　今回紹介する実践について，以下の4つの点が解決すべき問題点であった。

(1) 授業実践した科目は，国際コース3年生の生徒のみが履修する「コンポジション」という名前のものであったが，その授業でこれまでは基本的なエッセイ・ライティングの指導が行われていないようだった。また，対象生徒も1，2年次にエッセイ・ライティングの基礎を学んだことがなかった。
(2) これまでのシラバス内容を見ると，教科書をはじめのページから順にカバーしていく様式で，評価方法はエッセイ・ライティングを課さない定期テストのみであった。
(3) 採択された教科書の構成内容は文法の解説，空欄補充，並べ換え，和文英訳が主なものであり，ターゲットの文法をクリエイティブに使用する場面設定は全くない。
(4) これまでこの科目で行われた授業形式は，生徒が教師の説明と解説を聞き，教科書の練習問題の答え合わせをするという典型的な旧型だった。生徒同士が英語を実際に使用する機会や，生徒同士の関わり合いはなかったようである。

2.2 授業で追求した目標

上記の問題点を解決するため，以下の4つの目標を設定した。
(1) 生徒がエッセイ・ライティングの基礎知識を学び，実際にエッセイを書く際にその基礎知識を応用できるようにする。David Barker (2011)，*English Writing Manual* (*Read to Write*) という本を参考にした。
(2) 指定の教科書で学んだ文法事項をエッセイ・ライティングで実際に使用できるようにし，評価にはエッセイ・ライティングも含める。評価方法等については自分でシラバスを独自に作成し，生徒に提示した（表1，表2を参照）。
(3) 文法事項を学習することで終わるのではなく，その使用するcontextを設定してエッセイ・ライティング課題を課す。例を挙げれば，仮定法を学んだ時「もしサンタクロースがいたら...」というトピックのエッセイ課題を課した。
(4) できる限りペアやグループ活動を増やし，生徒同士がお互いに意見交換を行う機会を設ける。また，お互いの違いや多様性を尊重し，社会性や批判的思考力 (critical thinking skill) を養う。

3. 授業の設計
3.1 対象クラスの概要
　国際コース3年生36名（男子9名，女子27名）

　授業名：PCコンポジション（旧課程　学校設定科目）

　生徒の特徴：3年間クラス替えがないためか，1，2年生の頃はクラス内の人間関係がぎくしゃくしていた時期もあった。ほぼ全員が進学希望者であるが，国公立大学志望者は3～4名，大半は私立大学志望，8～9名は専門学校への進学を希望していた。帰国子女が1名，1年間の留学経験者が1名いたが，成績下位者も存在していたので生徒間の英語力にはかなり幅があった。英語を話すことは好きであるものの，机上でコツコツと勉強できる生徒は多くなかった。

3.2 実践期間
　平成22年4月～平成23年3月までの約1年間。

3.3 使用教材
　入試準備問題演習『Practical Writing』（株式会社ラーンズ），自作ハンドアウト，映画『34丁目の奇跡』。

3.4 年間指導計画表（シラバス）
　対象生徒が3年生ということもあり，大学入試に対応できるライティング力をつけることも意識していた。それで，当初は実際に国公立大学入試問題に出題された問題をエッセイ課題として設定していた。また，自分や自分の憧れる他者から徐々に周囲に目を向け，最終的には社会問題，時事問題に関して自分の意見を述べることを目標としていた。

表1　改訂前・年間シラバス

	教材	Writing 課題	Language skill	Learning Strategy
1学期前半	1. 目的・結果 2. 原因・理由 3. 使役・受身	About me（自分について）	1. パラグラフ構成 2. 時間的順序	目標設定 worksheet 振り返り 自己評価
1期考査				
1学期後半	4. 様態・方法 5. 否定 6. 比較・比例	My 3 Role Models（自分と他者—3人のロールモデル）	1. 比較・対照, 原因・結果, 例示の仕方 2. 結論の書き方	振り返り 自己評価
2期考査				
夏休み				
2学期前半	7. 仮定 8. 口語表現 9. 時・頻度 10. 数量・程度	身近な問題とその解決方法	1. 意見と理由の書き方	振り返り 自己評価
3期考査				
2学期後半	11. 当然・助言・命令 12. 依頼・勧誘・推測 13. 必要・可能・能力	社会・国際問題と自分の関わり	1. 効果的な理由の述べ方, 結論づけ	振り返り 自己評価
4期考査				
3学期	14. 疑問・強調・感嘆 15. 提案・要求・願望 16. 名詞表現（無生物主語など）	Portfolio 作成	まとめ	振り返り 自己評価
5期考査				

しかし，いざ1学期に国公立入試問題と同じエッセイ課題を課すと，対象生徒から「トピック自体が難しい」「自分は国公立大学を受験しない」という声が多くあがり，教師が掲げる目標と，対象生徒のニーズ・興味・関心が一致していないことに気がついた。そのため，国公立大学入試問題をエッセイ課題として課すことをやめ，とにかく生徒たちが楽しんで取り組むことができ，かつ知的好奇心がそそられるトピックを設定しなおすことにした。1学期末の考査後に当初作成した年間シラバスを改訂し，夏休み前には改訂版シラバスを生徒に配布した。表2の太字の部分が変更した部分である。

次項3.5から，2学期後半に行った「バージニアへの手紙」という実践を紹介する。

表2　改訂後・年間シラバス

	教材	Writing 課題	Language skill	Learning Strategy
1学期前半	1. 目的・結果 2. 原因・理由 3. 使役・受身	About Me (Writing about oneself)—Club activity and volunteer activity I have experienced	1. Paragraph Organization	Peer-editing Common Errors
1期考査				
1学期後半	4. 様態・方法 5. 否定 6. 比較・比例	**About my future—What I want to do after graduation**	1. **Numbering**	Peer-editing Common Errors, 1st Questionnaire (Reflection)
2期考査				
夏休み課題	ストーリーを作る	**Creating a long story (more than 300 words)**	1. Speaking, Writing 2. Time Order	Peer-editing

2学期前半	7. 仮定 8. 口語表現 9. 時・頻度 10. 数量・程度	**Extremely Short Story Competition** (50語ショートストーリー)	1. Choosing their own topic 2. Writing a very short story	Peer-reading
		3期考査		
2学期後半	11. 当然・助言・命令 12. 依頼・勧誘・推測 13. 必要・可能・能力	**"Dear Virginia"—Letter to Virginia** (バージニアへの手紙)	1. Reading a letter 2. Writing a reply	Self-editing Peer-editing Common Errors 2nd Questionnaire (Reflection)
		4期考査		
3学期	14. 疑問・強調・感嘆 15. 提案・要求・願望 16. 名詞表現(無生物主語など)	**"Miracle on 34th Street"—Movie review** (『34丁目の奇跡』鑑賞,映画のレビューを書く)	1. Watching a movie in English 2. Writing a summary 3. Writing a movie review	Self-editing Peer-editing Common Errors 3rd Questionnaire (Reflection)
		5期考査		

3.5　本実践の指導計画
3.5.1　本課の目的
(1) [体験]「サンタクロースはいるの？」と疑問を持った8歳の少女バージニアに返信を書くことによって，サンタクロースの存在や，クリスマスという行事の意義について改めて考えさせる。また，当時返事を書いた新聞編集者のフランシス・チャーチの手紙を鑑賞する。
(2) [内容]「サンタクロースはいるのか」について自分なりに考え，バージニアに返事を英語で書く。また，返事を書いたフランシス・チャーチの手紙を鑑賞する。さらに発展的活動として，映画『34丁目の奇跡』を全

員で見て要約プリントを解いた後，そのレビューを英語で書くという活動を行う。
(3) ［言語形式］
　a. 手紙の中でバージニアに呼びかけ，語りかけている様子を意識させる。
　b. 仮定法の表現が使われていることに気づき，意味が理解できる：
　　 … if there were no Santa Claus, it would be dreary as if there were no Virginia, 等
　c. 様々な比較や比喩表現を理解する：He exists as certainly as love and generosity and devotion exists, … You might as well…, 等
(4) （語彙）抽象的な語彙や文語を学習する：skepticism, intellect, generosity, devotion, abound, highest, Alas, faith, poetry, existence, eternal, conceive, fancy, supernal, nay, 等

3.5.2　本課の指導計画表

　サンタクロースは本当にいるの？　という少女バージニアの手紙に生徒がそれぞれ返信を書く，ということがテーマである。バージニアの手紙を読んだ後，生徒は自分なりの返信を英語で書いてくる課題に取り組むが，バージニアに実際に返信を書いたフランシス・チャーチの手紙を，生徒が自分で返信を書いた後に読むことがポイントである。先に実際の返信を読んでしまうと，それが生徒の考えに影響を与えてしまうことを避けるためである。この「バージニアの手紙」の実践に 50 分授業を 5 回配当した。

　その後，サンタクロースの存在をテーマにした映画『34 丁目の奇跡』を全員で鑑賞した。映画の要約，感想，レビューを英語で書く・話す，peer-editing を行うなど，50 分授業を 5 回配当した。

授業回数	教材	授業内容	生徒の課題
1	自作プリント（付録資料1: Let's Talk About Cristmas Time, 付録資料2: Writing Assignment 参照）	brainstorming＋エッセイ・ライティング（ブレインストーミング：自分の子ども時代にどのようにクリスマスを過ごしたかスピーキング活動を行う。その後バージニアの手紙を読み，返信を書く）	バージニアの手紙に返信を書いてくる。
2	自作プリント（付録資料3: Dear Virginia プリント参照）	実際にバージニアに返信を書いたフランシス・チャーチの英文を鑑賞し，理解する。それについての感想を書く。	フランシス・チャーチの返信について感想を書いてくる。
3	生徒のエッセイ	フランシス・チャーチの感想を英語でスピーキングする。その後，第1回目の授業であらかじめ書いてきたお互いのエッセイを読み合い【peer-editing①】，ここではエッセイの内容に関してお互いにコメントを書く。	クラスメートが書いてくれた内容に関するコメントを参考に，エッセイを書き直してくる。
4	生徒のエッセイ	【peer-editing ②】2回目のpeer-editing を行う。今回は，お互いのエッセイを読み合う際，文法事項を添削するなど，文法事項や英語に関してのコメントを書く。	クラスメートが書いてくれた文法事項に関するコメントを参考に，エッセイを書き直してくる。
5	生徒のエッセイ 自作プリント（よくある間違いの抜粋）	生徒のエッセイによく見られた誤りについて，教師が説明を行う。また，教師が一人一人のエッセイにコメントを書き，評価も行う。	
6	映画『34丁目の奇跡』	映画『34丁目の奇跡』を鑑賞する。	

7	映画『34丁目の奇跡』，自作プリント（付録資料4：要約プリント，付録資料5：感想プリント参照）	映画『34丁目の奇跡』を鑑賞する。（※実際の実践では，授業変更を行って1日のうちで50分授業を2コマ確保し，1回で映画をすべて鑑賞した。）	要約プリント，感想プリントが授業時間内に終わらなければ，自宅で取り組んでくる。
8	生徒のエッセイ，自作プリント（付録資料6：Writing Assignment — Movie Review 参照）	映画の要約プリントの答え合わせを行う。その後，お互いの映画のReviewを読み合い【peer-editing①】，ここではReviewエッセイの**内容**に関してお互いにコメントを書く。	クラスメートが書いてくれた内容に関するコメントを参考に，エッセイを書き直してくる。
9	生徒のエッセイ	【peer-editing②】2回目のpeer-editingを行う。お互いのReviewエッセイを読み合う際，文法事項を添削するなど，**文法事項や英語**に関してのコメントを書く。	クラスメートが書いてくれた文法事項に関するコメントを参考に，エッセイを書き直してくる。
10	生徒のエッセイ，自作プリント（付録資料7：Frequently Made Mistakesプリント参照）	生徒のエッセイによく見られた誤りを抜粋し，プリントを作る。生徒はそれをもう一度解く。その後，教師が一人一人のエッセイに対してコメントを書き，評価を行ったものを返却する。	

4. 実践の足跡
4.1 遭遇した困難点・解決方法

　第一に，生徒のモチベーションが上がるようなエッセイ課題を課すことが難しかった。当初は国公立大学2次試験の問題をエッセイ課題としたが，そもそも国公立大学への進学希望者が少ないことと，2次試験に出題される問題のトピックが対象生徒には難しすぎ，関心を十分に引きつけるものではなかった。それで当初シラバスで予定していた内容を，生徒にとって身近で関心を持って取り組むことができるものに大幅に変えた。また，学期ごとにア

ンケートを取って生徒の意見を参考にした。

4.2 達成できた点

本章 2.2 で述べた 4 つの目標がどのように達成できたかについて，順に述べる。

目標 (1)： 生徒がエッセイ・ライティングの基礎知識を学び，実際にエッセイを書く際にその基礎知識を応用できるようにする。
→エッセイの評価基準の一つを，「学んだ文法事項やエッセイの基礎知識を必ず使うこと」としたため，対象生徒全員が文法や知識を実際に使用できるようになった。また，エッセイの基礎知識を定期考査に含めたため，繰り返しエッセイ・ライティング・マニュアルを見返すようになった。文法を実際に context の中で使用することで，その文法事項もさらに深く理解できたようだった。

目標 (2)： 指定の教科書で学んだ文法事項をエッセイ・ライティングで実際に使用できるようにし，評価にはエッセイ・ライティングも含める。
→文法事項を使用する context を設定してエッセイ・ライティング課題を課した。また，上記で述べたように「学んだ文法事項を必ず使うこと」もエッセイの評価基準としたため，生徒たちは全員学んだ文法をエッセイ・ライティングの際に使用していた。

目標 (3)： 文法事項を学習することで終わるのではなく，その使用する context を設定してエッセイ・ライティング課題を課す。
→教科書の文法事項をエッセイで使用できるような context を設定することが当初難しかったが，次第にそれを考えることを自分が面白いと思うようになった。本実践以外でも様々なエッセイ課題を課したが（表 2：改訂後・年間シラバス参照），エッセイの種類，長さ，ターゲットの文法等様々に変化をつけ，工夫した。その結果，エッセイが好きになったという生徒の声を多数聞くことができた。

目標 (4)： できる限りペアやグループ活動を増やし，生徒同士がお互い意見交換を行う機会を設ける。また，お互いの違いや多様性を尊重し，社会性や批判的思考力 (critical thinking skill) を養う。

→教科書にある文法事項を学ぶ際も，筆者が一方的に説明を行うのではなく，なるべくペア・グループ活動を取り入れた。例を挙げれば，教科書の練習問題の答えをペアで話し合う，Frequently Made Mistakes のプリントの答えとその理由をペアで話し合う，などである。その結果，生徒たちは教科書の練習問題にも前向きに取り組むようになった。また，peer-editing 活動をペアやグループで行うことで，他者の意見に触れて自分のアイディアを広げることができ，生徒同士知らなかった一面を発見し，お互いの優れた点に刺激を受けていたなど，様々なうれしい副作用があった。特に映画は生徒たちに好評で，(付録資料10: アンケート結果参照)「あれはすごい。授業以上のものを得られた。」とアンケートに書いた生徒もいたほどである。

4.3 本実践を通して発見できたこと
4.3.1 年間指導計画(シラバス)の重要性

本実践を行う前に年間指導計画を作成することによって，1年間で生徒に達成させたい目標，指導内容，評価方法などを見通すことができた。毎授業，毎月，毎学期でシラバスと生徒の現状を見直すことで，筆者の達成させたい目標と生徒の実情とのギャップを早い段階で埋めることができた。また，シラバスは4月に一度作成して終わりなのではなく，状況に応じて flexible に変えても良いものだということを実感した。大学院で教わった，"Prepare before the lesson, during the lesson, after the lesson." という大事な教育哲学の "prepare during the lesson" がまさにこのことであるとわかった。

4.3.2 文法を context で使用することの重要性

高校英語授業の現場では，context が全くない状況で文法練習問題を解く形式の教科書や問題集も多くあり，そのような問題演習を行うことを自分はすべて否定するわけではない。しかし，"Never teach grammar without context." と，大学院の教授に何度も言われたように，どのような場面で使用されるかを理解してはじめて，その文法事項の概念を深く理解できると考えている。言い換えれば，文法事項の形と意味のみを暗記するのではなく，それらを実際に context の中で使用することで文法事項の全体像 (form, meaning, use)

が理解できるのだと考える。実際，生徒のアンケート結果からもそのような声が多く聞かれた（付録資料10：アンケート結果の質問項目14，22参照）。ライティング，スピーキング活動を頻繁に行うことが難しい場合は，oral introductionやペアワークなどを利用して，その文法項目を意味のあるcontextでできる限り教えるべきだと思った。

アンケート記述回答より
・「エッセイを書くことは文法表現の使い方がわかるから，（←実際に使ってみることでよくわかる）これからもあった方がいいと思います。」
・「PCコンポで習った文法表現は，一生ものだと思うよ！」

4.3.3 peer-editing の効果

peer-editing活動でお互いのエッセイを読みあうことによって，クラスメートの使用した英語そのもの，エッセイの内容の両方に刺激を受けていたようである。アンケート結果を見ても，大部分の生徒がクラスメートのエッセイを読むことを好み，またクラスメートのエッセイを読むことは自分のエッセイを書くことに役立つ，と回答している（付録資料10：アンケート結果，質問項目17～19を参照）。さらに，クラスメートのエッセイを読むことは同じトピックの英文を多く読むことにもなり，リーディングの力をつけることにも役立った。

アンケート記述回答より：
・「文法や語法のミスを直すのは，直す方も直される方も勉強になりました。エッセイを読みあうと，ミスの少ない人のを見たりすることで刺激を受けました。」
・「Writing課題は，文法や語彙だけでなく友達のを読むことで，Readingの力もつけることができて，とても役立ちました。」

4.3.4 learning community の構築

教科書の練習問題を解く際にも，ペアやグループワークをなるべく取り入れた。すると特に和文英訳問題を解く時，クラス内で多くの別解を積極的に発言したり，授業後に質問に来る生徒が増えていった。また，peer-editing活動でクラスメートにもらったコメントや，筆者のコメントにも励まされたと多くの生徒が回答している（付録資料10：アンケート結果，質問項目20，21

参照）。生徒たちがクラスメートのエッセイにコメントを書く時，当初は疑問，質問，改善点を書くことをやや躊躇していたようだった。そこで筆者は，疑問，質問，改善点を書くことは悪いことではなく，相手のエッセイがより良くなるためのもので，「良い意味での批判的なコメント」を書くことを奨励した。また，クラスメートの作品を純粋に称賛し，相手を自然に尊敬する気持ちが生徒の中から生まれていたように思う。peer-editing に筆者自身も生徒に混ざって時々参加したが，自分も生徒たちの様々な側面を発見できた。お互いの作品を共有することで良い雰囲気が生まれ，learning community が構築できたと感じている。

アンケート記述回答より
・「教科書の設問 C（和文英訳）をみんなでやるのが楽しかった。」
・「和文英訳の問題は，間違っててもいいから何か書くべきだし，間違ってても先生や友達が直してくれるからおっけー。みんなでやったことは覚えてる率高い！！」
・「バージニアの手紙とか映画のレビューを書いて，出して戻ってきたときに先生のコメントがいつも書いてあるのがうれしかった。：）」

4.4　今後改善すべき点

　生徒のアンケートに基づき授業内容を変更・修正したので，生徒の関心は十分に引きつけることができたが，より社会的，国際的，学術的な内容についても考えさせたいと思った。社会的な内容についてエッセイを書く場合には，英語力だけでなく幅広い知識と教養が必要である。社会的な話題に関して生徒の知識が足りない場合，指導者が「英語＋背景知識」も教える必要があり，指導者側の授業の準備が増えてしまいかねない。生徒の学力・関心と指導者が達成させたい目標の間にあるギャップを，生徒が少し背伸びをすれば届くくらいのレベルに保つことが課題である。また，そのギャップをいかに楽しくかつ効果的に scaffolding していくかということも，今後の自分の課題である。

5.　まとめ：「生き方が見えてくる英語授業」に私が提案できること

　プロジェクトと出会って以来，筆者は「生き方が見えてくる英語授業の 8 つの指導原則」のうち，特に以下の 4 つに力を入れてきた。

原則3: 各単元に「頂上タスク」を設け，授業の諸活動はそのタスク達成に貢献する
原則4: 聞いたり読んだ物語について，生徒が感想や意見を出し合う
原則5: 扱った論説文について，生徒が疑問・意見・対案等を出し合うプロセスを設ける
原則6: 教材に出てきた事柄について調べ，その結果を発表しあい，学びの共同体，社会性育成，自律的学習の機会とする

以下，自分の実践に基づいた提案を述べる。

5.1 頂上タスクの設定（原則3）

以前の自分の教材研究は，「自分が教科書の範囲をカバーする」「自分が教材にある単熟語・文法を教える」ことに気を取られていたが，今は「この教材を通して生徒が何を学びとるか」「どうしたら生徒の心に響くか」，「どうしたら生徒が自分自身について深く考えることができるか」等をまず考えるようになった。教材を見る目が教師である「自分」中心から，生徒である「学習者」にシフトしたとも言える。学習者が達成する「頂上タスク」をまずはじめに設定することで，その他の活動の計画も立てやすくなった。本実践で行った科目（PCコンポジション）で具体的に自分が設定した「頂上タスク」とその教材例を以下に挙げる。

例	教材＋活動	頂上タスク
1	ある一文の後に続く物語の展開をペアまたはグループで考えさせ，英語で話す。その物語を自分でどんどん広げていき，長いエッセイを書く。	＊夏休み課題として，300語以上のエッセイを書く。(表2: 夏休み課題)
2	50単語のショートストーリー・コンテストの過去の入賞作品について，ペアで感想を話し合う。自分の作品を考える。ペアに自分の作品を発表した後，ペアを何度も変える。最終的にはクラス全員の作品を読む。	＊50単語のショートストーリーを書き，コンテストに応募する。(表2: 2学期前半)

3	サンタクロースはいるの？ という少女の手紙を読む。	＊少女に対して返信の手紙を書く。 (表2：2学期後半)
	上記の少女の手紙に実際に返信した，新聞編集者の返信を読む。	＊新聞編集者の返信を読み，その後自分の手紙を再度推敲する。
	映画『34丁目の奇跡』を鑑賞する。 映画の内容を英語で要約する。 映画の感想をパートナーと話し合う。	＊映画のレビューを書く。 (表2：3学期)

　頂上タスクは，「書く」「話す」アウトプットが中心である。最終的な目的が「書く」「話す」ことだとわかっているので，それまでの活動がより有意義になり，モチベーションも上がる。生徒がお互いに交流できる授業は単に成績のための授業ではなく，人間味があり (humanistic)，相手をもっとよく知りたい，コミュニケーションを取りたいという気持ちになる。授業に関する生徒アンケートには，「クラスメートと話し合えて楽しい」「課題にやりがいがある」という回答が多く見られた。

　また，文法事項に関してもタスクを設定することが可能である。本来，文法を学ぶ目的は「文法についての知識を増やす」のではなく，「コミュニケーションを多様かつ円滑にすること」であると思う。学んだ文法事項を使ったコミュニケーション活動を行うと，何のために文法を学んでいるかが明確になり，その文法事項も理解しやすく定着しやすい。さらに，「みんなでやったことは覚えている率が高い」という意見がアンケートの記述回答に見られたように，生徒同士の interaction が多いと生徒の記憶にも残りやすいようである。

5.2　生徒が感想・意見・疑問・対案等を出す授業 (原則4, 5)

　筆者自身が教員免許更新講習や10年経験者研修で「学習者」として講義を受けた際，ずっと講義を聴き続けるよりも，他の受講生と学んだことを話し合うほうが講義をよりよく理解できた。また，他者と話し合い刺激を受けることで自分の思考も活性化し，深まったように思う。一斉授業や説明ももちろん大切であり全否定しているわけではなく，授業内容や生徒の様子など，

状況に応じたバランスの良い授業が大事だと考えている。

　生徒が感想・意見・疑問・対案等を出し合う授業では，教師と生徒，そして生徒同士が交流しながら，お互いの様々な側面を知ることができる。こうした真のコミュニケーション活動を行うことで，指導原則 (6) の「学びの共同体，社会性育成，自律的学習」の機会を設けることができる。生徒が英語で話し合うことが難しい場合は，日本語で話し合ってもかまわないと個人的には考えている（もちろん，英語で話し合うことができれば理想的ではある）。大切なのは，自分の頭で考えたことを自分の言葉で伝え，相手の意見を聞いて咀嚼し，その意見に応じることだと思う。

　そして，意見や疑問を出し合うのは教材内容についてだけに限らない。文法事項や文中の問に関することでもペアで話しあう機会をよく設けたが，そうすると疑問点を質問しやすい雰囲気がクラスに生まれた。また，英語の得意な生徒はパートナーに説明することで，理解を深めることもできた。ライティングの添削 (peer-editing) の際には，コメントは英語でも日本語でも良いこととし，editing 1 回目は内容について，2 回目は英文そのもの（単語・文法・熟語・語法等）に分けた。コメントする際は，相手を褒めるだけはなく，疑問点を述べたり誤りを指摘することも積極的に行うよう促した。生徒たちは遠慮して，良いことや当たり障りのないコメントをしがちだが，批判的なコメントをすることは相手のためになる良いことであると説明した。お互いのライティングの優れた点や改善すべき点を話し合いながら，お互いを尊重しあう「学びの共同体」ができたのではないかと思っている。

5.3　学びの共同体，社会性の育成，自律的学習の推進（指導原則 6）

　自分の高校時代を振り返ると，実技科目以外はどの授業も一斉授業の講義形式で，グループ学習やプレゼンテーションの機会はほとんどなかった。必然的に，他のクラスメートが授業内容について考えていることや，勉強方法について知る機会もなかった。大学や大学院留学先でクラスメートと様々な授業形態を経験して，他者と学びあうと自分と他者についてよく理解できること，そして何より楽しいことがわかった。

　それゆえ自分の授業では，生徒にとって意味があること，興味深いことをタスクに設定し，クラスメートとやりとりできる機会をなるべく設けることを心がけた。interaction の機会を増やし，多様な考え方に接することで「学

びの共同体」ができ，生徒一人一人の社会性も育っていくと思う。また，他者と交流することは自分自身を客観的に振り返ることにもつながる。自分はどのような方法で学ぶのか，自分の考えは他者とどう違うか，それはなぜか，という思考プロセスの中で，今まで気がつかなかった「新たな自分」を発見することもできる。考査や書く活動，タスク提出前後などに振り返り（reflection）や目標（再）設定，定期的な授業アンケートを行ったが，その際生徒たちはじっくり自分に向き合い，成長してくれたと思う。

5.4 試行錯誤を楽しむ

自分の慣れた授業スタイルを変えることは，以前はとても不安だった。新しい活動を授業に取り入れ，想定外のことが起こることを恐れていた。しかし，今はそれを「失敗」ではなく「学び」としてとらえることができる。その予想外の出来事のおかげでteachingと生徒のことについて新たな発見があり，さらに良い授業へとつながる。現場で授業を行いながら生徒たちや同僚，プロジェクトメンバーから学び，それを授業へ還元し，その結果からまたさらに学ぶ...いう好循環が生まれた。試行錯誤して悩むこともあったが，授業について悩むことはやりがいがあり，楽しむことができた。

5.5 approach（教育哲学）を再確認する

自分は恩師のおかげでことばの豊かさと素晴らしさを知り，世界が広がった。授業を通してかけがえのない仲間ができ，自分の生き方について考えることができた。「生き方が見えてくる英語授業」を実践していく中で，自分の生き方も振り返ることができた。自分のapproach（教育哲学）は「英語を通して生徒の人生に良い影響を与える」「自分自身も生徒から学び，ともに成長する」ことであると再確認した。木にたとえると根にあたるapproachが堅ければ，枝であるmethodや葉のtechniqueもしっかり育つ。恩師が自分にしてくれたように，生徒の心に残り，生き方について考える授業を自分はこれからも行っていきたい。

付録資料 1

Let's Talk About Christmas Time

Class (　　　)　Number (　　　)　Name (　　　　　　　　　)

1. Listen to the teacher's story and "RETELL" the story with your partner.
2. Do you like Christmas time?
3. How did you spend your Christmas when you were a child? What did you do? What did you eat?
4. Do you believe in Santa Claus?
5. When you have your children, how would you spend Christmas time? What would you do for your children?

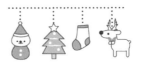

付録資料2

Writing Assignment

以下はアメリカの新聞「ニューヨーク・サン」に掲載された，バージニアという8歳の女の子からの質問です。あなたが「ニューヨーク・サン」の編集者なら，バージニアにどのような返事を書きますか。
① 120～150 語で書くこと。(最後の行に単語数を記入すること。)
② "Dear Virginia" で書き始め，"From (自分の名前)" で終わること。
③ Practical Writing に出てきた表現を積極的に使うこと。
④ 提出期限：11月2日 (火) (厳守)

Is There A Santa Claus?
 Dear Editor,
 I am 8 years old. Some of my little friends say there is no Santa Claus. Papa says "If you see it in The Sun, it's so." Please tell me the truth, is there a Santa Claus?
    Virginia O'Hanlon, 115 West 95th Street, New York City

(以下略)

【　　　　　】words

付録資料３

Dear Virginia...

Class (　　) Number (　　) Name (　　　　　　　　)

Read the letter from the editor and answer the following questions.

1. According to the editor, why are Virginia's friends wrong?
   They _____
   and they do not _____.
2. What insect does the editor compare man to?
   He compares man to _____.
3. How certainly does a Santa Claus exist?
   He exists _____ and _____ and
   _____ exist.
4. If there were no Santa Claus, how would the world be?
   It would be _____ as if _____.
5. Nobody sees Santa Claus, but there is no sign that there is no Santa Claus.
=> 日本語訳: (　　　　　　　　　　　　　　　　　).
6. What are the most real things in the world?
   They are those _____.
7. When you tear apart the baby's rattle and see inside, what can you find there?
   We can find that there _____.
8. What can faith, fancy, poetry, love, romance do?
   They can _____ and _____ and _____.
9. What will Santa Claus continue to do?
   He will _____.
10. Write your comments and impressions about the letter from the editor.
    * **Write in 50~70 words. (Write the number of words below.)**
    * **Deadline: <u>November 9, Tuesday.</u>　（期限厳守！）**
    * **Use the words, expressions, grammar you learned. (Underline them when you use them.)**

Try to remember them so that you can talk about your comments with your classmates. （書いた感想をクラスメートと英語で話せるように、できる限り覚えておくなど、準備しておくこと。）

(以下略)

【　　　　】words

付録資料4：要約プリント

Class (　　)　Number (　　)　Name (　　　　　)

☺ The Plot of the "MIRACLE on 34th Street" ☺

When the Cole's Santa Claus gets ①(　　　) before taking part in the ②(　　　), Cole's director of special events ③(　　　) fires him and must find another person. She finds an old man and asks him to become a Santa Claus. He claims his name is ④(　　　)

Kris does so well during the parade that he is soon ⑤(　　　) to be Cole's main Santa for the holiday period. All the children in New York begin to believe that he is the real Santa. However, ⑥(　　　), the six-year-old girl (=Dorey's daughter) does not believe in Santa Claus. Dorey's boyfriend, ⑦(　　　), does his best to convince Susan to believe.

While Kris was babysitting Susan one night, Susan told him Christmas wish. 《She would like a ⑧(　　　), ⑨(　　　), and ⑩(　　　)》. Kris asks if she would begin to believe in Santa if she got all those things. Susan agrees that she would.

Kris is believed as a Santa Claus and contributed to more sales for Cole's. However, one night, he is ⑪(　　　) for attacking a man on the street. The fact is that the man he attacked was the original drunk Santa. He tried to ⑫(　　　) Kris with the help of members of staff from a rival of Cole's.

With the help of Brian, Dorey takes Kris' case to ⑬(　　　). Brian must prove that not only does Santa exist, but also that Kris is the real Santa.

Just when the judge is about to make his decision, Susan walks up to the judge with ⑭(   ). It contained ⑮(   ). On the back, the words ⑯(   ) are circled. The judge realizes that, since the U.S. Department of Treasury can believe in ⑰(   ) with no evidence, then the people of New York can believe in ⑱(   ) in the same way. Therefore, the judge could decide that Santa is real.

After that, Dorey and Brian got ⑲(   ) after the Christmas Eve. On Christmas morning, Susan, Dorey and Brian went driving out to the catalogue house. Kris has arranged for them to buy the house.

Dorey and Brian ask Susan what the last of her Christmas wish was, and she told them that it was ⑩(   ). Dorey and Brian both look at each other, surprised, and looked at Dorey's ⑳(   ).

CHOICES: In God We Trust / stomach / Dorey / Brian / a house / a $1 bill / dad / hired / Susan / drunk / a baby brother / Thanksgiving parade / Santa Claus arrested / court / a Christmas Card / God / married / Kris Kringle / deceive

My Score: / 20

付録資料5：感想プリント

Class (　　　)　Number (　　　　)　Name (　　　　　　　　)

Movie Report - "MIRACLE on 34ᵗʰ Street"

1. Did you like the movie? Why?
_____
_____

2. Which characters did you like the most? Why?
_____
_____

3. Do you recommend this movie to others? Why?
_____
_____

4. Which scenes were the most impressive? Why?
_____
_____

*** Note***
_____
_____
_____

☺trivia☺

1947年に作られたオリジナル版『34丁目の奇跡』は，アメリカの「最も感動した映画」の9位に入っています。（ちなみに1位は『素晴らしき哉，人生！』，5位は『E.T.』。）アカデミー賞も，「助演俳優賞」「脚本賞」の部門で受賞しています。

付録資料6

☆★Writing Assignment --- MOVIE REVIEW ☆★

"MIRACLE on 34th Street" を読んだレビューを書いてみましょう。
（後日みんなのレビューを読んで投票してもらう予定です。）

① <u>150〜180語で書くこと。（**最後の行に単語数を記入すること。**）</u>
② Practical Writing に出てきた表現や，新しい表現を積極的に使うこと。
　（使ったら必ずアンダーラインを引いておくこと。）
③ 映画の評価を，10点満点で何点かつけておくこと。（☆を塗りつぶしておく。）
④ <u>提出期限：12月21日（火）（厳守）</u>

My Rate for this movie: （　　　　） ☆☆☆☆☆☆☆☆☆☆
（以下略）

【　　　　　】words

Class (　) Number (　　) Name (　　　　　　　　)

付録資料 7

Frequently Made Mistakes: よくある間違い
PCコンポ教材 2011. 1. 18.

『34丁目の奇跡』のレビュー，とてもよく書けていましたよ！☺
以下の「よくある*間違い*」を直して，より正確に文法を使えるようになりましょう！☺☺

　　　Class (　　　) Number (　　　　) Name (　　　　　　　　　)

1. Are you believe a Santa Claus?
　⇒(　　　　　　　　　　　　　　　　　　　　　　　　).
2. I wasn't believe Santa Claus and didn't enjoy Christmas.
　⇒(　　　　　　　　　　　　　　　　　　　　　　　　).
3. I impressed this movie. / The scene was very impressed. / This scene made me exciting.
　⇒(　　　　　　　　　　　　　　　　　　　　　　　　).
4. 　I didn't give Santa nothing.
　⇒(　　　　　　　　　　　　　　　　　　　　　　　　).
5. I felt relieved as if I drink a hot tea.
　⇒(　　　　　　　　　　　　　　　　　　　　　　　　).
6. If there was someone who believes Santa Claus, I would have recommended it!!
　⇒(　　　　　　　　　　　　　　　　　　　　　　　　).
7. I wondered how were effective evidences given by Brian.
　⇒(　　　　　　　　　　　　　　　　　　　　　　　　).
8. At the same time, I felt like to cheer Susan.
　⇒(　　　　　　　　　　　　　　　　　　　　　　　　).
9. She should believe Santa Claus while her childhood.
　⇒(　　　　　　　　　　　　　　　　　　　　　　　　).

10. A little girl in this movie didn't believe in Santa too.
    ⇒(   ).
11. I want to be happy my children in Christmas.
    ⇒(   ).
12. It is necessity for us to believe something with a view to get over walls of our lives.
    ⇒(   ).

/**12**

付録資料 8（原文）

Yes, Virginia, There is a Santa Claus

By Francis P. Church, first published in *The New York Sun* in 1897. (See *The People's Almanac*, pp. 1358–9)

We take pleasure in answering thus prominently the communication below, expressing at the same time our great gratification that its faithful author is numbered among the friends of *The Sun*:

> Dear Editor—
>
> I am 8 years old. Some of my little friends say there is no Santa Claus. Papa says, "If you see it in The Sun, it's so." Please tell me the truth, is there a Santa Claus?
>
> Virginia O'Hanlon

Virginia, your little friends are wrong. They have been affected by the skepticism of a skeptical age. They do not believe except they see. They think that nothing can be which is not comprehensible by their little minds. All minds, Virginia, whether they be men's or children's, are little. In this great universe of ours, man is a mere insect, an ant, in his intellect as compared with the boundless world about him, as measured by the intelligence capable of grasping the whole of truth and knowledge.

Yes, Virginia, there is a Santa Claus. He exists as certainly as love and generosity and devotion exist, and you know that they abound and give to your life its highest beauty and joy. Alas! how dreary would be the world if there were no Santa Claus! It would be as dreary as if there were no Virginias. There would be no childlike faith then, no poetry, no romance to make tolerable this existence. We should have no enjoyment, except in sense and sight. The eternal light with which childhood fills the world would be extinguished.

Not believe in Santa Claus! You might as well not believe in fairies. You might get your papa to hire men to watch in all the chimneys on Christmas eve to catch Santa Claus, but even if you did not see Santa Claus coming down, what would that prove? Nobody sees Santa Claus, but that is no sign that there is no Santa Claus. The most real things in the world are those that neither children nor men can see. Did you ever see fairies dancing on the lawn? Of course not, but that's no proof that they are not there. Nobody can conceive or imagine all the wonders there are unseen and unseeable in the world.

You tear apart the baby's rattle and see what makes the noise inside, but there is a veil covering the unseen world which not the strongest man, nor even the united strength of all the strongest men that ever lived could tear apart. Only faith, poetry, love, romance, can push aside that curtain and view and picture the supernal beauty and glory beyond. Is it all real? Ah, Virginia, in all this world there is nothing else real and abiding.

No Santa Claus! Thank God! he lives and lives forever. A thousand years from now, Virginia, nay 10 times 10,000 years from now, he will continue to make glad the heart of childhood.

〈参考文献〉
近江誠（2003）.『感動する英語！』文藝春秋.

付録資料9　生徒作品

```
***Writing Assignment***
以下はアメリカの新聞「ニューヨーク・サン」に掲載された、バージニアという8歳の女の子からの
質問です。あなたが「ニューヨーク・サン」の編集者なら、バージニアにどのような返事を書きます
か。①120～150語で書くこと。（最後の行に単語数を記入すること。）
②"Dear Virginia" で書き始め、"From（自分の名前）" で終わること。
③ Practical Writing に出てきた表現を積極的に使うこと。
④提出期限：11月2日（火）（厳守）
```

Is There A Santa Claus?

Dear Editor,

I am 8 years old. Some of my little friends say there is no Santa Claus. Papa says "If you see it in The Sun it's so." Please tell me the truth, is there a Santa Claus?

Virginia O'Hanlon, 115 West 95th Street, New York City

Virginia, thank you for your letter. I used to think about whether Santa Claus is real. I hope Santa Claus is real. In December, we spend every day, looking forward to coming Christmas. As the town get closer for Christmas, It become more shining. In the night, you can see there are a lot of boyfriend and girlfriend in your town. At your home, we eat dinner like not daily. We also eat cake. We spend a day like dream. Santa Claus gives us with love and hopeness. If Santa Claus was one he would be busy. don't you think? So he is not limited one. Your parents might be the closest Santa Claus. Perhaps you might small Santa Claus!!

Class (　) Number (　) Name (　　　　　) 【 /20 】words

（教師コメント：「クリスマスが近づくと、街中が明るく輝く。」「As the (　) gets closer,」「the (　) shines, more.」「1語追加 (unless)」「hopeness という単語はありません。名詞形 check! hope」「どういう意味？1人？→ (alone」「person」「be」「話しもサンタであると いうことですか!! いいアイデアで 夢がありますね!!」「これは、とても創造的でおもしろいアイデアでした! ビックリしました。(いい気分です)」「最後の1文がとても印象に残りました。」「文法もわかりやすかったし、最後の文がかわいかった!!」「イラストも多くサンタクロースについて感じられていて、いいと思います」「最後に行かれたなどとサンタクロースがいるのですか」）

付録資料10　生徒アンケート結果

PCコンポアンケート（2011年1月）

#	質問	とても書きやすかった / Yes, very easy	まあ書きやすかった / so-so	やや書きにくかった / a little hard/difficult	とても書きにくかった / very difficult	回答数
1	1回目のエッセイは書きやすかったですか / Was the 1st essay easy to write? (July 7月) (1st topic: club activity & volunteer activity you have experienced)	7　20%	14　40%	13　37%	1　3%	35
2	2回目のエッセイは書きやすかったですか / Was the 2nd essay easy to write? (July 7月) (2nd topic: what you want to do after graduation)	7　23%	13　43%	9　30%	1　3%	30
3	夏休みのエッセイは書きやすかったですか / Was the summer essay easy to write? (October 10月) (3rd topic: making a story)	7　19%	13　36%	9　25%	1　3%	36

#	質問	とてもおもしろかった / Yes, great fun	まあおもしろかった / so-so	ややつまらなかった / a little boring	とてもつまらなかった / very boring	回答数
4	夏休みのエッセイを書くのはおもしろかったですか / Was the summer essay fun to write? (October 10月)	15　42%	16　44%	4　11%	1　3%	36

#	質問	とても書きやすかった / Yes, very easy	まあ書きやすかった / so-so	やや書きにくかった / a little difficult	とても書きにくかった / very difficult	回答数
5	50語のショートストーリーは書きやすかったですか / Was the 50-word short story easy to write? (October 10月)	9　25%	15　42%	9　25%	3　8%	36

#	質問	とてもおもしろかった / Yes, great fun	まあおもしろかった / so-so	ややつまらなかった / a little boring	とてもつまらなかった / very boring	回答数
6	50語のショートストーリーを書くのはおもしろかったですか / Was the 50-word short story fun to write? (October 10月)	15　42%	17　47%	3　8%	1　3%	36

#	質問	とても書きやすかった / Yes, very easy	まあ書きやすかった / so-so	やや書きにくかった / a little hard	とても書きにくかった / very difficult	回答数
7	「バージニアへの手紙」は書きやすかったですか。 / Was "Letter to Virginia" easy to write? (January 1月)	10　28%	16　44%	10　28%	0　0%	36

#	質問	とてもおもしろかった / Yes, great fun	まあおもしろかった / so-so	ややつまらなかった / a little boring	とてもつまらなかった / very boring	回答数
8	「バージニアの手紙」を書くのは面白かったですか / Was "Letter to Virginia" fun to write? (January 1月)	11　31%	22　61%	3　8%	0　0%	36
9	映画「34丁目の奇跡」は面白かったですか。 / Was the movie "Miracle on the 34th Street" fun? (January 1月)	32　89%	3　8%	1　3%	0　0%	36

#	質問	とても書きやすかった / Yes, very easy	まあ書きやすかった / so-so	やや書きにくかった / a little hard	とても書きにくかった / very difficult	回答数
10	「34丁目の奇跡」のレビューは書きやすかったですか / Was the movie review easy to write? (January 1月)	14　39%	17　47%	5　14%	0　0%	36

#	質問	とてもおもしろかった / Yes, great fun	まあおもしろかった / so-so	ややつまらなかった / a little boring	とてもつまらなかった / very boring	回答数
11	「34丁目の奇跡」のレビューを書くのは面白かったですか / Was the movie review fun to write? (January 1月)	14　39%	18　50%	4　11%	0　0%	36

12 教科書(Practical Writing)の難易度は？ / How difficult/easy is the textbook?	とても簡単 / very easy	やや簡単 / a little easy	ちょうどよい / good	やや難しい / a little difficult	とても難しい / very difficult	回答数
July 7月	0　0%	2　6%	14　45%	13　42%	2　6%	31
October 10月	0　0%	1　3%	21　58%	14　39%	1　3%	37
January 1月	0　0%	4　11%	15　42%	17　47%	0　0%	36
July 7月 → January 1月	±0　±0%	2　5%	1　-3%	4　5%	-2　-6%	

13 教科書はエッセイを書くのに役立ちましたか / Was the textbook useful for writing an essay?	とても役立った / very useful	役立った / useful	余り役立たなかった / not very useful	全く役立たなかった / not useful at all	回答数
July 7月	3　8%	21　58%	12　33%	0　0%	36
October 10月	4　11%	22　61%	8　22%	2　6%	36
January 1月	6　17%	23　64%	7　19%	0　0%	36
July 7月 → January 1月	3　9%	2　6%	-5　-14%	0　±0%	

14 エッセイは教科書の表現を学ぶのに役立ちましたか / Was the essay useful to learn expressions in the textbook?	とても役立った / very useful	役立った / useful	余り役立たなかった / not very useful	全く役立たなかった / not useful at all	回答数
July 7月	4　11%	24　67%	7　19%	1　3%	36
October 10月	5　14%	16　46%	13　37%	1　3%	35
January 1月	9　26%	20　57%	5　14%	1　3%	35
July 7月 → January 1月	5　15%	-4　-10%	-2　-5%	0　±0%	

15	エッセイを清書する前に誤りが少なくなるよう気をつけましたか？ Were you careful in decreasing the mistakes you had made?	とても気をつけた very careful		気をつけた careful		余り気をつけなかった not very careful		全く気をつけなかった not careful at all		回答数
	July 7月	18	50%	16	44%	2	6%	0	0%	36
	October 10月	12	33%	18	50%	6	17%	0	0%	36
	January 1月	15	42%	19	53%	2	6%	0	0%	36
	July 7月 → January 1月	-3	-8%	3	9%	0	±0%	0	±0%	

16	エッセイを書くことは好きですか？ Do you like writing an essay?	とても好き Yes, very much		好き Yes		どちらでもない Depends		あまり好きでない Not very much		全然好きでない No		回答数
	July 7月	7	19%	6	17%	12	33%	11	31%	0	0%	36
	October 10月	9	25%	16	44%	9	25%	2	6%	0	0%	36
	January 1月	10	29%	13	37%	11	31%	1	3%	0	0%	35
	July 7月 → January 1月	3	10%	7	20%	-1	-2%	-10	-28%	0	±0%	

17	クラスメートのエッセイを読むことは好きですか？ Do you like reading classmates' essays?	とても好き Yes, very much		好き Yes		どちらでもない Depends		あまり好きでない Not very much		全然好きでない No		回答数
	July 7月	8	22%	13	36%	13	36%	2	6%	0	0%	36
	October 10月	16	44%	17	47%	2	6%	1	3%	0	0%	36
	January 1月	13	36%	12	33%	8	22%	3	8%	0	0%	36
	July 7月 → January 1月	5	14%	-1	-3%	-5	-14%	1	2%	0	±0%	

18	クラスメートのエッセイを読むことは、自分がエッセイを書くのに役立ちますか？ Does reading classmates' essays help you write an essay?	とても役立った very useful		役立った useful		余り役立たなかった not very useful		全く役立たなかった not useful at all		回答数
	July 7月	10	28%	20	56%	6	17%	0	0%	36
	October 10月	18	50%	12	33%	6	17%	0	0%	36
	January 1月	18	50%	15	42%	3	8%	0	0%	36
	July 7月 → January 1月	8	22%	-5	-14%	-3	-9%	0	±0%	

19	クラスメートからコメントをもらうことは、自分がエッセイを書くのに役立ちますか？ Do classmates' comments help you write an essay?	とても役立った very useful		役立った useful		余り役立たなかった not very useful		全く役立たなかった not useful at all		回答数
	July 7月	9	25%	17	47%	8	22%	2	6%	36
	October 10月	14	39%	14	39%	8	22%	0	0%	36
	January 1月	15	42%	16	44%	5	14%	0	0%	36
	July 7月 → January 1月	6	17%	-1	-3%	-3	-8%	-2	-6%	

20	クラスメートからコメントをもらうことは励みになりますか？ Do you like receiving comments from your classmates?	はい、とても Yes, very much		はい Yes		どちらでもない Depends		あまり Not very much		全然 No		回答数
	July 7月	9	25%	11	31%	13	36%	2	6%	1	3%	35
	October 10月	22	61%	11	31%	2	6%	0	0%	1	3%	35
	January 1月	22	61%	10	28%	3	8%	1	3%	0	0%	36
	July 7月 → January 1月	13	36%	-1	-3%	-10	-28%	-1	-3%	-1	-3%	

21	先生からコメントをもらうことは励みになりますか？ Do you like receiving comments from your teacher?	はい、とても Yes, very much		はい Yes		どちらでもない Depends		あまり Not very much		全然 No		回答数
	October 10月	26	72%	9	25%	0	0%	0	0%	1	3%	35
	January 1月	28	78%	8	22%	0	0%	0	0%	0	0%	36
	October 10月 → January 1月	2	6%	-1	-3%	0	±0%	±0	±0%	-1	-3%	

22	PCコンボの授業でどのような英語力がついたと思いますか？ What areas of English ability do you think you have developed?	writing		speaking		reading		listening		grammar		vocabulary	
	January 1月	34	39%	3	3%	11	13%	1	1%	27	31%	11	13%

★複数回答可 回答数 87

第6章

思考力育成へ向けた授業実践
―― エマ・ワトソンの **HeForShe** スピーチを題材として ――

山本　孝次
(愛知県立刈谷北高等学校)

1.　実践にあたっての問題意識

　高校では平成25年度から新学習指導要領が施行され，平成27年度には全学年の授業が新学習指導要領の下に行われることになり，英語教員は「英語の授業は英語で」行うことへの対応に追われている。本来は，「授業を実際のコミュニケーションの場とする」ために，オール・イン・イングリッシュで授業を行うことよりも生徒の言語活動を増やすことのほうが大切とされているのだが，真面目な教員ほど，まずは自分の授業を運用する英語力を，特にクラスルーム・イングリッシュから，向上させなければならないという思いを強く持つ。英語の授業を英語で行うための本の出版や研修が盛んに行われており，教科以外の業務にも忙しい中，真面目で熱心な教員ほど，授業中に教員自身が使う英語の研修のために時間を取られてしまう。

　新学習指導要領施行に伴い，英語授業改善へ向けて，もう一つよく取り組まれていることとしては，授業に「4技能」をバランスよく取り入れようとする取り組みがある。旧来，リーディングとライティング，特にリーディングに偏っていた英語教育が，2006年度の大学入試センター試験へのリスニングテスト導入に伴い，まずリスニングへの取り組みが増えてきた。そして現行の新学習指導要領においては，スピーキング指導への比重も高まり，その評価はパフォーマンス・テストを用いて行うことが一般的となりつつある。まだまだリーディングに偏ってはいるものの，英語の授業をリーディング，ライティング，リスニング，スピーキングの4技能のすべてを育成する場としていこうという気運が最近は感じられる。

　しかし，大事なことであるのに，今一つ顧みられていないものがある。それが「思考力の育成」である。いくら英語が使われていても，それが本文の

内容を説明するだけに使われていたり、単に音をまねるだけの音読に使われていたり、本文中から解答部分を探し出すためだけの内容理解問題に使われていては、コミュニケーション能力の育成には至らない。自分が伝えたい「意見」や「感想」を持ってこそ、コミュニケーションへの意欲が生れる。そうであるなら、授業を「英語で」行うことや「4技能」のバランスを取ることだけでなく、自分の意見や感想を持つに至るように仕向ける「思考力」の育成は、コミュニケーション能力の育成を一番の目標と掲げる英語授業に欠かせない要素であるはずだ。

思考にはレベルがある。ブルームの教育目標の分類体系（改訂版）（Anderson & Krathwohl, 2001）では、思考レベルを図1のように分けられている。授業が訳読や文中からの答え探しを要求するQ＆Aだけとなっている場合は、下から2番目のUnderstandingレベルの思考までしか使われていないことになる。そして、獲得した知識を試験問題を解く時に使ったとしても、もう一つ上のApplyingレベルに留まり、下位の思考スキ

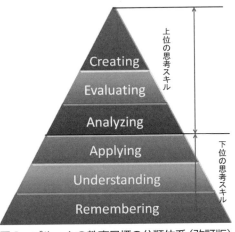

図1　ブルームの教育目標の分類体系（改訂版）

ルしか使っていないことになる。もし学校授業の現状がそうだとすれば、英国の教育学者ケン・ロビンソンがTED（Robinson, 2006）で指摘しているように「学校は創造性を殺してしまっている」ことになりかねない。

21世紀社会で生き抜いていくために必要なスキルであると言われているのは、創造性であり、批判的思考能力であり、問題解決能力である（グリフィン他編, 2014）。そして、それらのスキルはブルームの分類体系では「上位の思考スキル」に該当する。私たち教員は、もっと生徒たちが分析したり、評価・批評をしたり、何かを作り出したりする活動を授業に取り入れていくべきであろう。

本実践では、生徒に考える題材と機会を与え、考える手順や方法を示し、

最終的に自分の意見や感想を伝えるために英語を使うことに重きをおいた授業を模索していく。

2. 授業で追求した目標

"Emma Watson's HeForShe speech at the United Nations" および gender equality に関する資料を視聴し読み解いていくことによって知識を増やし理解を深める。またその内容について話し合いをすることを通して，自分たちの感想・意見を形成する。そして，それらの感想・意見をエマ・ワトソンへの手紙として 200 語程度の英文で書くことをこの 6 回シリーズのレッスンにおける頂上タスクとした。

使用教材の動画やスクリプトは英語だが，関連資料となる新聞記事等は日本語のものも使用する。英文の内容理解については，訳読やどこに答えが書かれているかを確かめる Q & A ではなく，4,5 人のグループでのディスカッションを行うことによって深める。ディスカッションでも日本語を使用しているが，短時間で多くの情報や意見を共有し話し合うためである。

本実践では，英語の使用や，4 技能のバランスよりも，ディスカッションにより理解を深め，様々な考えを共有し，自分の感想・意見を形成していく「思考」のプロセスを重視する。英語は，動画やスクリプトからの情報収集と自分の感想・意見をエマ・ワトソンおよび英語圏の人々へと発信するための道具として使用する。

3. 授業の設計
3.1 対象クラスの概要

第 3 学年，普通科国際理解コース 28 名（男子 5 / 女子 23）

授業名：英語表現（旧課程　学校設定科目）

生徒の特徴：英語の学力は比較的高く，帰国子女の生徒も多い。しかし，文法的な正確さを求められる英作文を苦手としている生徒もいる。国際理解コースの生徒たちであるので，3 年生ではあるが，受験勉強ばかりでなく地球規模の課題に対する関心も高い。

3.2 実践期間

2014 年 11 月 5 日，6 日，10 日，12 日，17 日，19 日の授業 6 回，および

11月26日の第2学期期末考査。

3.3 使用教材
各資料の URL は章末にまとめて載せることにする。

〈スクリプト〉

Emma Watson: Gender equality is your issue too（speech script）
2014年 UN Women 親善大使エマ・ワトソンが NY 国連本部で HeForShe キャンペーンについて語ったスピーチの原稿。

Full Transcript of Emma Watson's Speech on Gender Equality at the UN
上記と同じ HeForShe スピーチのスクリプト。こちらの方が実際のスピーチを忠実に書き起こしているので、授業ではこのスクリプトをもとに〈1〉～〈19〉の段落番号をつけたものを使用した。

Hillary Rodham Clinton Remarks to the U.N. 4th World Conference on Women Plenary Session delivered 5 September 1995, Beijing, China
北京で開催された第4回世界女性会議におけるヒラリー・クリントンのスピーチのスクリプト。

〈動画〉

Emma Watson at the HeForShe Campaign 2014—Official UN Video（13:16）
2014年、国連にて行われた HeForShe スピーチ。

Girls' rights around the world（2:02）Plan International
世界の女の子の現状を "Because I am a girl ..." で始まるいくつもの文と映像で訴えかけている。

The Global Gender Gap Report 2014（2:14）World Economic Forum
2014年世界男女格差指数を地図やグラフ等を用いてわかりやすく説明している。

The girl effect_ The clock is ticking（3:04）girleffect
女の子を支援すれば、どのような波及効果が期待できるか。ガールズ・エフェクトキャンペーンの動画第2弾。

First Lady Hillary Rodham Clinton's Remarks to the Fourth Women's Conference in Beijing, China（20:19）clintonlibrary42
第4回世界女性会議におけるヒラリー・クリントンによるスピーチ。この一部分（12:04–15:00）を使用。

3.4 指導計画表

「Gender Equality」という題目で 50 分授業を 6 回行い，頂上タスクのエマ・ワトソンへの手紙は 2 学期期末考査時に書かせる。第 6 回授業後の課題として手紙の下書きは考えさせておく。考査時最初の 10 分は手紙を書くことに使うように指示する。その際，他の問題は配付せずに，手紙を書くことに集中させる。

考査の配点については，2 学期期末 100 点満点の 55 点をこの gender equality の授業分にあてた。その配分方式は次のとおりである。授業中の評価が 30 点分。内訳は，6 回の授業の各回で 5 点。その中身は，授業参加態度 2 点，課題提出状況 3 点である。期末考査では，授業で扱ったスピーチのスクリプトを 10 点分，読解問題として出題する。生徒の，エマ・ワトソンへの手紙作成の配点は 15 点分とする。

回	月日	教材	扱うスピーチの範囲	主な授業アクティビティ
1	11/5 50 分	新聞記事 ・「マタハラ撲滅へ一歩」 動画 ・Girls' rights around the world	Emma Watson's speech はまだ使わない。 ※以下，単に Speech と記す。	・アイスブレイク・グループ決め 「生まれ変わるなら，男か女か。それはなぜ？」 ・グループワーク ★「男女損得マトリックス」 ・資料視聴・読み取り 「Gender inequality の現状―女性・女の子を中心として」 ・課題 「マタハラを英語で説明する」 ふりかえりシート

2	11/6 50分	スピーチ ・Emma Watson's HeForShe speech at the UN（Emma Watson's speech）の動画とスクリプト動画 ・The Global Gender Gap Report 2014	Speech〈1〉〜〈7〉 ※スピーチは便宜上〈1〉から〈19〉のパートに分けてある。	・アイスブレイク・グループ決め ・資料視聴・読み取り 「Gender Gapの現状―世界で日本で」 ・課題 「エマ・ワトソンが疑問に感じたgender-based assumptionsをタイムラインにまとめる」 ・ふりかえりシート
3	11/10 50分	絵本 ・*Inch by Inch*（by Leo Lionni） スピーチ ・Hillary Clinton's Speech at the 1995 UN Women's Conference	Speech〈8〉〜〈14〉	・アイスブレイク・グループ決め ・絵本： *Inch by Inch*を途中まで読む。ナイチンゲールに歌を測れと言われてInch wormがどうするかを予想する。 ・グループワーク ★「男らしさ女らしさ」 資料視聴・読み取り： Hillary Clinton's Speech ・課題 ヒラリー・クリントンのスピーチ・スクリプト中にあるわからない単語調べ ・ふりかえりシート
4	11/12 50分	スピーチ ・Emma Watson's speech 絵本 ・*Inch by Inch*	Speech〈8〉〜〈14〉	・アイスブレイク・グループ決め ・グループワーク ★「男の成功とは」 ・資料視聴・読み取り *Inch by Inch*の結末 ・課題 「女性が抱える課題・男性が抱える課題」 ・ふりかえりシート

5	11/17 50分	スピーチ ・Emma Watson's speech ウェブ記事 ・マツコ発言に見る男女平等とは？	Speech〈15〉～〈19〉 ・Gender Equalityへ向けてのビジョンを描く	・アイスブレイク・グループ決め ・グループワーク 　★「Gender Equalityが進んだ社会とは」 ・資料視聴・読み取り ・課題 「あなたが望むGender Equalityが進んだよりよい社会のビジョン」 ・ふりかえりシート
6	11/19 50分	スピーチ ・Emma Watson's speech	・Gender Equalityへ向けてのアクションプランをつくる	・アイスブレイク・グループ決め ・グループワーク 　★「Gender Equalityに必要なもの・役立つもの」 　★「Gender Equality達成のためにすべきこと」 ・資料視聴・読み取り ・課題 エマ・ワトソンへの手紙の下書き ・ふりかえりシート
7	11/26 10～15分	期末考査問題	・Emma Watsonへの手紙を200語程度で書く	・エマ・ワトソンへの手紙 ・アンケート

※表中の★マークは，生徒が感想や意見を交流するタスクを表す。

4. 実践の足跡（授業記録）

第1回授業（11月5日）

本時の教材：新聞記事「マタハラ撲滅への一歩」（朝日新聞2014年10月24日）

　　　　　　　動画 "Girls' rights around the world"（2:02）Plan International

本時のねらい：Gender equalityの現状を知る。

本時の授業内容と時間配分（50分）

①アイスブレイク・グループ決め（8分）

　28人を6グループに分ける。5人グループ4つ，4人グループ2つに分け

る。最初，教師が出す「お題」に従い，類似した生徒同士がグループをつくる。教師は，それらのグループをすべてまとめて一つの大きな輪に変形させ，生徒に1から6のナンバーを振っていく。生徒が振られたナンバーのグループ席に移動してグループが決定する。生徒は，席についたら教師が出す「お題」に対する答えと名前だけの簡単なグループ内自己紹介をする。2回目以降の授業でも最初に同様の方法で，その回のグループ決めを行う。

　第1回では，次回以降のグループ分けをスムーズに行うため，3つの「お題」(1) 男女，(2) 17歳か18歳か，(3) 血液型，でグループづくりの練習を行った。最後の血液型グループをすべてまとめて大きな輪をつくり，1から6のナンバーを振ってグループ分けした。最初のグループ内自己紹介の「お題」は「生まれ変わるなら，男か女か。それはなぜ？」であった。

②グループワーク「男女損得マトリックスをつくろう」(20分)

　模造紙を縦横2つずつに分け，左上に男が損，左下に男が得，右上に女が

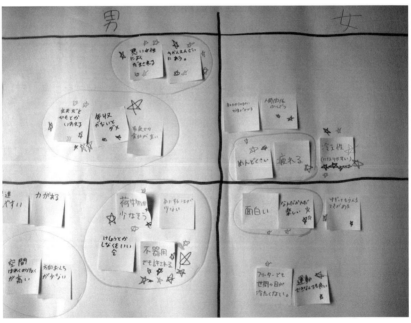

左上：男が損　　右上：女が損
左下：男が得　　右下：女が得
図2　男女損得マトリックス

損，右下に女が得のように4つのカテゴリーをつくる。考える時の手法としては，KJ法というカード式整理法を用いた。まずは各自で，男女でそれぞれ損なことと得なことを考え，1つの事柄につき1枚の付箋に書いていく。事の大小にかかわらずできるだけたくさん書くようにする。次に1人1枚ずつ，自分が書いた付箋を，内容を声に出して言いながら，模造紙に貼っていく。この時，自分と同じあるいはよく似た内容の付箋が貼られたら，自分が持つその同類の付箋も同時にその近くに貼っていく。グループメンバー全員が付箋を貼り終わったら，付箋の内容をカテゴリー化し，カテゴリーごとにサインペンで囲む。それぞれのカテゴリー名を小見出し的に書く作業は，今回は時間が足りなくてできなかった。各グループの「男女損得マトリックス」(図2) が完成したら，模造紙を隣のグループに回していって他のグループとアイディアを共有する（回し読み）。他のグループの模造紙を読む際には，各自サインペンを持ち，共感する項目には☆印をつける。

③動画 Girls' rights around the world の視聴（10分）

　この動画は，Plan International が Because I am a Girl キャンペーンのために作成し，2009年2月に YouTube へとアップしたものである。言語は英語で字幕なしのものを使用した。約2分の短い動画であるが，世界の女の子たちが抱えている様々な課題を紹介している。"Because I am a girl" のナレーションの後に続く内容をメモすることで，能動的に世界の女の子たちに起きていることを知るようにした。1回目の視聴は無解説の通しで行い，2回目の視聴ではメモが取れるように途中で止めながら見た。

④新聞記事「マタハラ撲滅へ一歩」（8分）

　各自で新聞記事を読む。読んでみての感想をグループ内で話し合った。

⑤課題の指示（2分）

　毎回，授業に関連した課題を何か一つ出す。提出は，次回の授業時が締め切りとする。第1回の課題は「マタニティ・ハラスメントがない国からやって来た外国人に説明するつもりで，マタハラを英語で説明しなさい」であった（図3）。

⑥ふりかえりシート（2分）

　一回の授業が終わるたびに「ふりかえりシート」を書く。ふりかえりシートの内容は2つだけで，1つ目は「あなたは本日の授業に積極的かつ協力的に参加することができましたか」であり，生徒は Yes か No の答えとその理

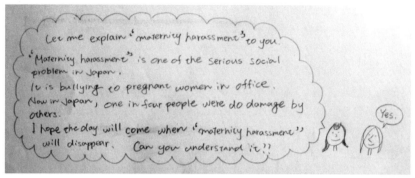

図3　第1回課題「マタハラの英語説明」

由を答える。2つ目は「本日の授業で印象に残ったこと・考えたことはどんなことですか」である。A5サイズの小さなふりかえりシートであるが，ほとんどの生徒が2つ目の項目，自由記述の欄をびっしり埋めていた。

生徒の様子

ワークショップ形式で行う最初の英語授業であったが，生徒は積極的にグループワークに参加していた。彼らは，1, 2年生の時にワークショップに参加した経験があったので，アクティビティの説明にあまり時間をかけずに行うことができた。英作文の問題を扱った授業の時には積極的でなかった生徒も，自分の意見を付箋に書き出してグループで共有することができていた。

教師のふりかえり

題材として選んだジェンダーについて，生徒たちが興味を示したのでよかった。ふりかえりシートには，全員が授業に積極的かつ協力的に参加できたと答えた。その具体的な理由としては，自分の意見を付箋にたくさん書くことができたことや他人の意見をしっかり聞くことができたこと，みんなと協力的に話し合いができたこと，などが挙げられていた。自分が意見を出したり，他の人の意見を聞いたりすることが楽しいと思うような題材および活動とすることができたことは，大きな一歩であると思った。

生徒のふりかえりシートより

ふりかえりシートに記入された生徒の感想は以下のようであった。新聞記事や動画資料からだけではなく，参加者同士からの発見があったようだ（下線は筆者によるもの）。

・<u>日本ではほとんど考えられないことが世界ではたくさんおこっていてビックリしました</u>。女の子だから学校へ行けなかったり，自分が望まない結婚や妊娠をしたり，そのせいでHIVにかかってしまったりと本当にびっくりしました。性別で差別しても何もいいことはないし，社会的にもいろいろな害があると思いました。
・<u>世界の国々では，その国の発展度合いによって，それぞれ違う種類の性差別の問題があった</u>。
・今日は普段あまり話さない子と同じ班になって，みんなでマタハラや男女について話すことができて新鮮でした。最後に見たVTRは衝撃的で，私たちはそれについて議論するべきだと思いました。
・付箋で男女の損得を紙に書いてたときの，<u>男子の意見がすごく新鮮だった。私は女なので，女のいいとこも嫌なとこもわかってるつもりだったけれど男子から見るといいところも面倒くさかったりするんだなと思った</u>。
・マタニティ・ハラスメントの例に挙げられた言葉に傷ついた。苦しい思いで命を生もうとする女性にそんな心ない事を言う人がいるなんて信じられない。<u>女性も男性も普通にすごせる社会をつくらなければと強く思った</u>。

第2回授業（11月6日）

本時の教材：動画 "Emma Watson at the HeForShe Campaign 2014" Official UN Video
　　　　　　　スクリプト "Full Transcript of Emma Watson's Speech on Gender Equality at the UN"
　　　　　　　動画 "Girls' rights around the world"
　　　　　　　動画 "The Global Gender Gap Report 2014"
　　　　　　　新聞記事「男女平等　日本104位」（朝日新聞2014年10月28日）

本時のねらい：エマ・ワトソンのHeForSheスピーチ〈1〉〜〈7〉を理解する。
　　　　　　　　世界で，そして日本でのGender Gapの現状を知る。

本時の授業内容と時間配分（50分）
①本時のグループ決め（5分）
　最初に「住んでいる市町村」のお題でグループに分かれてもらい，それから生徒に1から6のナンバーを振って，6グループに分けた。

②動画 Girls' rights around the world の視聴・復習（5分）

　前回見たプラン・インターナショナルの Because I am a Girl キャンペーンの動画を再視聴し、世界の女の子、特に途上国の女の子の現状について復習した。

③動画 The Global Gender Gap Report 2014 の視聴および補助資料の新聞記事「男女平等　日本104位」の読解（10分）

　男女格差が小さい国、大きな国はどこかを考えながら、動画 The Global Gender Gap Report 2014 を見た。この動画には日本が出てこなかったが、日本は何位なのだろうと考えてから、新聞記事「男女平等　日本104位」の記事を読んだ。これらの動画と記事を通して世界と日本での男女格差の現状を知った。

④動画 HeForShe スピーチ〈1〉〜〈7〉の視聴とスクリプトでの読解（25分）

　まず、エマ・ワトソンの写真を数枚見せ、彼女のことを知っているかどうか生徒に尋ね、ハリー・ポッターのハーマイオニー役として活躍している女優であることを確認した。これから見るのはエマ・ワトソンがある活動のキャンペーンを国連で広報しているスピーチであることを知らせたうえで、冒頭部分〈1〉〜〈7〉をまず一度視聴させた。次に、スクリプトとボキャブラリーリストを配布し、内容を確認させた。

　内容確認のための質問としては、（1）HeForShe とはどんなことを求める活動か、（2）この活動は特にどんな人に参加を呼び掛けているか、（3）feminism はどんな言葉と同義ととらえられてきているか、そして（4）エマ・ワトソンはどんな gender-based assumptions を疑問に感じてきたか、（5）feminists であるとどんな女性に見られるのか、（6）エマ・ワトソンによると、女性はどのような扱われ方をするべきなのか、（7）現在、世界に gender equality が達成されている国はあるのか、などを尋ねた。

　このスピーチの最初の部分でカギとなる質問としては、（4）の「エマはどんな gender-based assumptions に疑問を感じてきたか」を選んだ。生徒たち自身がジェンダーに関して「どうしてこうなのか？」と疑問を感じてきたことと照らし合わせ、自分たちにどんな gender-based assumptions があるのかに気づいてほしかったからである。

⑤課題の指示とふりかえりシート記入（5分）

　課題として、上記のスピーチの内容確認問題（4）「エマ・ワトソンが疑問

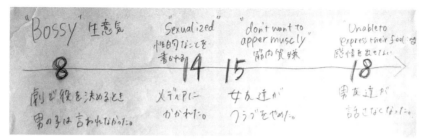

図4 エマ・ワトソンが感じた gender-based assumptions（生徒作品例）

に感じてきた gender-based assumptions」を A4 の紙にタイムライン形式でまとめてくることを指示した。形式としては，A4 の紙を横向きで使い，上下を2分割するような右向きの矢印を書く。この矢印が時間を表す。あとは，エマが何歳の時に，どのような gender inequality の体験をしたかを，この時間を表す矢印を使って自由にまとめる。英語でも日本語でもよいし，絵を使って表現してもよいと指示した（図4）。

ふりかえりシートは，自分の参加度と印象に残ったことを尋ねるいつもの形式だが，時間が不足していたので，次回の授業時までに提出するようにと指示した。ふりかえりシートの出来が授業参加点となるので，毎回ほぼ全員が提出していた。

生徒の様子

エマ・ワトソンのスピーチを英語がわからないところがあっても真剣に聴き取ろうとしていた。話し手のエマ・ワトソンに関心があるし，題材的にも興味ある内容であったからであろう。

教師のふりかえり

エマ・ワトソンの gender-based assumptions による経験を聴き，自分にはどんな経験があったのかを振り返ることにより，自分との共通点や相違点について考えることができていた。自分たちの経験から「男らしさ女らしさ」を考えていくよい機会となった。

ふりかえりシートより

ふりかえりシートに記入された生徒の感想は以下のようであった（下線は筆者によるもの）。

・女はこうで男はこうだっていう概念はいつどのように生まれたのか，そし

てそれがどうして女性を縛りつけるような結果になってしまったのか，彼女のスピーチを聴いて考えされられました。エマ・ワトソンも昔，女だからという理由だけで生意気に思われたり，友だちがクラブをやめたりというのを経験しているので，イギリスでも日本でも，途上国でも共通のこの問題に世界中が取り組むべきだと思った。
・女性が平等をうったえる＝男性嫌悪，という考え方にはっとさせられました。
・日本が男女平等において104位であるというのは本当にびっくりした。
・普段はあまり考えたことなかったし，日本には男女差別は他の国に比べたら少ない方だと思ってたけど，実際はまだたくさんの男女差別や偏見があるのだとわかった。
・日本が男女平等という点において世界中の先進国と大きく後れをとっていることにはさほど驚きはしなかった。下位にはイスラム国家，そして日本や韓国のような儒教の影響を受けた国が目立っている。宗教的文化の根付きは早々変わらないが，だからこそ日本は男女平等により力を入れるべきだと思った。女子だから可愛らしくなければならないという価値観を押し付けられたことはよくあるため，私自身「男らしさ」「女らしさ」の追求には反発を覚える。

第3回授業（11月10日）

本時の教材：動画 "Hillary Clinton's Speech at the 1995 UN Women's Conference–Women's Rights Are Human Rights" First Lady Hillary Rodham Clinton's Remarks to the Fourth Women's Conference in Beijing, China より抜粋（12分4秒～15分）

スクリプト "Hillary Rodham Clinton Remarks to the U.N. 4th World Conference on Women Plenary Session delivered 5 September 1995, Beijing, China"

絵本 *Inch by Inch* by Leo Lionni

新聞記事「（女が生きる　男が生きる）らしさって？：下　ゆがんだ成功像，生き方縛る」（朝日新聞2014年11月3日）

ウェブ記事「日本の労働環境が世界ワーストといわれる理由」（http://matome.naver.jp/odai/2135786629958698201）（2014

年 11 月 8 日検索）

「世界各国の男女別自殺率（2014 年推計）」

（http://www2.ttcn.ne.jp/honkawa/2772.html）（2014 年 11 月 9 日検索）

本時のねらい： Gender equality は男性にとっても必要なことであることを理解する。

Hillary Clinton's Speech at the 1995 UN Women's Conference の視聴した部分を理解する。

本時の授業内容と時間配分（50 分）

①グループ決め（3 分）

最初に「中学のとき好きだった教科」のお題でグループに分かれてもらい，それから生徒に 1 から 6 のナンバーを振って，6 グループに分けた。

②動画 Emma Watson at the HeForShe Campaign 2014 の前回視聴した部分の復習（5 分）

教師が作成したパワーポイントスライドを使ったスピーチのまとめを見せながら内容を復習した。（図 5 参照）

③絵本 *Inch by Inch* の読み聞かせ（5 分）

Inch by Inch（Lionni, 1960）の絵を大きくプロジェクターでスクリーンに映し出したものを見せながら，教師が音読した。なんでも測れるという尺取り虫が，コマドリ（robin）の尾をはじめとして，次々といろいろな動物たち

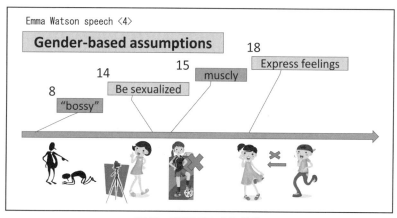

図 5　説明スライド（例）

の体の大きさを測っていき、最後にサヨナキドリ（nightingale）から「わたしのうたをはかりなさい」との難題をふっかけられ、測れないのならば食べてしまうぞと脅されているところで、さて尺取り虫はどうするでしょうと問題を投げかけて話を中断した。答えは後で確かめると言って、次の活動へと移った。

　生徒は、歌の時間の長さを測るとか、歌を歌っている間に尺取り虫が進んだ距離で測るなどといろいろと考え、実際の行動はどういうものだったのかに興味を持ったようだ。

④グループワーク「男らしさ女らしさ～小中高・恋人・父母」（24分）

　6つのグループそれぞれに、(1) 小中高生に求められる男らしさ、(2) 小中高生に求められる女らしさ、(3) ボーイフレンドに求める男らしさ、(4) ガールフレンドに求められる女らしさ、(5) 父親に求められる男らしさ（図6）、(6) 母親に求められる女らしさ、の「お題」のどれかを割り振った。

　各グループは、模造紙を机の真ん中に置き、各メンバーがサインペンを手に持った。模造紙の真ん中に「お題」を書き入れ、思いつくことをブレーンストーミングしていった。何か思いついたら、それを口頭で発表しながら、模造紙に書き入れていった。関連することを思いついたら、その近くに書い

図6　父親に求められる男らしさ

たり，線でつないだりした。どんな大きなことでも小さなことでも，できるだけたくさん，模造紙いっぱいに書くように奨励した。

　各グループの模造紙が完成したら，全員それぞれサインペンを1本持ち，他のグループの模造紙を見て回った（ギャラリーウォーク）。一つのグループの模造紙を見る時間は1分とした。「なるほど」，「そうだ！」と共感するものには「☆」印を，意味がわからないものがあれば「?」をつけながら回った。

　自分のグループへ戻ったら，まずどんなところに「☆」がついているか見た。また，「?」がついているところがないかを見た。「?」がついているものがあれば，そのグループに簡単に説明をしてもらった。次に，他のグループの模造紙を見て気づいたこと，感想等をグループで話し合った。気づきを口にすることで，記憶の定着を助けるようにした。

⑤動画 Hillary Clinton's Speech at the 1995 UN Women's Conference の視聴（6分）

　エマ・ワトソンの HeForShe スピーチ〈10〉で触れられているヒラリー・クリントンのスピーチの一部を紹介した。エマは1997年のスピーチとしているが，おそらくこの有名な1995年のスピーチのことであると思われる。女性の権利がないがしろにされているどんな例が述べられているかを聴き取るように指示したが，難しかったようだ。スクリプトを読み，内容を確かめておくように指示をした。

⑥「日本の労働環境」と「世界各国の男女別自殺率」に関する資料（5分）

　ウェブ記事の「日本の労働環境が世界ワーストといわれる理由」と「世界各国の男女別自殺率（2014年推計）」を資料として配布し，男性も gender stereotypes に縛られていて gender inequality の不利益を被っている立場であるという点に着目させた。

⑦課題およびふりかえりシート（2分）

　第3回の課題は，ヒラリー・クリントンのスピーチのスクリプトを読み，わからない単語はすべて調べて意味をスクリプトに書き入れて提出することとした。

　ふりかえりシートは，次回授業時までに提出するように指示した。

生徒の様子

　ブレーンストーミングして各年代の男らしさ女らしさを探るアクティビティでは，限られた時間の中で，積極的に意見を出して成果物を完成させ

教師のふりかえり
　それぞれの世代の「男らしさ女らしさ」を考えるにあたり，自分たちにも gender stereotype があるのだと気づいてもらうことがねらいだったが，話し合っている最中でも男子と女子では考え方が違うところとか，他のグループの成果物から世代や立場が異なれば求められている男らしさ女らしさも異なることなどにしっかり気づくことができていた。
　自分たちの経験から「男らしさ女らしさ」を考えているので，話し合いに具体性や自己関連性があるので興味・関心が高まっているようだ。

ふりかえりシートより
　ふりかえりシートに記入された生徒の感想は以下のようであった（下線は筆者によるもの）。

- インチ（Inch by Inch）の話の続きが気になる。男らしさ，女らしさを考えてみて，改めて「らしさ」とはなんだろうと思った。
- 日本の労働時間について日本人には真面目な人が多いし，本音と建前など，文化から来るものも多いと思う。また，日本の男性の自殺率が多いのは，その真面目な人々がさらに男だから頑張らなきゃいけないなどと思い込んでしまうことから，この数字になっていると思う。
- ヒラリーさんの演説で女性が女性であるがゆえに迫害などにあってるけど，その前に人権そのものが脅かされているということに初めて気づきました。
- 私たちは自分たちで意識していないうちに，男の子だからこうでなければならないとか，女の子だからこうあってはいけないとかを勝手に決め付けてしまっているのだと気づきました。
- 「女の人が家事をやるのはあたりまえ」と言った男の子がいて，やっぱりそれが現状なんだなと，少し悲しくなった。
- 女の子だから頭のいい大学に行かなくてもいいじゃんと言われたという子がいて，やっぱり教育での男女の差別というか偏った考え方は根強くあるんだなと思いました。

第4回授業（11月12日）
本時の教材：動画 "Emma Watson at the HeForShe Campaign 2014" Official UN Video

スクリプト "Full Transcript of Emma Watson's Speech on Gender Equality at the UN"

絵本 *Inch by Inch by* Leo Lionni

新聞記事「(女が生きる 男が生きる) らしさって？：下『働いて』妻に言いたくない」(朝日新聞 2014 年 11 月 3 日)

本時のねらい：エマ・ワトソンの HeForShe スピーチ〈14〉〜〈19〉を理解する。
　　　　　　　Gender equality は男性にとっても必要なことであることを理解する。

本時の授業内容と時間配分 (50 分)

①グループ決め (3 分)

　最初に「兄弟姉妹の数，何人兄弟姉妹か」のお題でグループに分かれてもらい，それから生徒に1から6のナンバーを振って，6グループに分けた。

②グループワーク「男の成功とは」(25 分)

　各グループで「男の成功」についてどのようなイメージを持っているか，思いつくことをできるだけたくさん模造紙に書かせた。書き方については特に指示はせずに自由に書かせた (図 7)。各グループで書き終わったら，模造紙を隣のグループに回していって他のグループとアイディアを共有した (回し読み)。

図 7　男の成功とは

自分たちのグループの模造紙が戻ってきたら，他のグループの「男の成功」のイメージを見ての感想を話し合わせた。
③動画 HeForShe スピーチ〈8〉〜〈14〉の視聴（10分）
　まず，冒頭に続く〈8〉〜〈14〉の部分を一度視聴させた。次に，スクリプトとボキャブラリーリストを利用し，内容を確認させた。内容確認の質問としては，次のようなものを考えた。(1) エマ・ワトソンは "My life is a sheer privilege"（私の人生はまったく恵まれている）と言っているが，どんなことで恵まれていたというのか，(2) the inadvertent feminists（意図せぬフェミニスト）とはどんな人のことを指しているか，(3) エマ・ワトソンがヒラリー・クリントンのスピーチについてもっとも気がかりなことはどんなことか，(4) a distorted sense of what constitutes male（男性の成功像についてのゆがんだ感覚）とはどのようなものか，(5) men being imprisoned by gender stereotype（ジェンダー・ステレオタイプに囚われている男性）とはどのような男性のことを言うのか，そして (6) we all perceive gender on a spectrum, instead of two sets of opposing ideals（ジェンダーを2つの対立する理想像と見るのではなく，1つのスペクトラム上にあるものと見る）とはどういうことか。
　これらの質問の中で，今回のカギとなるものとしては (4) と (5) を選んだ。Gender inequality には男性も苦しんでおり，gender equality 達成のための活動には男性の参加も不可欠であるというエマ・ワトソンの主張を，生徒に理解させるためである。
④絵本 *Inch by Inch* の結末紹介（8分）
　もう一度はじめから *Inch by Inch* の話を，今度は最後まで読んでいった。「うたをはかってくれ」と言われて，尺取り虫が最後は逃げていったという結末を意外だと感じる生徒が多いようだった。尺取り虫を，自殺率の高い英国や日本の男性だと思って，読んでみようと示唆した。ただひたすらに男はこうあるべきという期待に応えようとすることはつらい。時には，逃げるという行為が自分を助ける最良の選択となるかもしれないということを伝えた。
⑤課題とふりかえりシートの指示（4分）
　「女性が抱える課題・男性が抱える課題」について，これまでの授業で，スピーチやその他の資料の中に出てきた男女それぞれが抱える問題・課題について，日本文で次回までにまとめてくるよう指示した。
　ふりかえりシートは，次回授業時までに提出するように指示した。

ふりかえりシートより

ふりかえりシートに記入された生徒の感想は以下のようであった。男性も男女格差によって苦しんでいることがあることを認識したようである（下線は筆者によるもの）。

- 私自身も"女の子なんだから"っていうようなことを言われて腹が立つことが多かったけれど，こうして挙げてみると<u>自分も性別による区別を無意識のうちにしているんだなあと思った</u>。
- エマ・ワトソンが言う<u>男子の呪縛</u>というのは本当にあてはまっているなと感じました。男女平等は，だいたい女性を中心に論を展開するのがふつうだけど，とても斬新で，でもよく考えたらそうだなと思わせてくれました。
- 女性は一般的に人に相談することで不安などを晴らすことができるというけれど，<u>男性は相談することをあまりしないので，よりストレスをためやすく自分を追い込みやすい人が多いのかなと感じた</u>。
- Inch worm の結末が逃げるという結末で驚きました。まったく予想していなかったです。結末がわかってから，ぼそっと，「あきらめるなよー。」と言ってしまったので，それが男性を苦しめてる結果なのかなと思いました。
- 「男性にとっての成功」をテーマに考えてみたところ，私が思ったのは「男性の」という以前に「人間としての成功」と言えるものばかりであったので，<u>どうして世の中は性別にばっかり重点を置いているのだろう</u>ということでした。

第5回授業（11月17日）

本時の教材： 動画 "Emma Watson at the HeForShe Campaign 2014" Official UN Video

　　　　　　スクリプト "Full Transcript of Emma Watson's Speech on Gender Equality at the UN"

　　　　　　ウェブ記事「マツコ，『男女平等』について盲点を語る」（ライブドア・ニュース 2014年10月28日）

本時のねらい： Gender Equality へ向けてのビジョンを描く。
本時の授業内容と時間配分（50分）
①グループ決め（3分）

最初に「小1から高3まで，担任の先生が女性であった回数」のお題で

グループに分かれてもらい，それから生徒に1から6のナンバーを振って，6グループに分けた。
②Gender Equality に関する現在の課題のふりかえり（5分）
　第4回の課題シートに書いてきた内容を共有した。第4回の課題の内容は，これまでに見てきた女性が抱える問題と男性が抱える問題にはどのようなものがあったかまとめるというものだった。各グループでジェンダーに関わる課題を再確認した。
③資料「マツコ，『男女平等』について盲点を語る」を読んで感想共有（5分）
　資料を読み，どのような状態になったら「男女平等」と言えるのかをグループで話し合った。
④動画 HeForShe スピーチ〈15〉～〈19〉の視聴（10分）
　まず一度視聴させたうえで，エマ・ワトソンが引用しているイギリスの政治家エドモンド・バークの言葉 "All that is needed for the forces of evil to triumph is for good men and women to do nothing."（「悪の勢力が勝つのに唯一必要なものは，十分な数の善良な男女が何もしないことだ」）の "for the

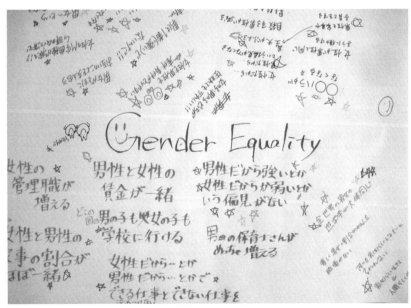

図8　Gender Equality が進んだ社会とは

forces of evil to triumph" の具体例としてはどんなことが述べられているかを確認した。

⑤グループワーク「Gender Equality が進んだ社会とは」(25分)

各グループが gender equality が進んだ社会とはどのような社会であるのかを考え，模造紙に書き出した。Gender equality が進んだ社会には何があるのか，その社会では何ができるのか，どのようなことを大切にしているのか，などを自由に書き出し模造紙にまとめた。(図8)

各グループの模造紙が完成したら，全員それぞれサインペンを1本持ち，他のグループの模造紙を見て回った（ギャラリーウォーク）。1つのグループの模造紙を見る時間は1分とした。「なるほど」，「そうだ！」と共感するものには「☆」印をつけながら回った。

自分のグループへ戻ったら，まずどんなところに「☆」がついているか見た。次に，他のグループの模造紙を見て気づいたこと，感想等をグループで話し合った。その際に，他のグループに出ていた意見でよいものがあったら，グループメンバーに紹介しながら自分たちの模造紙に書き足してもよいことにした。

⑥課題とふりかえりシートの指示（2分）

課題は，「あなたが望むGender Equality が進んだよりよい社会のビジョン」を A society where ○○ can □□. A society where ○○ is △△. A society where ○○ can be ××. (「○○が□□できる社会」「○○が△△になっている社会」「○○を××できる社会」) といった具体的な形式で英語で5つ表現するというものであった。以下に生徒の考えた望むべき社会の具体例をいくつか挙げる。

〈生徒の作品例〉

生徒（1）
1. A society where women can be presidents at companies.
2. A society where men can take care of their children with their wife easily.
3. A society where men and women can take child-care leaves.
4. A society where women can work with no maternity harassment.
5. A society where men and women can live what they really are.

生徒（2）
1. A society where women can earn the same money as men by doing the

same work.
2. A society where women can say their opinions.
3. A society where men and women are treated equally.
4. A society where parents can be happy if a baby, whether a boy or a girl, is born.
5. A society where women can be the top of a company.

生徒 (3)
1. A society where every people can go to school.
2. A society where every people can work.
3. A society where people can think about each other.
4. A society where everyone receives some respect.
5. A society where everyone can live safely.

その他，注目に値する作品：
・A society where all people can live with smiles.
・A society where men recognize the importance of housework.
・A society where you can legally marry the same-sex.
・A society where we don't have any harassments
・A society where women can take part in the politics.

ふりかえりシートより

ふりかえりシートに記入された生徒の感想は以下のようであった。あるべき好ましい社会を考える際にもいろいろな課題に気づいたようだ（下線は筆者によるもの）。

・男女平等を達成するには，一人一人がお互いを「人間」として尊敬しあい，相互理解をすることが大切だと思う。

・今の世界では，差別が普通で，むしろ差別が差別だと思っていないことも多いから，差別がない理想の世界をイメージするのは難しかった。

・女性はいつも男性から何かを「してもらう」立場だとか，男性に「される」立場であると考えられがちだけど，この観念は男性にとっても女性にとっても苦痛だと思うので，「お互いが頼り，頼られる」ということが気兼ねなくできて生活していければいいと考えました。

・日本にも世界にも働くたくましい女性はたくさんいるし，繊細な心を持った男性もたくさんいるのだから，周りから言われるあるべき姿になろうと

せずに，自分がなりたい本来の姿で生きていけばいいのになあ。
・エドマンド・バークさんの「邪悪な勢力が勝利を収めるためには，何も行動を起こさない善良な人々がそれなりにいるだけでよい」というのがとっても印象的でした。

第6回授業（11月19日）

本時の教材：動画 "Girls' rights around the world"（2:02）Plan International
　　　　　　　動画 "The girl effect_ The clock is ticking"
本時のねらい：Gender Equality 達成へ向けてのアクションプランをつくる。
本時の授業内容と時間配分（50分）
①グループ決め（5分）
　最初に「今までに行ったことのある外国の数」のお題でグループに分かれてもらい，それから生徒に1から6のナンバーを振って，6グループに分けた。
②動画 The girl effect_ The clock is ticking 視聴（5分）
　世界の女の子が抱える問題を簡潔にまとめてある動画を見た。
③グループワーク「Gender Equality に必要なこと・役立つこと」（20分）
　前回は，gender equality が進んだ社会とはどんな社会なのか，目指すべき社会のビジョンを描いた。今回は，そうした社会実現のために必要なことや役立つことを考えた（図9）。考える時の手法としては，KJ法を用いた。まずは各自で，gender equality 達成のために必要なことや役立つことを，1枚の付箋につき1つの事柄を書いていった。事の大小にかかわらずできるだけたくさん書くようにした。次に1人1枚ずつ，自分が書いた付箋を，内容を声に出して言いながら，模造紙に貼っていった。この時，自分と同じあるいはよく似た内容の付箋が貼られたら，自分が持つその同類の付箋も同時にその近くに貼っていった。グループメンバー全員が付箋を貼り終わったら，付箋の内容をカテゴリー化し，カテゴリーごとにサインペンで囲んだ。それぞれのカテゴリー名を小見出し的に書いた。各グループの模造紙が完成したら，全員それぞれサインペンを1本持ち，他のグループの模造紙を見て回った（ギャラリーウォーク）。1つのグループの模造紙を見る時間は1分とした。「なるほど」，「そうだ！」と共感するものには「☆」印を，意味がわからないものがあれば「？」をつけながら回った。自分のグループに戻った時，「？」が付いたところがあれば，その項目がどういう意図なのか他のグループに説明

146　第Ⅱ部　知性を育てる英語授業の実践編

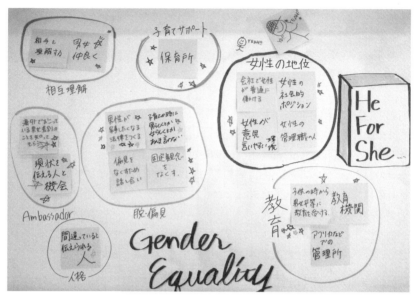

図9　Gender Equality に必要なこと・役立つこと

した。「☆」がどこに多く付いているのかを見ることは，楽しみでもあるし，クラス全体の傾向を知ることに役立つ。

④グループワーク「Gender Equality へ向けてのアクションプラン」(15分)

　Gender equality 達成のために必要なこと・役立つことを考えたうえで，国や社会にどんなことを求めればよいか，個人レベルでどんなことができるかを考えた。

　生徒から出てきた案には次のようなものがあった。

【国・社会に求めること】

> 国際会議への男女参加／すべての人に教育を／学校の大量設置の援助／戦争をなくす／教師と医者を増やす／同性婚を認める／会議だけで終わらせない／国連とかの会議の回数 UP／教育設備の増加／Ambassador の増加／戦争をやめてほしい／男女平等で教育を受けることができるようにしてほしい／みんなの役に立つお金の使い方をしてほしい／同性婚を認める法律をつくってほしい

【私たちにできること】

> イベントの開催・呼びかけ・参加／正しい知識を持つ／募金・寄付・ボランティア／国際理解コースだけでなく普通コースでもジェンダーについての教育を受ける／意識改革・女の人が自ら働く努力／SNSで情報発信／異性を理解する／固定観念の払拭／男女の差別についてもっと詳しく調べる／互いに思いやる／学校がない貧しい国への寄付／自分たちの意見とか今回学んだことを周りに伝えて〜伝えて〜伝えて〜世論を高める!!

⑤課題・ふりかえりシートの指示（5分）

　HeForSheスピーチを聴いての感想・意見をエマ・ワトソンへの手紙という形式にして200語程度の英語で書いてみることを課題とした。実際に提出するものは，期末試験中に書いたものとした。

　ふりかえりシートは，当日中に提出するようにと指示した。

ふりかえりシートより

　ふりかえりシートに記入された生徒の感想は以下のようであった。「気づき」から「行動」へ向かおうとしている様子がわかる（下線は筆者によるもの）。

・私は今日の授業で改めて男女のお互いのことをもっと知るべきだと思いました。それはお互いを知らないがために，お互いを傷つけ苦しめ合っていると思ったからです。

・先進国のジェンダーの解決に，男の人の協力が必要なように，途上国の男女差別の解決には，まだ比較的自由な先進国の手助けが必要だと思った。ただの知識だけで終わらせないで，何か行動を起こしたい。

・どれだけ考えても私たちができることは少なく，とても限られているけれど，それでも私たちがこの問題について考え，思っ

図10　意見出しの様子

たことを友だちと共有し，その輪を広げることができたら，やがて大きな力となり世界を変えることができると信じています。
- エマのスピーチを聴いて，いろんなことを考えさせられました。私に何ができるだろうと考えたとき，このスピーチを多くの人に，特に男性に聞かせるべきだと思いました。

図11　発表の様子

- 先生が話してくれた，「知っているというだけで世界は変えられる」みたいな言葉が印象に残りました。英文を並びかえる練習より，こっちの方がよっぽどためになる授業だったと思います。
- 私たちなりに周りへ伝えること，そして地球に生きる一人の人間として自分の意見を世界に発信する自発的な行動の積み重ねが社会を変えられる方法なのだと思いました。特に国際理解コースでこのような問題について考える機会を得られたので，もっと世界が良い形で一つになるように，争いのない平和で幸せな生活が送れるように，国と国をつなぐ存在になりたいと思います。
- 高校生で世界的な規模の運動はできないと思いますが，同世代の人たちだけでも伝えられたらと思いました。

第7回　2学期期末考査（11月26日）

本時の教材：スクリプト "Full Transcript of Emma Watson's Speech on Gender Equality at the UN"

本時のねらい：HeForShe スピーチを視聴しての意見・感想をエマ・ワトソンへの手紙として200語程度の英文で書く。

手紙文の評価

　本時は定期考査での実践となる。考査内での手紙の配点は100点中の15点である。語数に関する得点は3点で，100語未満は0点，100語から149語は1点，150語から179語は2点，180語以上で3点とする。内容に関する得点は12点分。次のような内容を含むようにすること。(1) エマ・ワトソ

ンのスピーチの中で特に印象に残った言葉は何か。またそれはなぜか。(2) Gender equality に関する世界の課題の中で特に関心を持ったことは何か。またそれはなぜか。(3) Gender equality が達成された社会とはどんな社会か。(4) Gender equality 達成のためにすべきこと。文法・語法・綴り等の間違いについては2点まで減点するが，文意にあまり影響のない間違いは3つまでは減点しない。

本時の内容と時間配分（50 分中の 10〜15 分）

　考査開始 10 分後までは他の問題は配布せずにエマへの手紙を書くことに専念させた。また，「Gender Equality」の授業に対するアンケートを試験問題の最後に載せておいて行った。

　アンケート結果によれば，この授業への満足度は高く，特にグループ・ディスカッションを通して他の人の意見をたくさん聞くことができたこと，gender equality について世界の現状を知り，また自分の事として深く考えることができたことが良かったと回答している。

　エマ・ワトソンへの手紙の生徒作品例を以下に 2 点示す。

〈生徒の作品例 1〉（原文のまま）

Dear Emma Watson, UN Women Goodwill Ambassador

　I am an eighteen-year-old high school girl in Japan. We watched your UN speech in English classes. After watching your video, we talked a lot about what you said in the speech, gender equality.

　Frankly speaking, I have experienced several hardship like you. It is because I am strong-minded, bossy and not feminine girl from the point of view of the stereotype. Your speech was exactly what I have thought for a long time, so I agreed with everything you said.

　I like the words, "Both men and women should feel free to be strong" because I feel that those words are the words which help people to liberate from manliness or womanliness. However, I'm worrying that some women claim woman rights too much and are seen as just anti-man because they don't have proper information about gender equality.

　To make our society gender-equal, I will appeal to my friends and relatives for this campaign with my friends who learn it together.

I have a dream that I want to be a person who have some impact on the world. It is a wild and big dream, so I feel difficult. But thanks to you, I have a little courage to act to my dream.

I appreciate your invitation to take part in the gender equality activities.

R. A.

〈生徒の作品例 2〉（原文のまま）

Dear Emma Watson

I'm 18 years old high school girl in Japan. I had an opportunity to watch your speech in UN, about gender equality. Your speech inspired us a lot, and it also brought back memories of the days in India.

I lived in India because of my father's job, and I heard a lot of story from my teacher that women there are treated horribly. After I came to Japan, I found boys and girl are wearing completely different school uniforms and we'll never do P.E. class together. These may be small things, but how can we respect each other society if boys and girls are separated in school days? I really agree with you that this is one of the most serious world issue.

In your speech, you cited the words, "All that is needed for the forces of evil to triumph is for good men and women to do nothing." This really encouraged me. This words taught me that the important thing is to do something no matter how small it is.

I want to make the world that every human beings, men and women, are equal. To make the world like this, I'll tell this issue as many people as I can and I'll participate in volunteers, too.

Thank you so much for your speech.

Y. K.

5. 実践のまとめ
5.1 この実践で目指した目標は，どの程度達成できたか

この実践の目標は，gender equality の問題について，(1) エマ・ワトソンのスピーチやその他の資料を通してわかる世界の現状と日本の現状を比べ，背景知識を補充しながら理解を深めること，(2) 他の人の経験と自分の経験と照らし合わせながら，自分の事として考え，自分の感想・意見を形成でき

るようにすること，(3) そして頂上タスクとして，スピーチを視聴しての自分の感想・意見をエマ・ワトソンへ伝える手紙という形で書くこと，であった。

端的に言って，これらの目標は十分に達成できたと考える。毎回書かせていたふりかえりシートのコメントを読むとわかるように，生徒は提示された資料をよく読み取っていた。毎回与えられたトピックについて，グループでディスカッションして意見を出したり模造紙にまとめた成果物をクラス全体と共有したりして，知識を広げていった。そして，それらの知識と自分との関わりを考えることによって，エマ・ワトソンが語っている内容について理解を深めていくことができていた。頂上タスクである彼女への手紙についても，28人全員が180語以上で書くことができていた。また，内容的にも，エマ・ワトソンに自分の感想や意見を伝えたいという気持ちが感じられる中身の濃いものばかりであった。

頂上タスクであるエマ・ワトソンへの手紙の内容を今一度見て見て欲しい。スピーチの内容を理解し，自分の経験に当てはめ，現状と課題を分析し，スピーチの中で自分にとって印象深い箇所を引用して自分の意見を書き，そして最後には自分がこれから心がけたい行動についても述べている。つまり，ブルームが掲げる思考レベルに沿って考えれば (図12)，英文を読み内容理

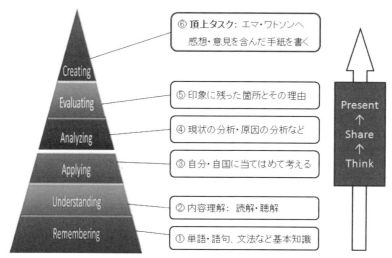

図12　ブルームの教育目標の分類体系 (改訂版) と授業中のタスクとの関係

解問題を解くだけの授業では下から2つ目のUnderstandingレベルに留まってしまいがちであるのに対して，本実践の頂上タスクでは，より高いApplying, Analyzing, Evaluating, そしてCreatingの思考レベルを要求していることがわかる。

頂上タスクに至るまでのすべての活動が，視野を広げ思考を深めていくための，伝えたい内容，つまり自分の感想・意見を形成するための活動となっている。

5.2 この教材および授業の良い点は何だと考えるか

生徒が生き生きと参加できる点が最大の特徴だと考える。教材については，まず女優のエマ・ワトソンがスピーカーであることから，取り掛かりとして興味を持たせやすいことがよい。そして内容的には，gender inequalityは誰もが感じたことがあることなので，自分の事としてとらえて積極的に発言しやすかったのだと考えられる。また，スピーチの動画およびスクリプトを用意したので，映像・音声・文字といったいろいろなチャンネルから情報を取り入れることを可能にすることができた。

授業については，筆者が2008年から実践を続けている国際理解教育の手法を英語の授業に取り入れて行った。その特徴は「参加型」であることである。感想・意見交流タスクとして本章3.4の指導計画表の中で★印をつけて紹介したアクティビティは，どれも必ずグループメンバー一人ひとりの意見や考えが反映された成果物を作ることを目的としていた。また，グループで作った成果物をクラス全体で共有することによって，より幅広く多様な意見や考えを知ることができた。そして，最も重要なことは，参加者全員で考えたい「問い」が用意されていたことである。今回の実践では「Gender Equalityを達成していくために何をすべきか」が最終の問いであった。この問いに答えられるようになるべく，エマ・ワトソンのスピーチやその他の資料，そして参加者一人ひとりの意見・考えを参考に様々なアクティビティを通して，gender equalityに関する理解を深めていった。考える題材と問いがあったからこそ思考力育成に向けた授業が展開できた。

5.3 今後の課題は何か

何か参加者全員で考えたい「問い」を用意すること。これが，思考力の育

成に向けた授業で最も大切なことだ。英語をたくさん使うこと，4技能をバランスよく伸ばすことももちろん重要であるが，コミュニケーション能力を身につけることが一番の目標であるならば，自分が誰かに伝えたくなるような感想・意見を持つことの重要性も見逃せない。4技能ばかりでなく，思考にもスキルは必要である。まずは，授業づくりの際に，今回の題材で生徒に考えさせたい「問い」は何かを，教員が考えるようにすること。これが最も重要で最も難しい課題であると考える。なにしろ英語教員は忙しい。そして「英語の授業は英語で」の圧力はかなり強い。教科書の題材によっては，考える素材とすることが難しいこともあるだろう。しかし，教員の念頭に「思考力育成」の意識があるかないかは大きな違いだ。

　思考を促すレッスンづくりのためのシンプルな活動プロセス例を紹介しておきたい。それは，「Think–Share–Present」である。考えさせる「お題」を与えたら，まず一人で考えさせる。次にペアで話し合わせる。もう一回グループで話し合わせる。クラス全体で出てきた意見を共有する。クラス共有の際には，グループで作った成果物を互いに見て共有することもできるし，各グループから他のグループへの発表という形で共有することもできる。この活動プロセスを経ることによって，情報量を増やしたり思考を深めていったりすることができる。また，ペアで，グループで，クラス全体で，と段階的に発表の練習をすることもできる。

　頂上タスクにも関係してくるような「問い」設定の重要性と頂上タスク達成のためのプロセスとしての「Think–Share–Present」を紹介したが，このような授業を行っていくにはいくつかの壁がある。まず，クラスサイズの問題がある。今回の実践では28人であったが，40人クラスでは1グループ内の人数を増やす，あるいはグループ数を増やすことが必要だ。そうすると，グループ内で全員の発言を求めるための時間が，あるいは全グループが発表するための時間が，かなりかかってしまう。また，教室にスペースがあり，グループ同士が適度に離れている方がグループ活動をしやすい。次に，視聴覚機器の使用に際しては，備え付けのプロジェクター，スクリーン，パソコン，スピーカー等がある教室が望ましい。今回はもともとは設置されていない図書室等を使ったので，準備片付けが大変であった。また，ディスカッションの成果物を作成するのに，今回は模造紙，カラーサインペン，付箋などを使用した。実施クラスが1クラスであったのですぐに用意できたが，学年全

体など複数のクラスで実施する際には，手間，数，予算などがより多くかかってしまうことが問題である。模造紙の代わりにA3サイズの紙を，カラーサインペンの代わりに生徒が持っている色ペンを，付箋の代わりに同じようなサイズに切った反古紙を，使うような工夫が必要となるかもしれない。

　このようにクラスサイズ，設備，備品などの点で実施に際しては課題のある実践ではあるが，コミュニケーション能力育成には不可欠である思考力育成の重要性に，また授業プロセスの「Think–Share–Present」に関心を持っていただけたなら幸いである。

〈引用文献〉

P. グリフィン，B. マクゴー，E. ケア（編），三宅なほみ（監訳），益川弘如・望月俊男（編訳）（2014）『21世紀型スキル―学びと評価の新たなかたち』北大路書房.

Anderson, L. W., & Krathwohl, D. R. (2001). *A Taxonomy for Learning, Teaching, and Assessing: A Revision of Bloom's Taxonomy of Educational Objectives*. New York: Longman.

Robinson, K. (2006). "Do schools kill creativity?"
　　http://www.ted.com/talks/ken_robinson_says_schools_kill_creativity?language=en

〈使用教材〉

スクリプト：

　Emma Watson: Gender equality is your issue too（speech script）
　　http://www.unwomen.org/en/news/stories/2014/9/emma-watson-gender-equality-is-your-issue-too
　Full Transcript of Emma Watson's Speech on Gender Equality at the UN
　　http://sociology.about.com/od/Current-Events-in-Sociological-Context/fl/Full-Transcript-of-Emma-Watsons-Speech-on-Gender-Equality-at-the UN.htm
　Hillary Rodham Clinton Remarks to the U.N. 4th World Conference on Women Plenary Session delivered 5 September 1995, Beijing, China
　　http://www.americanrhetoric.com/speeches/hillaryclintonbeijingspeech.htm

動画：

　Emma Watson at the HeForShe Campaign 2014—Official UN Video（13:16）
　　www.youtube.com/watch?v=gkjW9PZBRfk

Girls' rights around the world（2:02）Plan International
　　　https://www.youtube.com/watch?v=mWa9jmv3u90
　　The Global Gender Gap Report 2014（2:14）World Economic Forum
　　　https://www.youtube.com/watch?v=APO75_9svCA
　　The girl effect_ The clock is ticking（3:04）girleffect
　　　https://www.youtube.com/watch?v=1e8xgF0JtVg
　　First Lady Hillary Rodham Clinton's Remarks to the Fourth Women's Conference
　　　in Beijing, China（20:19）clintonlibrary42
　　　https://www.youtube.com/watch?v=xXM4E23Efvk
絵本：
　　Lionni, L.（1960）．*Inch by Inch*．HarperCollins
新聞記事：
　　「マタハラ撲滅への一歩」（朝日新聞 2014 年 10 月 24 日）
　　「男女平等　日本 104 位」（朝日新聞 2014 年 10 月 28 日）
　　「（女が生きる　男が生きる）らしさって？：下　ゆがんだ成功像，生き方縛る」
　　　（朝日新聞 2014 年 11 月 3 日）
　　「（女が生きる　男が生きる）らしさって？：下『働いて』妻に言いたくない」
　　　（朝日新聞 2014 年 11 月 3 日）
ウェブ記事：
　　「日本の労働環境が世界ワーストといわれる理由」
　　　http://matome.naver.jp/odai/ 21357866 29958698201（2014 年 11 月 8 日検索）
　　「世界各国の男女別自殺率（2014 年推計）」
　　　http://www2.ttcn.ne.jp/honkawa/2772.html（2014 年 11 月 9 日検索）
　　「マツコ，『男女平等』について盲点を語る」
　　　http://news.livedoor.com/article/detail/9406453（2014 年 10 月 28 日検索）

第7章

スティーブ・ジョブズと頂上タスクで
批判的思考力を伸ばす

峯島　道夫　・　今井　理恵
(新潟医療福祉大学)　(新潟県立三条商業高等学校)

1. 筆者の自己紹介と実践にあたっての問題意識

　筆者(峯島)は高校教員を長く勤め,いわゆる教育困難校といわれる高校に数多く勤務してきた。その後,大学教員となるが,英語を苦手とする学生に英検3級程度の簡単な単語と英文法を教えるだけの授業に強い疑問を抱くようになった。さらに,ほとんどの学生は将来英語を使うような仕事には就かないだろうし,週に1,2時間のまとまった時間をとって英語を勉強できるのもこれが最後かもしれないと思われた。そんな彼らにとって,断片的な英語の知識と英語が苦手だというマイナスの自己メージを持って卒業するくらいなら,就職後に本当に必要とされるコミュニケーション力,対人関係スキル,そして何より自分の頭で考える習慣を身につけた方がずっと良いのではないか,と考えるようになった。それに伴って,授業もテキストを題材にして学習者自身の考えや意見を引き出すことを主眼とし,そのきっかけとなる「評価型発問」を重視するようになっていった(峯島, 2011)。その後も「日本人学習者の批判的思考力を伸ばすにはどうすればよいか」をテーマとして継続的に研究に取り組んでいる(科学研究費補助金,基盤研究(C)課題番号：23520715 および 26370677)。

　今回の実践には,次のような問題意識をもって臨んだ。すなわち,スティーブ・ジョブズのスタンフォード大学での卒業式のスピーチを題材にして,学習者にどのような働きかけをすれば彼らの批判的思考力を活性化させ,彼女らの内面世界を充実させることができるだろうか,という問題意識である。ジョブズのスピーチを聴き,その偉大さに感動して終わるのは容易である。しかし,ジョブズの言葉が本当の意味で理解され活かされるのは,それが批判的検討を受けた後でも,依然として真であり続けた時なのではないだろう

か。そうであってこそ，ジョブズの主張が学習者の生きるこの現実世界において実質的な意味を持ち，今後の人生をより良く生きるための力になり得るだろう。

筆者らは，宇佐美（1984, 1986），楠見ほか（2015），Brookfield（1987），Ennis（1987）などの知見をもとに，批判的思考（critical thinking，以降CTと略記）を「ある状況におけるある対象に対して，最も整合性・妥当性の高い判断や意思決定をするために，その対象に対して必要な様々な検討を加える思考およびその心的態度」と定義している。これまで長らく，学校教育において暗記中心の学習に慣れ，自らが主体的に学習内容について判断したり評価したり，考えや意見を他者にわかりやすく伝えたりする機会に乏しかったと推察される学習者が，慣れないCTの力を用いてジョブズの強烈な個性と対峙するのは容易なことではないかもしれない。しかし，だからこそこの題材には，学習者の潜在的なCTの力を刺激し大きく伸ばしてくれる可能性があると思われた。

2. 授業で追求した目標
——批判的思考力育成のための「CTスキル目標」

今回の実践では，次の5つの目標を「CTスキル目標」と称し設定した。

CT目標①：学習者は，自己関連づけや解釈により，テキストの内容をより正確に，より深く理解できる。
CT目標②：学習者は，テキストを批判的に分析・検討することができる。
CT目標③：学習者は，与えられた課題に対して，整合性・妥当性の高い判断を下すことができる。
CT目標④：学習者は，自らの考えを日本語または英語で論理的に（=「主張＋根拠」の形式で）表現できる。
CT目標⑤：学習者は，他者の視点を知り，考えを共有することによって，相互の学びを深めることができる。

3. 授業の設計
3.1 使用教材
・スティーブ・ジョブズのスタンフォード大学での卒業式のスピーチ英語スクリプト：http://www.singjupost.com/steve-jobs-2005-stanford-commencement-

address-full-transcript/
・YouTube（英語字幕付き）動画 'Stay hungry … Stay foolish. Amazing Steve Jobs Speech at Stanford with english subtitles'：https://www.youtube.com/watch?v=gO6cFMRqXqU
・YouTube（日本語字幕付き）動画「スティーブ・ジョブズ　スタンフォード大学卒業式辞　日本語字幕版」：https://www.youtube.com/watch?v=XQB3H6I8t_4
・CNN English Express 編集部（2012）.『スティーブ・ジョブズ伝説のスピーチ＆プレゼン』朝日出版社.
・Isaacson, W.（2011）. *Steve Jobs: The Exclusive Biography*. New York, NY: Little, Brown and Company.
・桑原晃弥（2011）.『スティーブ・ジョブズ全発言─世界を動かした 142 の言葉』PHP 研究所.
・峯島道夫（2012）.「Steve Jobs 2005 Commencement Address at Stanford Univ. を使った授業プラン」亘理陽一（研究代表者）（編）『「知的・創造的英語コミュニケーション能力を伸ばす進学高校英語授業改善モデルの開発」2012 年度研究成果報告書（授業プラン集・改訂版）』（pp. 163–179）.
・内田樹（2009）.「人生はミスマッチ」『こんな日本でよかったね』（pp. 154–157），文春文庫.
・内田樹（2009）.「第三章：労働からの逃走─青い鳥症候群」『下流志向』（pp. 151–154），講談社文庫.

3.2　指導の方策

本実践を「練習課題」,「小タスク」,「頂上タスク」の 3 つの構成要素で組み立てた. その概念図を下に示す（図 1）.

図 1　実践の 3 つの構成要素

練習課題とは，主にテキスト内容の正確な理解のための一連の問題を指すが，次の小タスクへの橋渡しとして学習者自身の考えや意見を問う問題も含まれている（本章 4.1.2，本章末の〈付録資料〉などを参照）。小タスクとは，テキストの内容を自己の経験を含む既有知識に関連づけるなどして，理解をさらに深めるための課題を指す（本章 4.1.3 などを参照）。そして頂上タスクとは，このテキスト全体の中で最も学習者に考えさせたい中核的な問いのことである（本章 4.1.5，本章 4.2.9 を参照）。

　図 1 は，練習課題が小タスクを支え，小タスクが頂上タスクを支える関係性を表現している。練習課題が小タスクに向けての準備となり，小タスクが頂上タスクに向けての準備となる。さらに，これら 3 種類の課題は，程度の差こそあれ，みな学習者にテキストの批判的な検討を促し（CT 目標②），学習者が CT の力を繰り返し活用すべく意図されている。

　練習課題・小タスク・頂上タスクによるテキストの批判的検討に加え，本実践にはもう一つの特徴がある。それは意見交換活動の重視である（CT 目標⑤）。これは，学習者の考えや意見をクラスの仲間である「ピア」と聴き合い共有することにより，学習者が新たな気づきや深い理解を得るためである。答えの正誤を個人でチェックして終われるような事実確認型発問による内容理解活動の対極に位置するものと言えるだろう。

　本実践のこれら 2 つの指導の特徴は，三浦（2014）の提案するこれからの新しいコミュニケーション教育のありかたの一つに挙げられている，「情報を無批判に受け取るのではなく，批判的に情報を吟味する聴解・読解・伝達の教育」の方向性とも一致し，さらに，「生き方が見えてくる高校英語授業改革プロジェクト」（代表：三浦孝，副代表：亘理陽一）が提案する「知性を伸ばす英語授業プロセスの 8 原則」の 4.「読んだ物語について，生徒が感想や意見を出し合うプロセスを含める」，および 5.「扱った論説文について生徒が疑問・意見・対案等を出し合うプロセスを含める」との方針にも合致している。

　独創の天才スティーブ・ジョブズのスピーチを批判的に検討することは，CT に不慣れな日本人学習者にとって難しいかもしれないが，練習課題・小タスク・頂上タスクに挑戦し，ピアとの対話を通して自らの理解を広げ深めることで，多くの学びがそこに生起することを期待した。

4. 実践の足跡

本節では，高校と大学における本実践の対象者，実施時期，進度計画の概略説明に続き，練習課題・小タスク・頂上タスクと学習者の回答，およびそれら評価について解説する。これによって，先の図1で示した3つの構成要素が本実践の枠組みとしてどのように機能したかも明らかになるであろう。

練習課題・小タスク・頂上タスクは，峯島（2012）をもとに作成した。最初に高校での実践を，次に大学での実践を紹介する。高校での実践は今井が行い，大学での実践は峯島が行った（以下「4.1 高校での実践」および「6.1 高校での実践の課題」は今井が，それ以外は峯島が執筆を担当した）。

4.1 高校での実践
4.1.1 実施時期と授業進度計画

第1期：2012年度　国際教養科3年　時事英語（9名）
第2期：2014年度　総合ビジネス科3年　時事英語（15名）

高校での実践は，上記の2回行った。実践の当該学年はいずれも高校3年生で，選択科目の授業の中で扱った。1期，2期ともに，あらかじめ生徒に示した一連の授業進度計画はほぼ同様で，下の表1のとおりである。

表1　高校の授業進度計画表

Unit	授業	主な学習活動
全話	第1回	【内容理解】全話のDVD視聴 【宿題・調べ学習】写真の人物（Steve Jobs）に関する情報を集めMind-mapを作成
第1話	第2回 第3回 第4回 第5回	【内容理解】Mind-map 追加情報の共有（協同学習） Vocabulary sheet の確認（ペア → 全体） Question sheet の確認 【宿題・調べ学習】Mind-map へ追加情報 「Steve Jobs ってどんな人？」（個人 → 協同 → 全体） 【タスク】練習課題（個人）小タスク①（個人）

第2話	第6回	【内容理解】
	第7回	Vocabulary sheet の確認（ペア → 全体）
	第8回	Question sheet の確認（協同 → 全体）
	第9回	【宿題・調べ学習】
	第10回	「serif and sans-serif typefaces とはどんな書体か」
		【タスク】練習課題（個人）小タスク②（個人）
		【宿題・調べ学習（冬休み宿題として）】
		DVD（全話）の再視聴
		第1, 2話の全文の再読解
第3話	第11回	【内容理解】Vocabulary sheet の確認（ペア → 全体）
	第12回	Question sheet の確認①（協同 → 全体）
	第13回	Question sheet の確認②（協同 → 全体）
	第14回	【タスク】練習課題（個人）
全話	第15回	【タスク】頂上タスク（個人）〈定期考査内〉

　次に，高校で課した練習課題・小タスク・頂上タスクおよび学習者の回答例を示し，【解説】，【回答例】，【分析】の3点から説明を行う。

4.1.2　練習課題

> 問1）Jobs says, *"Don't let the noise of others' opinions drown out your inner voice."* But are your parents', teachers', or friends' opinions or advice "noises"? Should you ignore them? Do you agree with Jobs?

【解説】
　4.1.1の「授業進度計画表」に示した通り，各話の内容理解活動では，テキスト読解の後に取り組むことになる各小タスクや頂上タスクへの足場かけになる様々な練習課題を行った。練習課題については前項3.2にて説明が付されている。内容理解活動に含まれる設問では，従来，テキスト内容を正確に理解しているかどうかを確かめるために唯一の正解を問う設問が多いが，本実践においては，生徒自身が自分の考えや意見を持つ練習を行う open-ended な問いも含む。これは，大学での実践（4.2.8 を参照）と共通に課した練習課

題（第3話）である。
【回答例】
1) No. I disagree with Jobs. It is very important for me to listen to my friends' opinions. Because, I was helped by my friends many times. So, I disagree with Jobs.
2) I disagree. I think important thing is my opinions. But my important person is my parents, teachers, and my friends. So, other's opinions are important, too. We all must coexist.
3) I disagree. Because I have grown up by other's opinions. And other's opinions have power that can move my heart. I think other's opinion are very important.

【分析】
　回答はいずれもジョブズの主張に反対という意見であった。ふだん，教科書に書かれた本文を読む時，生徒は全く疑いの余地なく書かれたことをそのまま受け入れ，信じ込むような読み方をしてきた。それは訳読で終わる指導の弊害で，訳読して出てきた日本語が完成品であるとの思い込みからくるものかもしれない。まして，ジョブズのような偉大な人物の言うことであればなおさら，その読みの姿勢は強化されそうなものであった。
　しかし，このCT目標②を土台に作られた練習課題では，身近な人物や自分自身のことなど具体例を挙げて考えてみようと生徒を促した。生徒の思考に揺さぶりをかけた結果，生徒はテキストに対する受動的姿勢から一歩抜け出し，批判的に読み，考えるようになった。回答は賛否どちらを示してもいずれも『正解』であり，上に挙げた回答は3つとも反対であったが，その内容は一様ではなく，それぞれが自分なりの具体例を挙げていることがわかる。

4.1.3 小タスク①

> Jobs の第1話の核となる話題は Connecting the dots でした。あなたは彼の主張に賛成ですか，反対ですか。なぜそのように考えたのか，本文で述べられていることやあなた自身の経験を引き合いに出しながら，自分の考えを書きなさい。(日本語で考えをまとめ英語で書こう)

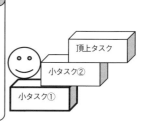

【解説】

　小タスク①では，ジョブズの放った強烈なメッセージのうちの1つである connecting the dots を取り上げた。ジョブズが彼の人生を振り返った時に点と点がつながる経験があり今があると語った内容を，自分とは関係のない「偉大な人物のサクセスストーリー」として思考停止したまま通過するのではなく，本実践が掲げた，この教材を通していかに学習者の内面世界を充実させ，よりよく生きるための力にできるかという問題意識に照らして，学習者である高校生に響く課題，等身大の高校生が自分のことに関連づけることのできる課題とすることを考慮した。高校の最終学年で目前に新たな進路をとることになる高校3年生は，まさに人生の岐路に立っている。そこで，彼らがジョブズの connecting the dots のメッセージを自分のことに関連させて，テキストを批判的に読み直し，考えることができる課題設定を狙った（CT目標①，③)。

【回答例】

1) 私は Jobs 氏の主張に賛成です。私は小学生の頃，そろばんを習っていました。中学に入り，そろばんはやめました。その代わりに陸上部に入部しました。陸上が好きで好きでたまりませんでした。中学3年生のとき，私は S 商業高校に決めました。小学校の頃に習っていたそろばんを活かせる商業高校に行こうと思ってました。高校に入り，陸上を続けようと陸上部に入りました。商業科目を勉強し，部活をしていくうちに将来の夢が決まりました。スポーツショップの店員です。部活で身に付けた，体力，それとスポーツ用品の知識，商業科で習ったこと，すべてを活か

せる職業だと思いました。夢を叶えるために専門学校に入学することに決めました。今思うと，そろばんを習っていなかったら商業高校に入学することはなかったと思います。今の私はすべて過去からつながっています。connecting the dots の話題は激しく同意しました。なので私は賛成です。

2) 私はJobs の言っていることに対して，賛成だ。私はJobs のように養子に出されたことやすごくお金に困ったということはないが，片親で現在まで育てられている。高校受験の際は失敗したり，他にも数多くの資格試験に失敗してきた。そのたびに努力してきて今や多くの資格に合格できた。なによりもうれしいのは大学に合格したことだ。Jobs の話である"connecting the dots" がその時私にはほんのわずかに見えました。私はJobs と同じように線でつながった時のみ点と点のつながりは見えると思います。また，自分が今していることに自信を持ち続けて進めていかないと点と点はつながらないと私は思います。

【分析】
　小タスク①には，両者ともジョブズの主張に賛成，同意すると答えた。しかし，その中身は異なり，10代の高校生なりにこれまでのことを振り返って，ジョブズの言うdots が自分の人生においてはどのような状況や出来事にあたり，それらをどう結んできたのか，あるいは線となってどのような今現在があるのかを，自分とは関係のない偉大な人物の話として終わらせず，自分自身のことに置き換えようと必死に考えていた。そしてそのために再度テキストに戻って読み込むという姿が見られた。これはCT 目標①「学習者は自己関連づけや解釈により，テキストの内容をより正確に，より深く理解できる」にあたる。生徒たちは，この目標の後半に示された「テキスト内容をより正確に」捉えることがやや困難であるようだったが，頂上タスクに向けて最初のステップとなるこの小タスクに緊張感をもって取り組んでいた。

4.1.4 小タスク②

> Jobs の第 2 話の核となる話題は Keep looking and don't settle. でした。あなたは彼の主張に賛成ですか。反対ですか。なぜそのように考えたのか，本文で述べられていることやあなた自身の経験を引き合いに出しながら，自分の考えを書きなさい。

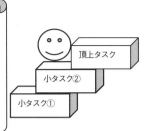

【解説】

小タスク②では，Keep looking and don't settle. というジョブズの人生観の内容を正確に捉えたうえで，では「自分はどうか」と生徒が自分自身の人生観を考え始めるきっかけとなるように，タスク内容を定めた。さらに，次に続く頂上タスクに取り組む前に本文のより深い思考を促すことを目的として，峯島 (2014) に準じて「個人思考」「集団思考」「個人思考」の順で考えさせた (CT 目標②, ⑤)。すなわち，生徒はまず一人でタスクに取り組むが，自分の考えを書いて終りにせず，生徒同士で互いの作品を読み合わせ，その後クラス全体で意見交換を行い，それから再度自分の考えをまとめた。これは高校編・大学編で共通に用いた手法で，個人思考 ⇒ 集団思考 ⇒ 個人思考というサイクルで考えを深めていく中で，CT 目標⑤「学習者は他者の視点を知り，考えを共有することによって，相互の学びを深めることができる」の達成を目指したものである。

【回答例】

1) 私は Jobs が主張した Keep looking and don't settle. に賛成です。なぜなら私は彼の言ったことが自分によくあてはまると思ったからです。Keep looking and don't settle. とは，探し続けてとどまるな，という意味です。私は将来の夢がありません。まだ自分のやりたい事がはっきりしていないのです。専門学校に進学して，ビジネス分野で役立つ資格を取るという目標はありますが，その後のことはまだ決まっていません。ですから，私は Jobs の意見を聞いたとき，もっと焦らなくてはいけないと思いました。自分から動かなくてはいけないと思いました。本文で述べられてい

るように仕事というのは人生の大きな部分をしめていて本当に満足したいなら，その仕事をやりがいのあるものだと信じる必要があります。ですから，私は自分が将来する仕事に満足できるように，探し続けたいと思います。よって，私はJobsが主張したKeep looking and don't settle. に賛成です。

2) 私はジョブズが言ったKeep looking and don't settle.とは，自分が愛せる仕事を探し続けなさいということだと思う。私はジョブズの行動を知り，ここまで仕事に対して濃い関わりを持てることは素晴らしいことだと思った。仕事を愛することは何が起きても粘り強く耐えることであると思う。ジョブズが結果的に成功できたことからジョブズの意見に賛成です。

3) 人生という限られた時間の中で自分が愛せるものを探し続けていられるようなそんな時間はない。将来自分が大物になるとわかっていながら探すのとでは別だが，誰もそんなことはわからないから，愛せるものを見つけることができるまでただ探しつづけてられるような余裕はないのだ。一度始めてしまったり，入ってしまったらそう簡単には止められないし，抜け出すことも出来ないのが普通だと思う。それが愛せるものではなかったという理由でそれを取っ払い，また次を探していけるような余裕はない。自分は商業高校に入ったことを後悔していた時期があったが，ジョブズのように道を変えていたら，きっと今のようには生きていられなかったと思うので，Keep looking and don't settle. に反対です。

【分析】

回答1）では，生徒は「自分によくあてはまる」と述べており，テキストの内容を自分のことに関連づけて捉えることにより「テキストの内容をより正確に，より深く理解」（CT目標①）していた。また，回答2）でも英文テキストを正確に読解し，そのうえで「仕事を愛することは何が起きても粘り強く耐えることであると思う」という自分なりの考えを示せたことは生徒がより深い理解に至っている証だと言えるのではないか。さらに，回答3）では，与えられたテキストを丸ごと鵜呑みにするのでなく，ここでもやはり自分の経験に照らし合わせつつ，ジョブズの主張を別の視点から捉え直している。ここにはCT目標②の様相が表れている。

4.1.5 頂上タスク

内田樹（タツル）氏の①「人生はミスマッチ」と②「青い鳥症候群」を読んでください。さて，この①と②の文章からは，内田氏の人生観や職業観がうかがえます。これはジョブズの考え方と大きく異なります。

問1）「人生はミスマッチ」に表れる内田氏の考えで，ジョブズの考え方と対極をなすものを抜き出しなさい。

問2）両者の考え方を知った今，あなたの人生観・職業観はどうなりましたか。理由と共にあなた自身の考えを述べなさい。

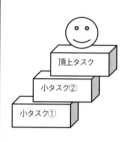

【解説】

　高校編と大学編（4.2.9 を参照）で共通の課題として設定した頂上タスクは，これまで練習課題，小タスク①，小タスク②を通して訓練してきたCTスキルを用いて挑戦する難度のより高いものとした。前段階の練習課題や小タスクは，「あなたはどうか」，「自分の身近なことに引き寄せて考えよ」という形で，いわば学習者の内側からその思考に揺さぶりをかけることで生徒のCTスキルが発動するような問いをしてきた。頂上タスクにおいては，この内側からの揺さぶり（CT目標①）に加えて，外側からの揺さぶり（CT目標⑤）も問いに含めた。それが対置テキスト（内田樹氏の小論2編）である。この対置テキストの仕掛けは，頂上タスクの段階に至り，それまでの各課題・小タスクで構築されつつある自身の考えや意見について生徒に再考を求め，あらためて整合性や妥当性の高い判断を下す（CT目標③）ことを促すものになっている。以下はこの頂上タスク問2）に対する生徒の回答である。

【回答例】

1) 私はジョブズと内田氏の考え方を知って，私の人生観・職業観は変わった気がする。私は今までやりたいことのために頑張ってみても，途中であきらめて，やりたいことができないことがあった。私はそこでずっととどまっているだけだった。しかし私は新たに映像という仕事に就くた

めに専門学校に進もうとしている。この業界で大きくなるには,「とどまらずに探し続けなさい」というジョブズの言葉に従う必要があるかもしれない。たとえそれが終わりのない長い放浪の旅になっても,とどまるよりはマシだと思うからだ。目標が大きすぎて夢物語で終わることもあるが,内田氏のように現実的な考えも大事にすれば,また新たに探し続けることができると思う。

2) 理想はジョブズだが,現実的に考えが近いのは,内田氏の考え方だ。ジョブズのように,いろんな経験や仕事をする。つまり,転職などで新たな発見はしてみたい。しかし,これはアメリカ社会だからできることだと思う。しかし,日本は年功序列制度,終身雇用制度をとっている企業が多い。そうなれば,なかなか仕事はやめられないし,やめてしまったら,再び会社に就職するのは難しい。日本人みんなが転職し易い文化ならいい。しかし,日本はそういう国ではない。内田氏の言うように「みんなが転職すると社会に弊害がでる」日本は,そういう国なのである。だから,日本で働くなら,内田氏の考え。海外で働くなら,ジョブズの考え方で働きたい。

3) 自分は両者の考えを知った今思ったことがあります。それは社会において理想と現実は交わらないということです。理想をジョブズ,現実を内田氏として話を読んでいくと分かり易いです。人生観,職業観ともにですが,私はジョブズのような人生観・職業観ではなく,内田氏のそれでもない,中間的なものになったと思います。満足する「人生」「職業」はただの自己利益しか生み出さない。それに引き換え,「雪かき仕事」は周りの不利益を抑止するだけで,本人の利益はない。しかし,私は人生という短い限られた時間の中で,自分が納得できる人生を送りたい,社会よりも自分のために働きたいと思う。これは否定することのできない事実です。

【分析】

生徒は,頂上タスクに至るまでに,ジョブズの全話を通しての練習課題,2つの小タスクと段階を経ることで,また,ペアやグループでのお互いの作品の読み合わせやクラス全体への披露,先輩(2012年度実施クラス)や大学生(峯島実践クラス)の作品を読むことで,自分とは異なる考え方や見方に出会い,それを共有することで,テキストをより正確に理解し,自身の人生観,

職業観についての考えを徐々に深めていった。

さらに，頂上タスクで示された対置テキストでの揺さぶりに対して，ジョブズへの賛成，反対の別に関係なく，どの回答にも，小タスク①に対する考えからの深まりが見てとれた。回答 1) は，「妥当性の高い判断 (CT 目標③)」によりもっともな理由づけをしているか，という目標の達成にはやや届かず説得力を欠くところもあるが，自分なりの具体例を挙げて自身の考えを述べている。これは「主張＋根拠」で表現するという CT スキル (CT 目標④) が，一連の練習課題や 2 つの小タスクを経て頂上タスクに至り身についた結果だと言える。また，回答 2), 3) は，それぞれ独特な考えを示している。両者とも独自の視点からジョブズのテキストを捉え直し，さらに対置テキストと合わせて自分の最終的な考え (主張) を説得力のある根拠とともに堂々と述べている (CT 目標③, ④)。このような回答は小タスク①の段階ではおそらく出てこなかったであろう。

4.2 大学での実践
4.2.1 実施時期および対象クラスの概要

スティーブ・ジョブズのスピーチを用いた大学での授業実践は，2012 年度途中から 2014 年度末まで，新潟県内の 2 大学における複数クラスで行われた。以下にその概略を記す。

1) 2012 年度後期：国際地域学科 3 年生 (23 名) に対してクリティカル・リーディングの指導の一環として 2 時間扱った。学習形態は LTD (= Learning Through Discussion 話し合い学習法) に従った。受講者は英語力も高く，意見交換も活発に行われた。

2) 2013 年度前期：理学療法学科 2 年生 (23 名)，健康スポーツ学科 2 年生 (25 名)，看護学科 2 年生 (23 名) の 3 クラスに対して英語 III の科目で週 1 時間 (90 分) の授業をそれぞれ 15 回実施した。学科の特性というものがあるのかどうか不明であるが，理学は思考し，健スポは行動し，看護は思いやる，という全体的な印象を受けた。

3) 2013 年度後期：医療情報学科 2 年生 (10 名) に対して英語 IV の科目で 15 回の授業を実施した。優秀な学生が多いクラスであった。

4) 2014 年度前期：健康スポーツ学科 2 年生 (24 名)，看護学科 2 年生 (21 名) の 2 クラスに対して，英語 III の科目で 15 回実施した。両ク

ラスとも英語はそれほど得意ではないが，意見交換は活発であった。
5) 2014 年度後期：理学療法学科 2 年生（9 名），医療情報学科 1 年生（25 名）の 2 クラスに対して，それぞれ英語 IV と英語 II の科目で 15 回実施した。理学の学生は，英語はそれほど得意ではないが意見交換は活発であった。医療情報の学生は，多くが英検準 2 級以上に合格しているなど優秀な学生が多かった。

4.2.2 授業進度計画（シラバス）

年度や学期，そしてクラスによりシラバスの一部を若干変更したが，2014 年度はほぼ次のような構成（表 2）で 15 回の授業を組み立てた（ただし，1 コマの授業 90 分のうち開始からおよそ 30 分間は，ジョブズのスピーチとは別にリスニングと英会話の練習を毎回行った）。

表2　大学の授業進度計画表

Unit	授業	主な学習活動
1 部	第 1 回	オリエンテーションでの「授業の目標」の説明，YouTube によるスピーチ全体の視聴（英語字幕付き），第 1 話音読練習，第 1 話内容理解活動（1）
	第 2 回	第 1 話の YouTube での視聴（英語字幕付き），第 1 話内容理解活動（2）
	第 3 回	第 1 話「練習課題」（個人またはグループで），第 1 話「小タスク」（個人）
	第 4 回	第 1 話「練習課題」の解答と解説，第 1 話「小タスク」（個人（続き）→ グループ → 個人（まとめ））
	第 5 回	第 1 話「小タスク」の最終回答を英文に

2部	第6回	第1話「小タスク」の最終回答の英文作品集のクラスへの還元（個人で味読 → グループでの意見交換 → クラスで共有），第2話のYouTubeによる視聴（英語字幕付き），第2話音読練習，第2話内容理解活動（1）
	第7回	第2話内容理解活動（2）， 第2話「練習課題」（個人またはグループ）
	第8回	第2話「練習課題」の解答と解説，第2話「小タスク」（個人 → グループでの意見交換 → 個人（まとめ））
	第9回	第2話「小タスク」の最終回答を英文に
3部	第10回	第2話「小タスク」の最終回答の英文作品集のクラスへの還元（個人で味読 → グループでの意見交換 → クラスで共有），第3話のYouTubeによる視聴（英語字幕付き），第3話音読練習，第3話内容理解活動（1）
	第11回	第3話内容理解活動（2）， 第3話「練習課題」（個人またはグループ）
	第12回	第3話「練習課題」の解答と解説，スピーチ全体のYouTubeでの視聴（日本語字幕付き），「頂上タスク」（個人 → グループでの意見交換 → 個人（まとめ））
4部	第13回	「頂上タスク」最終回答を英文に
	第14回	「頂上タスク」最終回答の英文作品集のクラスへの還元（個人で味読 → グループでの意見交換 → クラスで共有），感想文：『ジョブズのスピーチで最も共感を覚えたこと，最も違和感を覚えたこと』（日本語）
	第15回	スピーチ全体のYouTubeでの視聴（英語字幕付き）， 振り返り，アンケート

　第1回の授業のオリエンテーションにおいて，本章第2節「授業で追求した目標」で説明した5つのCTスキル目標に加えて，使用教材，活動内容，教師からの要望（意見交換活動での積極的な参加など）について説明した。さらに，筆記テストによる中間・期末考査は行わず，授業で課される様々な論述問題が評価の対象となる旨を説明した。論述問題には，「練習課題」，「小タスク」，「頂上タスク」があり，練習課題とは主にテキストの内容確認のための正解のある問いと，若干の正解のないopen-endedな問いの両方を含んだ

問題を指し，小タスクとは各話後に課される，テキストの内容を自分の生き方・考え方に関連づけて答えるような問題のことであり，そして頂上タスクとは単元の最後に課される，ジョブズのこれまでの主張を踏まえたうえで，自分の職業観・人生観についての意見を求められる総括的な問題であることも説明した。

また，このオリエンテーションの時もその後の授業の時も，繰り返し次の点を強調した。すなわち，授業で問われるいくつかの問題には（そして現実社会のほとんど全ての問題には）唯一絶対の正解など存在しないこと，したがって，論題に対して賛成しても反対しても，どんなことを主張しても構わないこと，ただし妥当性・整合性のある根拠や理由づけは求められること，自分の頭で考えたオリジナルでユニークな回答こそがこの授業では歓迎されることなどである。教師によるこのような説明と励まし，そしてそれと矛盾しないその後の授業での言動は，学習者が安心して批判的思考を発揮するためにぜひとも必要な支援であると考えている。

4.2.3 ユニットの構成

先の表2で示したように，15回の授業を，ジョブズのテキストの構成に合わせて大きく4部に分けた。最初の3部はジョブズのスピーチの3つの話にそれぞれ対応し，最後の第4部は頂上タスクと振り返り・まとめの活動とした。各部に費やした時間に差はあるものの，活動内容と手順は共通しており，およそ次のとおりであった。

1) 前時に学習したテキストの箇所を復習のためにペアで音読する（横・縦・クロスの3人のパートナーと相手を替えて読む）。
2) 前時に学習した箇所と本時に学習する箇所をYouTube（英語字幕付き）で視聴する。
3) 本時で学習する箇所の音読練習を行う。
4) 内容理解活動として，本時で学習する段落の日本語訳を与えるが，その中で重要なポイントとなる箇所の語句や文は空所となっている。空所の穴埋めを個人でまたはピアと協力して行う。全訳は行わない。
5) 空所の答え合わせの際に，内容について教師がさらに追加の事実発問・推論発問などを行い，学習者の理解を確認する。
6) 横・縦・クロスの3人のパートナーと相手を替えて音読練習を行う。

7) 個人でまたはピアと協力して各話の「練習課題」を解く。
8) 教師は「練習課題」の答え合わせと解説を行う。
9) 各話（第3話を除く）の「小タスク」に個人で回答する（個人思考 (1)）。
10) 4人一組のグループ内で9)について意見交換をする（集団思考）。
11) 再度自分の考えを最終回答として文章にまとめる（個人思考 (2)）。
12) 11)の最終回答を英文に直し（＊この日は各自でPCを持参する），教師からの添削を受けたのち，各グループに1つずつ用意したUSBメモリーに保存して提出する。終わらなければ後でメールで送る。
13) 全員の英文を「小タスク英文作品集」（無記名）としてまとめ，次の時間にクラスに還元する。
14) 13)の「作品集」をまず個人で味読し，その後，特に気になった作品とその理由についてグループで意見交換をする。
15) 各グループのレポーター役が，14)での代表的な意見や個性的な感想をクラス全体に還元する。
16) 最後に教師が講評をしてまとめる。

4.2.4 第1話「練習課題」

ここから，本実践で用いた練習課題・小タスク・頂上タスク，学習者の回答の説明を行う。説明は，高校編と同様に，必要に応じて【解説】，【回答例】，【分析】の3点から行う。下に第1話の練習課題の中でCTの伸長を意図した問い3つを示す（問1から問4は省略）。

問5) 第11段落を基に，実際に起きた因果の連鎖を，「大学を中退する」場面を最初とし，「世界中のPCが美しい字体を持つ」場面を最後とする5コマの絵で表現しなさい。

1	2	3	4	5

問6) ジョブズがこの "connecting the dots" の話で卒業生に伝えたかったメッセージは何だと思いますか。自分の言葉でまとめなさい。

問7) これまでの人生で,ジョブズのように自分のやりたい気持ちから始めたことが,その後,予期せぬ形で人生にプラスに働いた例があれば書きなさい。

【問5) の回答例】

5コマ漫画の課題は,理解した内容を別のモードで表現するグラフィック・オーガナイザーの一つとも考えられる。次はイラストの得意な医療情報学科ACさんの作品である（図2）。

図2　問5の回答例（AC）

【分析】

1,2コマ目でジョブズが大学生なのになぜか老けている点を除けば,高い理解度を示す優秀な作品だと評価できる。CTスキル目標に照らして評価すると,CT目標①「解釈による深い理解」とCT目標③「課題の整合性・妥当性の高い判断」の条件を満たしていると言えるだろう（これ以降,学習者の回答で達せられたとみなされるCTスキル目標を（CT目標①,③)のように簡略化して記す）。問6) は,第1話の要点を理解した証拠として,それを自分なりの言葉でまとめられるかを,問7) は課題の意味を的確に捉えたうえで自己関連性を見出せるかを確認するのがねらいである。

【問6）の回答例】
1) 自分の好奇心と直観に従って自分の道を進むことで本当にやりたいことを見つけることができる。今やっていることはこれから全く意味がないものではなく、後になって振り返ってみると何かにつながっているものだ。（YK）
2) 一般に正しいと思われている道から外れたとしても、それは間違いではなく、振り返った時に大切な時間であったと思うことができる。そのため、自分の心に従い、自分の本当に進みたい道に挑戦していくことが大切である、ということ。（AM）

【問7）の回答例】
3) 小さい頃、兄や姉のバスケの試合を何気なく見ていたが、それがバスケを始めるきっかけとなり、バスケのケガによりマネージャーになったことで選手のケガや体調管理を行い、それが現在の看護師を目指すきっかけの一つになったので、つながっていると思います。（KA）
4) 小学校の頃、実家の近くの老人ホームにボランティアに行っていた。祖父母と同居しているので老人と話すのが好きで、その頃は深く考えていなかったが、今は老年介護の分野で働きたいと思っているので、小さい頃の経験が今につながっていると思う。（SS）

【分析】
　回答例1), 2) は、「点と点がつながるには、それぞれの点が自分の本当にやりたいことである必要がある」という前提を正しく理解していることを示している。また、3), 4) の回答から、3) では「バスケ→（ケガ→）マネージャー→選手の体調管理→看護師」、4) では「老人ホームのボランティア→祖父母との会話→老年介護の仕事」といったように、ジョブズの言う「点と点がつながる」経験が実は自分自身の身にも起きていることを、問7) を通して学習者が内省する機会となっていることがわかる。これによって学習者は、テキストの内容を実感を伴ってより深く理解できると共に、ジョブズの生き方との共通点を見出すことで、今後の生き方にも自信が持てるようになるかもしれない（CT目標①, ③, ④）。

4.2.5　第1話「小タスク」

　練習課題を通して、自らの既有知識を活用して自己関連づけをし、テキス

トの内容をより深く理解できるようになった後に，テキストを批判的に検討できるようになるための最初の課題として，次の小タスクを提示した。

> 問 1) ジョブズは大学に価値を見出せず，さらに両親がそれまでに貯めた大切なお金を自分が浪費しているような罪悪感もおそらく手伝って，とうとう大学を辞めてしまいました。<u>あなたならどのような決断を下していましたか</u>。辞める，辞めない，の両方の立場を考慮した上であなたの決断を理由とともに答えなさい。
> 問 2) 班での話し合いを通して，新たな気づきがあったら書きなさい。
> 問 3) 班での話し合いを通して，自分の考えで変化したところがあったら書きなさい。
> 問 4) 問 1) に対するあなたの考えは，最終的にどのようにまとまりましたか。
> 問 5) 問 4) で書いた内容を英語でまとめなさい。

【解説】
　ジョブズは半年で大学を事実上退学した（その後は聴講生（drop-in）としてしばらく残る）。学習者自身も当時のジョブズと同じ大学生であり，この中退事件は学習者にとって自己関連性が非常に高いと予想された。この小タスクでは，学習者にジョブズの判断とは逆の判断（大学を辞めずに留まる）を対置し，「あなたならどうしていましたか？」と尋ねることで，ジョブズの決断を客観的に検討させようとした。
　このように，今回の実践ではほぼ一貫して，ジョブズの主張や判断にあえて反対するような立場（対置テキスト）を課題に含めて提示することで，学習者の思考を揺さぶろうとした。これは，対置テキストにより起動する比較・対照の思考が，CT にとって必須のスキルである他の可能性（alternatives）を想起する力や，情報に流されない心的態度の伸長に非常に有効だと筆者らが考えているからである。テキストの命題を無条件で受容していれば精神は安定するだろうが，その安定はいわば「知らぬが仏」あるいは他人事による安定であり，「社会についての健全な批判力」（『学校教育法』42 条，51 条）には決してつながらないだろう。テキストとは異なる命題の存在を自覚することによって，学習者は初めてテキストを客観視できるようになる。本当にテ

キストの認識は正しいのか，それ以外の，より整合性・妥当性の高い認識はないのかを自問し始めることになる。もちろん筆者らは，対置テキストを用いることで，正誤，白黒，善悪といった二値的考え方（ハヤカワ，1985；井上ほか，1974）を奨励しようとしているのでは決してないことを急いで付け加えたい。むしろ，対置テキストによって学習者に多値的考え方の存在に気づいてもらいたいと願っているのである。

　次にあげる日本語による回答例は2013年度のもの，英語による回答例は2014年度のものである。この英語による回答の作成にはほぼ授業1コマ分の時間がかかっている。1)，2)は大学中退支持派，3)，4)は大学残留支持派の意見である（下線は引用者による。これ以降の回答例も同じ）。

【回答例】
1) 大学を辞めることも続けることも，どちらにしても困難なことが多いはずで，どちらもそうならば私は自分のしたいことや夢を追いかける方がずっといい人生になると思った。大学をやめて苦労をしても本当に自分のやりたいと思えることならあきらめることは無いと思うからだ。お金はもう戻ってこなくても，それだけ大きな選択をしたということだと考える。(KY)

2) If I were in his position, I would drop out of college because I would suffer from the sense of guilt that I am wasting all the money my parents have saved for me. [….] There may be some truth in that going to college would be repaying the parents for the care they provided. I think, however, that young people have unlimited possibilities. I should go out of the college and I will find my dream somewhere out there. (AS)

3) 私がジョブズと同じ立場だったら，大学は辞めません。確かに自分を養子にしてくれた両親に多額の学費を払わせてしまうのはとても罪悪感があるけれど，その分大学で勉強を頑張って，良い会社に就職して恩返しをしようと思います。ジョブズは大学を辞めてMacコンピュータをつくり成功したから中退するという決断で良かったけれど，もしそのまま就職できなかったら，より一層両親に迷惑がかかってしまうので，私は大学を辞めないという決断をします。(KM)

4) I think after all I would be kept enrolled in college. Some people may succeed as Jobs did, but others or most people may not. In Jobs' life, the

dots became a line but sometimes it wouldn't go so well. And if you keep enrolled in college, potential dots will increase and there always will be a chance that some dots will be connected and become a line in the future.　(IS)

【分析】
　仮定法の表現など言語形式上の不備が散見されるが，主張は伝わる。すべてCT目標①〜⑤の要件を満たしていると言えるだろう。
　授業では，次時に『第1話小タスク英文作品集』（無記名で通し番号のみ）を配り，個人での味読後，グループとクラスで感想・意見を共有した。

4.2.6　第2話「練習課題」
　第2話の練習課題は次のとおりである。「調べ学習」が前提である。

> 問1）　ジョブズは，"[...] the only way to be truly satisfied with your work is to do what you believe is great work." と言いました。その一方で，"We cannot do great things on this earth, only small things with great love." と言った人もいます。
> 　ア）　これは誰の言葉ですか。
> 　イ）　どのような意味ですか。日本語に直しなさい。
> 　ウ）　あなたはジョブズとこの人のどちらの意見により共感しますか。なぜそちらに賛成なのかの理由も含めて答えなさい。

【解説】
　問1）では，ジョブズの「自分の仕事に真に満足する唯一の方法は，自分が偉大な仕事だと信じることをすることだ」との主張に対して，マザー・テレサ（Mother Teresa）の「私たちは偉大なことはできません。偉大な愛で小さなことをするだけです」の言葉を対置テキストとして用いることで，学習者に偉大さとは何か，両者のどちらに自分はより共感できるかを考えさせようとした。
　回答例は1)がジョブズに賛成，2)がマザーに賛成である。
【回答例】
1)　私はジョブズが発言している"偉大な仕事だと自分で信じること"とい

う意見に賛成だ。なぜなら自分でそのような考えを持って仕事をしていれば，自然と目標を高く持つことができるからだ。マザーテレサが述べていることも間違いではないが，せっかく仕事をしているのなら自分の仕事を誇りに思いたい。だから私はジョブズ氏の発言に賛成する。(KT)

2) 私はマザーテレサの意見に共感する。戦争をなくすことや震災などによって自分の町が被災し，前のように戻すことはとても困難で大きな壁となっているが，戦争がなくなってほしい，復興してほしいという思いを持ち，小さなことでも取り組んでいくというような考え方，と考えることができれば，それらを積み重ねれば，その大きなことを達成できるかもしれないという可能性は，規模が違うが自分自身が考えてやってきたことと似ているから。(KM)

【分析】

ごくまれにではあるが，このような CT 課題を出していると，教師が想定した答えをはるかに超える，ハッとさせられるような回答に出会うことがある。この回答例 2) もその一つである。テキストの内容理解だけをやっていたらおそらく決して聴くことのなかったであろう学習者の「声」が伝わる。教師自身も一人の人間として大切なことを教わることになる。

回答例 1) は CT 目標②，③，④を，2) は①の自己関連づけの要件も十分に満たしている。また，理由は不明であるが，この課題に対して健康スポーツ学科ではジョブズ派が過半数，看護学科ではマザー派が過半数であったのは興味深い。

4.2.7　第2話「小タスク」

第2話の小タスクとして次の課題を課した。

問1)　段落 21, 22, 23 のジョブズの主張について，あなたは賛成ですか，反対ですか。本文中から論ずる箇所をきちんと引用した上で，あなたの考えを書いてください。

21)　Sometime life… Sometimes life's going to hit you in the head with a brick. Don't lose faith. I'm convinced that the only thing that kept me going was that I loved what I did. You've got to find what you love, and that is as true for work as it is for your lovers.

22) Your work is going to fill a large part of your life, and the only way to be truly satisfied is to do what you believe is great work, and the only way to do great work is to love what you do.
23) If you haven't found it yet, keep looking, and don't settle. As with all matters of the heart, you'll know when you find it, and like any great relationship it just gets better and better as the years roll on. So keep looking. Don't settle.
（問2以下は第1話の小タスク（4.2.5）と同じなので省略）

【解説】
　第1話の小タスクでは，ジョブズの大学中退の問題を取り上げ，その是非を客観的に検討させることで批判的思考の伸長につなげようとした。しかし，この第2話の小タスクではそのような対置する考えは設けず，最後の頂上タスクでジョブズの職業観と内田氏の職業観とを正面から対峙させるための準備段階として，ジョブズの職業観を正しく理解させることを主目的とした。次は，グループでの仲間同士の対話が互いに与える影響がうかがえる，問3）（「自分の考えで変化したところ」）への回答例である。

【回答例】
1) 自分の意見は特に変わらなかった。しかし，メンバーの意見を聞いて，自分の人生に置きかえて考えてみることが大切だと気づいた。私は「仕事」のみの視点で意見を述べたが，他のメンバーは今までの自分自身の失敗などを例にして述べていた。（KS）
2) 他のメンバーの考えを聞いて，自分の考えの幅も広がりましたし，大好きなことを見つけることは仕事についた後もとても仕事をするやりがいになると改めて考えました。（SK）
3) 自分の意見は変わらなかったが，他の人の意見を聞いて自分の意見がより深まったと思う。自分が好きなことは好奇心をかきたて長続きするので，人生の大部分を占める仕事に対して誇りを持って向き合えるだろう。（MK）

【分析】
　これらの回答から，対話は同じ意見を持つ者同士の間でも，1) 新たな視点の獲得，2) 認識の拡大，3) 思考の深化をもたらすことがわかる。

次は対話後の最終的な個人の考えを英語でまとめたものである。
【回答例】
1) I agree with [Jobs] when he said, "You've got to find what you love, and that is as true for work as it is for your lovers". <u>If it is not someone who I really love, I will most certainly break up with him soon. Likewise, if the work is not something I truly love, it will become nothing but a painful labor.</u> [....] But I also know that not everybody can succeed like Jobs. It is important to think carefully about what we should choose as our work. (SM)

2) I agree with Jobs' idea that you've got to find what you love because I think if I do what I love to do I won't easily give it up whatever troubles happen to me. In the past, I wanted to make my dream my job. <u>But as I grow up and come to know more about the society [...], I have chosen a more stable job.</u> That is why I long for Jobs' way of life. I want to do a job that I can think is great so that I can live like Jobs. (KU)

【分析】
　最初の作品 1) は，ジョブズが仕事を恋愛にたとえたことをさらに自分なりに敷衍している。それに加えて最後の 2 文で，現実では注意深くあるべきとの指摘も忘れていない。2) は，最後にこれまでの自分の生き方についての内省もつけ加えている。いずれも仮想状況（if...）から結論を導いて主張の理由づけをしたり，独自の視点からの解釈を加えたりしている点が評価できる（CT 目標①〜⑤）。

4.2.8　第 3 話「練習課題」

第 3 話の練習課題は次のように設定した。

問 1)　Jobs says, "*Don't let the noise of others' opinions drown out your inner voice.*" But are your parents', teachers', or friends' opinions or advice "noises"? Should you ignore them? Do you agree with Jobs?

問 2)　"Stay hungry. Stay foolish." にはどのような意味が込められていると思いますか。自分の言葉で説明しなさい。

【解説】
　問1）は，高校と共通の課題である（4.1.2を参照）。ジョブズの「他者の意見という雑音に内なる声をかき消されるな」との主張に対して，「両親や先生や友人の意見やアドバイスも雑音なのか」と問いかけている。ジョブズの一般論（others）に対して具体例（your parents, teachers, friends）を提示し学習者の考えを揺さぶろうとした。なぜこのような働きかけが必要だと筆者らが考えているかというと，批判的思考に慣れていない学習者は，何らかの主張がテキストに書いてあるというだけで（さらにそれが有名人によるものである場合はなおさら）それを無条件で受け入れてしまいかねないからである。もちろん自らの最終的な判断がその主張に賛成でも反対でもどちらでも構わないが，その前に身近な具体例を通してその主張の有効性・妥当性を検証できるようになってほしいと考えている。
　この問1）の例が示すように，抽象的な一般論には賛成でも，そこから演繹される具体的事例には必ずしも賛成できない場合はたくさんある。たとえば，「お年寄りには席を譲るべきだ」という主張には多くの人が賛同しても，やっと確保した自分の新幹線の自由席も譲れと言われたら躊躇するのではないだろうか。筆者らは，このようにある命題に対して，抽象度を下げて具体例で考える思考は，先の対置テキストによる比較・対照の思考と並び，CTの伸長に非常に有効であると考えている。三浦（2014）の critical reading questions の一つと言えるかもしれない。学習者がそのようなCTの問いを自ら立てられれば理想的であるが，その前段階では，この練習課題のように，こちらから問いを提示し考えさせる必要があるだろう。
　次の回答例1），2）がジョブズに賛成，3），4）が反対の意見である。

【問1）の回答例】
1) I agree with Jobs. Because I think that most important is what I want to become. I should have the courage to follow my heart and intuition. (MA)
2) I agree with Jobs' opinion. Certainly, I think my parents' and friends' advice is important. But I think it is more important to follow my own heart. (NK)
3) I don't think other people's opinions or advice are noises. I want to expect [respect?] other people's opinions. I want to listen to many other people's opinions and after that I can decide what to do. (WN)

4) I disagree with Jobs because my parents and teachers have many experiences. They can advise me from those experiences. I think that we need objective opinions of others.（TA）

【分析】
　1) も 2) も，最も重要なのは自分の心だ，という理由で賛成している点は変わらないが，2) は反対意見も考慮した上での賛成であるから 1) よりも視野が広い。3) も 4) も他の人の意見は大事だという点で同じだが，4) は両親や先生の持つたくさんの経験や客観的な意見は必要だと理由づけている点で 3) よりも優れている。

　次に問 2) の回答例を示す。授業では英語でまとめる時間がなかったため日本語での回答のみになる。

【問 2) の回答例】
1) "Stay hungry." には何かを強く求め続け，自分が本当にやりたいこと，自分が本当に好きなことを見つけなさいという意味が込められていると思う。また "Stay foolish." には，周りにばかにされたり，周りより劣っていても，自分自身を信じ続けることで人生は切り拓かれる，という意味が込められていると思う。（MK）

2) 自分の好きなこと，仕事に対してハングリーになり追求をすることが大切な心がまえであり，そのためには [....] その姿が愚かに見られようともあきらめずに取り組む姿勢をくずしてはいけないというメッセージがこめられていると考えます。[....] そして，他人と違うことを思いつき，実行をすることへの重要性を示す言葉が Stay foolish. です。誰もしないことをする姿やひとつの事へ必死な姿は，成果を示すまでは他人の目に愚かに映ることがあるからだと考えます。（FA）

【分析】
　表現方法は学習者によって様々であるが，hungry は挑戦し続ける姿を，foolish は人の目を気にしない姿勢を表現していると的確に解釈している点で共通している（CT 目標③, ④）。

4.2.9　頂上タスク

　2012 年度後期に初めて実施した頂上タスクの問いは次のものであった。

> 内田氏の「人生はミスマッチ」と「青い鳥症候群」を読んでどのような感想を持ちましたか。ジョブズのスピーチと比較して何を考えましたか。思ったことを自由に書いてください。

【解説】

　これまで各話後の練習課題と小タスクによってテキストを少しずつ批判的に検討する練習を重ねてきたが，最終段階で頂上タスクとして上記のような課題を設定した。具体的には，学習者のジョブズ寄りの考えを大きく揺さぶるために，対置テキストとして内田樹氏の小論2編（「青い鳥症候群」と「人生はミスマッチ」）を読ませ対比させることにしたのである。この頂上タスクは，量的にも質的にも，これまでの2つの小タスクよりもかなり難易度が高い。

　対置テキストとして用いた「青い鳥症候群」には，「青い鳥」（＝夢）を追いかけるような生き方が好ましいものとして広く社会に喧伝されているが，「雪かき仕事」のような日常的で目立たない仕事も，社会には必要不可欠な重要性を持っていることを忘れてはいけないという主張がなされ，もう一つの「人生はミスマッチ」には，その人の適性にピッタリ合った仕事などこの世には存在せず，むしろ人間にはどんな仕事でも楽しくこなせる能力があるのだから，それを伸ばすべきだ，という主張が展開されている。2編とも，第2話の小タスクでほとんどの学習者が賛同していたジョブズの "Keep looking. Don't settle." の職業観を全否定するような内容となっている（しかもこの2編は，「石の上にも三年」の諺にもあるように，辛抱や忍耐が徳目として尊ばれる日本では受け入れられやすいとも思われた）。頂上タスクでは，このように説得力のある対置テキストを前に，それでもジョブズに賛同できるのかと学習者に迫ることにした。

　ところが，このような教師の意図とは別に，学習者が与えられた指示に忠実に従って「思ったことを自由に」書いた結果，予想外のことが起きてしまった。感想の一つ一つは素晴らしいものであったが，こちらの期待した2つの異なる「職業観」についての考察ではなく，ジョブズのスピーチ全体についての感想を書いた者が続出してしまった。そのためその後のグループやクラスでの話し合いが「発表会」になってしまい，議論が深まらないまま終わるという結果になってしまったのである。教員を目指していたある学習者は「ど

ちらも人生の岐路に立つ人にとって大切な考え方だと思うけど，高3に見てもらうのであれば，やっぱり夢を持って欲しいからジョブズのような生き方を教えたい」と，スピーチを教材として用いる際の適否について論じていた。教師（筆者）の問いの立て方・指示が悪かったために，学習者の思考を考えさせたいポイントに焦点化させられなかったのである。

この失敗を受けて，2013年度前期は論点を「ジョブズの人生観」に絞り，さらに，対置テキストが学習者に影響したのかどうかも確認するために，設問を次のように変えた。回答例も一つ示す。

> まず内田樹著の①「人生はミスマッチ」，②「青い鳥症候群」を読んでください。この2つの文章を読んで，ジョブズの人生観に対するあなたの感想は変わりましたか，変わりませんでしたか。下の1と2のどちらかを○で囲みなさい。さらに，あなたのジョブズのスピーチの感想を簡潔に述べたのち，内田氏の2つの文章があなたの考えに変化を起こした，または起こさなかった理由を，必要な箇所の原文を引用しつつ，説明してください。
>
> 　　　　1．変わった　　2．変わらなかった

【回答例】
　私はこの授業で読んだ文章すべてに対して共感してきました。[…] しかし，今日の2つの文章を読んで，ジョブズの感想に対して少し意見が変わりました。「青い鳥症候群」で内田が自分の成功を求める生き方と，周りの人にささやかな贈り物をすることを大切にする生き方両方が必要だと述べています。私もそう思います。[….] 自分に合うことを見つけて進むことも良いことだけれど，時として自分を変化させて環境に適応しながら人生を歩んでいくことが良いのではないかと私は思いました。（TA）

この回答からは，対置テキストによって学習者の中に「自分の成功を求める生き方」という単一の視点に，「周りの人の幸福を大切にする生き方」というもう一つの視点が新たに加わったことがわかる。

さて，これはこれで考えさせる有意義な課題であったが，「人生観」ではまだ論点が広がりすぎた。"If you haven't found it yet, keep looking, and don't settle." というジョブズの考えを内田氏の考えと対峙させるために，2013年度後期の頂上タスクでは，論点を「職業観」に変えた。

> 2つの文章を読んで，[...] ジョブズの職業観に対するあなたの考えは変わりましたが，変わりませんでしたか。
>
> 私はジョブズの職業観に（賛成・反対）だった。　内田樹氏の文章を読んだ後，自分の考えは（1．変わった。　2．変わらなかった。）

【回答例】
1) 私はジョブズの職業観に賛成である。確かに「クリエイティブでやりがいのある仕事」ばかりが仕事ではなく「雪かき仕事」のような仕事もあることも知っている。しかし，ジョブズのように自分がしていく仕事の一つ一つを偉大な仕事だと信じ愛することで，レンガで殴られるような衝撃的なことでも前に進んでいくことには夢があると思う。内田樹氏がいうように，これが時間とエネルギーをすり減らすということなのかもしれないが，どちらが有益かを考えながら仕事を決めて就職することは少しさみしいと感じた。今はジョブズのように，自分が偉大だと感じ愛することのできる仕事を探し続けていきたいと思う。(TN)

2) ジョブズの「自分が本当にやりたいことに出会うまでは，それを探すことをやめるな」という意見に賛成だったが，「人生はミスマッチ」の「私たちは誰でもどのような環境でもけっこう楽しく暮らせる能力が備わっている」という文を読んだとき，とりあえず何かをしてみて，それに自分を合わせていくのも悪くないなと思った。[....] 自分がそれに合わせる過程で，どうしても違和感を感じるようであれば，自分のやりたいことを探すのも良いと思う。結局のところ，個人個人が納得しているのであれば，その過程なんかはどうでも良いのではないか，とジョブズと内田樹氏の意見に触れて思った。(OT)

1) が考えが変わらなかった例，2) が変わった例である。1) は内田氏の主張も十分理解しつつ，それでもやはり自分が偉大だと思えて愛せる仕事を見つけたいという若者らしい前向きな姿勢がうかがえて，「頑張れよ！」と応援

したくなる。2) は「とりあえず何かをしてみて」それでも合わなかったら「やりたいことを探す」という内田式 → ジョブズ式という他の多くの学習者とは逆のパターンを提案し，最後は本人がその職業選択に納得できていればそれまでの過程などどちらでも良いのでは，と結んでいる。

　このように，2012 年度の最初の指示の失敗から，少しずつ設問を改良し論点を絞りこむことによって，学習者に考えさせたいことにより注意を向けさせることができるようになった。問いの立て方の大切さを再認識させられる経験であった。

　最終年度（2014 年度）は，高校での実践も考慮し，以下に示すように論点を「人生観・職業観」とし，どちらについて論じても良いことにした。頂上タスクの指示文に続けて，それぞれの賛成意見を示す。

問 1)	まず内田樹（タツル）氏の①「人生はミスマッチ」と②「青い鳥症候群」を読んでください。さて，この①と②の文章からは，内田氏の人生観や職業観がうかがえます。ですがこれはジョブズの考え方と大きく異なるようです。ジョブズは第 14, 21, 23 段落で次のように言っています。
14)	.... I was lucky. **I found what I loved to do** early in life.
21)	... the only thing that kept me going was that I loved what I did. **You've got to find what you love**, and that is as true for work as it is for your lovers.
23)	If you **haven't found it** [what you love] **yet, keep looking, and don't settle**. As with all matters of the heart, **you'll know when you find it**.... **So keep looking. Don't settle**.

　ジョブズは仕事を恋人に例えており，好きな仕事も見つけたらすぐわかる（you'll know it when you find it.）と言っています。だんだん好きになる，とは言っていません。つまりジョブズは内田氏の言う「青い鳥仕事」を探し続けなさいと言っているようであり，一方内田氏は「そのような仕事は存在しない」と言っています。

両者のどちらの考え方が，より自分の人生観・職業観に近いですか。理由と共に皆さんの考えを述べてください。

【回答例：ジョブズ支持】

1) I agree more with Jobs' opinions. He said, "You've got to find what you love and that is as true for work as it is for your lovers." I can sympathize with these words greatly. Mr. Uchida's opinions are not mistaken but rather correct. But I believe it would be a very boring life if I followed his advice. I want to find what I love, make it into my job, and enjoy my life to its fullest. (NA)

2) My opinion is closer to Jobs'. It would surely take time, and many people will think it unrealistic to keep looking for what we love to do. But I don't want to regret my decision later. [....] If I find what I really want to do, I can devote myself to it and I can be much more helpful to others than when I am doing some so-so job. I can also get a much deeper satisfaction from it. (HT)

【分析】

　2つの回答は共にジョブズの考え方に近いと主張しているが，細かな点で違いがある。1) は，「内田氏の忠告に従ったら詰まらない人生になる，好きなことを仕事にして人生を最大限楽しみたい」と述べ，個人の満足度を根拠に内田氏に反対している（CT目標①〜⑤）。2) の回答は，後で後悔したくない，本当に好きな仕事なら打ち込めるし，その方がso-so jobをやるよりも人の役に立てる，とユニークな理由を挙げ，さらに満足度も観点に加えている。理由の提示の順番をもう少し工夫できるだろうが，複数の根拠に支えられた説得力のある主張である（CT目標①〜⑤）。

　次は内田支持の意見である。

【回答例：内田支持】

3) I sympathize with Mr. Uchida's opinion that "blue bird jobs don't exist." Certainly, I think it would be nice if I could find my dream job and make a living as Jobs strongly suggests us to do. However, I think there are many cases where you start doing something which you thought you didn't like very much at first but soon found yourself liking little by little. If I

could live like this, I think it is splendid. (TK)

4) I think that the idea of Mr. Uchida's is similar to my view of life. I felt so even stronger when I read the essays of my seniors*. To work for somebody else, not for myself, is worthwhile. I'll be happy when I can contribute to the happiness of others even if I am not thanked by them directly. (IS)

5) I agree with Mr. Uchida. The ideas of the majority of my group members were closer to Jobs'. But I want to reassure my parents by starting to work soon. I want to repay my parents for all their kindness. I want to take good care of them. Even if my life is not brilliant, even if people say my life is dull, I want to live a peaceful life if possible. I am satisfied with my life. (HY)

【分析】
　これら内田支持者の間でも違いがある。3) は「最初好きでなくてもやっていれば好きになることも多くある」とジョブズに反論しているが，残念ながらこれは内田氏の理由とほとんど同じである。その点 4) は「人の幸福に貢献できれば自分は幸せだ」とさすが医療福祉系の学生だと思わせる理由をあげている（*文中 "the essays of my seniors" とは過去の先輩方の同じ課題への回答集のこと）。5) はある男子学生の意見であるが，「すぐに働いて両親を安心させたい，人から dull life だと言われても，両親に恩返しができ，peaceful な生き方ができればそれで満足だ」と個性的な意見を述べている（CT 目標①～⑤）。この彼の回答は，犬塚・三浦（2009）が「これからのコミュニケーション教育の取るべき方向」として示した「自己との対話による自己受容，自己尊重の教育，語るべき自己の育成の教育」の成果を具現化した一例と言えるのではないだろうか。
　最後に，両方の考えを取り入れた意見である。

【回答例：折衷案】
6) My philosophy of life is similar to that of Jobs' but my idea of occupation is similar to that of Mr. Uchida's. This is because this life is mine and nobody else's, and so I want to spend it with friends and a lover who understand me well and whom I can understand. In addition, I want to find my favorite things and enjoy them to the fullest extent. But, on the

other hand, when it comes to work, I probably can't make a living if I keep looking for my favorite work. So, I think that a little compromise is necessary when choosing my work.（SM）

【解説】
　この学生は，人生観はジョブズに，職業観は内田氏に似ており，生き方は妥協しないが仕事の選択には少し妥協も必要だと述べている。人生に対する真剣さと現実的なものの見方の両方を持ち合わせている多値的考え方の好例と言えるだろう（CT目標①〜⑤）。

4.3　質問紙調査から見えたもの

　本実践の最後の授業において，これまでの授業について学習者がどのように感じていたのかを探るために質問紙調査を実施した。高校と大学のアンケート結果をそれぞれ図3と図4に示す。

　対象は，高校では総合ビジネス学科の15名，大学では理学療法学科と医療情報学科の計34名の受講者のうち最終日に出席した28名である。記述文に対して，5「全くそう思う」，4「そう思う」，3「どちらとも言えない」，2「そう思わない」，1「全くそう思わない」の中から1つを選ぶ5件法で回答を求めた。質問項目は，1「テキストに興味が持てた」，2「人の考えを聞くのは興味深い」，3「意見交換で考えが深まった」，4「考えを英語で書くのは難しい」の4つとした。

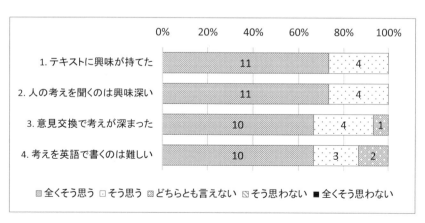

図3　高校でのアンケート結果（$N=15$）

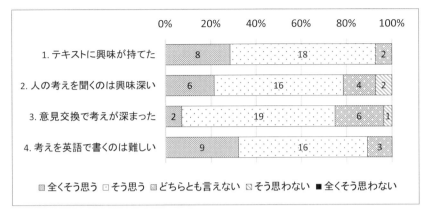

図4　大学でのアンケート結果 ($N = 28$)

項目1の「テキストに興味が持てた」に対して，高校では「全くそう思う」と「そう思う」を合わせると全員（15名）が，大学でも9割以上（26名）の学習者が興味が持てたと回答している。このことから，今回のジョブズのスピーチは，高校と大学のどちらにおいても適切な題材であったと判断できる。興味深いのは，高校では「全くそう思う」の割合が大学の約2.5倍もあったということである。ジョブズのスタンフォード大学での卒業生に向けたスピーチは，今回の実践では大学生よりも高校生の心により強く響いたと言えるかもしれない。これは，これから大学進学や就職という人生の大きな節目を迎える高校生と，すでにその段階を過ぎ，ある程度将来の方向性が定まっている大学生の違いに起因するのかもしれない。

項目2の「人の考えを聞くのは興味深い」に対して，高校では全員（15名）が，大学でも約80%（22名）の学生が興味深かったと回答し，また項目3「意見交換で考えが深まった」には，高校では90%以上（14名）が，大学でも約75%（21名）が肯定的に回答している。このことから，本実践で一貫して用いられた仲間との意見交換活動は，学習者にとって意義のある活動であったことがわかる。また，項目1と同様に，高校生の方が大学生よりもピアの考えに強い関心を示し，より大きな意義を見出していたこともわかった。

項目4の「考えを英語で書くのは難しい」には，高校も大学も90%近くの学習者が難しかったと感じていたことが明らかとなった。英語は日本人にとって外国語であり，日常会話レベルを超えた高次の思考内容を不慣れな言

語で表現しようとすれば，難しいと感じるのは当然であろう。それでも学習者たちは，高校・大学ともに素晴らしい作品を書いてくれた。

次はアンケートの自由記述からの抜粋である。

【高校生】
・「周りの人と話す機会が多くてとても楽しかった。」
・「自分なりの答を見つけられることができる授業で良かった。」
・「討論会のようなものがあっても良いのではないかと思う。[. . .] 学年を通しての討論をしてみたいと思った。」
・「自分の考えを書く科目は時事英語くらいだったのでとても楽しかった。もう少し他の人の意見を聞きたかった」

【大学生】
・「意見交換の機会がおおく，聞いていて楽しかったです。」
・「色々な人と意見交換したり話しながら授業を進めるのは良かった。」
・「自分の考えや他の人の考えを英語で見ることができるのが良かったです。」

　これらの感想から，高校生も大学生もジョブズのスピーチに興味をもって臨み，仲間の考えに関心を持って耳を傾け，対話によって理解を深め，英語で自己表現することの難しさを実感しつつも今回の実践に楽しんで取り組んでいた様子がうかがえる。

5. まとめ

　従来の文法訳読式指導では，英文を日本語に置き換えることが学習の主目的で，学習者にとっての最終目標は日本語訳そのものであった。したがって，日本語への訳出後，章末などの事実確認型発問による内容理解活動を除いては，さらにテキストに検討を加えることはなかったと思われる。

　しかし本実践では，日本語訳を終着点とせず，練習課題・小タスク・頂上タスクによる重層的課題設定や対置テキストの足場かけにより，そこからさらに，あらかじめ設定したCTスキル目標（第2節参照）を評価規準として，学習者自身にテキスト内容の批判的検討を促した。本実践の協力者である高校生と大学生の回答や質問紙調査などから，高校においても大学においても，上記の目標はおよそ満足できる程度に達せられたと総括できる。

6. 今後の課題
6.1 高校での実践の課題

　本実践における高校編では，テキストの内容理解から練習課題・小タスク・頂上タスクに連なる全体を通して，2つの問題点を示す。一つには，授業時数（総時間数）と生徒の集中力に関するものである。今回のように，テキスト読解それ自体を目的にするのでなく，テキストを読んで何をどのように考えるか（何ができるか）をゴールに据える授業では，通常の一単元の読解授業時数が7～8時間とすると，タスク実践の授業ではさらに5, 6時間の追加がいる。また実施総時間数が増えることと関連して，長い時間一つの単元の学習に生徒が集中するには，実施時期の決定が鍵となる。どの時期にまとまった授業時間が確保できるのかをあらかじめ年間計画表などで入念に確認し，実施計画を立てることが必要である。また，事前に担当者間で調整会議を持つことが肝心である。

　もう一つは，テキスト本文の内容理解に関するものである。これは一つ目の問題点と大きく関わるものだが，タスク実施の授業計画では，この本文読解の部分をいかに省くか，または効率的に行うかが問題の焦点になる。しかし，本文読解を生徒の自学自習に預けてしまえるクラスはそう多くはなく，やはり授業で内容理解活動を丁寧に扱い，その後に続くタスクの取り組みへと生徒を押し上げたい。その際，役に立つのがグラフィック・オーガナイザーなどで内容理解活動を進めるというものである。今回も同様の内容理解活動を行ったのだが，しかし，一文一文丁寧に訳読した場合に比べて，生徒の内容理解が一体どこまで進んでいるのかを正確には捉えきれなかった。というのも，内容理解活動の後，タスクに取り組む中，生徒のタスク回答などにテキストの誤読を多く発見し，修正しきれないまま残されたものもあった。したがって今後は，タスク開発と同様にその前段となる内容理解活動の創意工夫にも取り組みたい。

6.2 大学での実践の課題

　次に大学での実践で浮き彫りになった問題について述べる。アンケート結果にも反映されていたように，大学では，教師から何の促しも必要なく，こちらがやめと言うまで意見交換が活発に続くクラスがあった一方で，発言するのは発表者だけで，他のメンバーからの反応がほとんどないようなクラス

もあった。

　これは，他の人の意見に興味が持てなかったからとか，人前で発言することに慣れていなかったからという理由による場合もあったかもしれないが，時間をかけて熟考された発表者の意見を聞くだけでは理解できなかったことも大きく影響していると思われた。実際，今回の実践では，練習課題でもタスクでも，個人思考の段階でまず自分の考えを日本語できちんと文章化し（CT目標④），意見交換時にはそのようにして練られた文章を発表者が順番に読みあげ，他のメンバーは聞くという手順をとっていた。聞き手にとっては，密度の高い文章を初めて聞いて理解し，さらにそれに応答することは予想以上に難しかったようである。

　この問題に対しては，実践の終わりに次のように対処した。すなわち，各自が書いた文章を順番に口頭で読み上げる代わりに，まずグループ内でそれぞれの文章を順繰りに回し読みすることにしたのである。その後，改めて書いた本人からその内容について説明してもらい，それから他のメンバーがフィードバックすることとした。

　次に，上記の問題とは逆に，意見交換が表面的な感想のやりとりに終始するという問題も生じた。一見活発なやりとりは聞いていて気持ちが良いし，協同の学びが起きているようにも見える。もちろんそのような場合もあるだろうが，見た目の活発さは思考の深さを保証しない。たとえば，自分と同質の意見は理解しやすく安心できるので声高に賛同できるが，自分とは違うあるいは変だと感じられるような意見は理解するのに時間がかかるし，反対するのにも勇気がいるだろう。さらに，実は自分にとって新たな気づきや学びのきっかけとなるのは，むしろこのような認知的不協和を引き起こすような異質な考えである場合が多いのではないだろうか。

　したがって，大学における実践の今後の課題は，いかにして意見交換を真正な学びにつながるような，聴き合い訊き合える実践的な対話（佐藤，2000）に変えられるかということである。グループのメンバー全員が互いから最も多くを学べるような対話の実践方法をさらに模索していきたい。

7. おわりに

　英語ができるようになるためには，たくさんの知識を覚え，たくさんのスキルを身につけなければならない。教師も学習者の英語の力を向上させるこ

とが，その第一義の責任であることは論をまたない。しかし，それと同時に，学習者一人一人の個性が表れ，それが仲間からも教師からも認められるような機会を授業中に設けることも大切であろう。さらに，学校を卒業した後も長い人生を生きていくことになる学習者にとって，正解が出たらそれで終わってしまうような教育が，その後どれだけ生きる支えになるのかについても真剣に考える必要があるだろう。これから様々な問題や未知の事態に遭遇した時に，本当に必要なのは，自分の頭を使って思考し判断する力なのではないだろうか。筆者らは今後とも，学習者に英語の力をつけさせるべく努力すると共に，一人一人のCTの力が発揮され，個性が輝き，願わくはその世界観・人生観が広がるような課題を考案し，学習者を支えていきたいと考えている。

　最後に，今回の実践を支えてくれた素晴らしい生徒・学生諸君の作品の中からもう一つだけ紹介し，感謝の意を表すと共に，本実践のまとめとしたい。テーマは「ジョブズのスピーチで最も共感を覚えたこと，最も違和感を覚えたこと」である。また学習者から大切なことを教えてもらった。

　　…．［最も］違和感を覚えた言葉は "But some day, not too long from now, you will gradually become the old and be cleared away" です。ジョブズが死を意識するようになって思ったことだと思うのですが，古くなったからといって，何もかもが無くなって新しいものにとって代わってしまうことはないと思います。新しいものというのは何かしら古いものの影響を受けて，古いものが持っていた性質や考えを一部うけついでいるものだと思います。実際ジョブズが亡くなってしまったあとでも，ジョブズの残した言葉や技術は，今の人たちにいろんな影響をあたえています。いい影響だとしても悪い影響だとしても，古くなったらそこでおわりとは思わないです。私も将来古いものになると思いますが，新しいものに何かしらよい影響を与えられる人になれたら幸せだなと思います。（KS）

〈**謝辞**〉
　本実践（研究）はJSPS科研費（課題番号23520715および26370677）の助成を受けたものである。

〈引用文献〉

犬塚彰夫・三浦孝（編著）(2006)．『英語コミュニケーション活動と人間形成』成美堂．

井上尚美・福沢周亮・平栗隆之 (1974)．『一般意味論―言語と適応の理論』河野心理教育研究所．

宇佐美寛 (1984)．『「道徳」授業をどうするか』明治図書．

宇佐美寛 (1986)．『国語科授業批判』明治図書．

楠見孝・道田泰司 (2015)．『批判的思考』新曜社．

佐藤学 (2000)．『授業を変える　学校が変わる』小学館．

ハヤカワ，S. I.（大久保忠利訳）(1985)．『思考と行動における言語（原書第四版）』岩波書店．(Hayakawa, S. I. (1978), *Language in Thought and Action（4th ed.）*. San Diego, CA: Harcourt Brace.)

三浦孝 (2014)．『英語授業への人間形成的アプローチ』研究社．

峯島道夫 (2011)．「リーディング指導における読みの深化と批判的思考力伸長のための『評価型発問』の活用」『リメディアル教育研究』第6巻第2号, 25–40.

峯島道夫 (2012)．「Steve Jobs 2005 Commencement Address at Stanford Univ. を使った授業プラン」亘理陽一（研究代表者）（編集）『「知的・創造的英語コミュニケーション能力を伸ばす進学高校英語授業改善モデルの開発」2012年度研究成果報告書（授業プラン集・改訂版）』池田屋印刷, 163–179.

峯島道夫 (2014)．「協同学習を取り入れた大学での授業実践―LTD話し合い学習法による効果の検証」『中部地区英語教育学会紀要』第43号, 281–286.

Brookfield, S. D. (1987). *Developing Critical Thinkers*. San Francisco, CA: Jossey-Bass.

Ennis, R. H. (1987). "A taxonomy of critical thinking dispositions and abilities." In J. B. Baron & R. J. Sternberg (Eds.), *Teaching Thinking Skills; Theory and Practice* (pp. 9–26). New York: W. H. Freeman and Company.

付録資料　第3話の発問例

問1) ジョブズによれば，死の意識は，人生の大きな決断を下す際になぜ最も重要なツールになるのですか。35字以内で説明せよ。（句読点もカウントします。）

問2) 第25段落の最後の what is truly important の具体例を挙げなさい。

問3) In Jobs' opinion, who invented death and what is the role of death?

問4) Give three examples of the new clearing away the old.

問5) *Your time is limited* という認識から，ジョブズはどのような人生哲学を導き出しましたか。次の空所に適語を入れて完成せよ。
「（　　）に（　　）ことなく，あなたの心に従い，（　　）になれ。」

問6) 第34段落から最後までを『ジョブズから卒業生へのメッセージ』と解釈した場合，下の表の空所にはどのような語句が入りますか。
（注：斜字体部は「含意されている」という意味です。）

I	You
I was your (1.　　).	
It was the mid-1970s	*It is 2005 now.*
The Whole Earth Catalogue was a bible to me. It was (2.　　), overflowing with neat tools and great (3.　　).	*Do you have something like this, something you can believe in?*
It was made with (4.　　), (5.　　), and Polaroid cameras. *My time was crude and primitive compared to yours.*	*You have* personal computers and desktop publishing—*and Google, of course. You are very fortunate.*
The picture on the back cover of the final issue was of an early morning country road. *I'd surely be (6.　　) on the road.*	*How about you?* You are about to graduate to begin (7.　　). *Would you be so (8.　　) like me?*
Their farewell message was: "Stay hungry. Stay foolish." I have always wished that for myself.	I wish that for you, too. *But are you willing to accept this as your own?*
ゆえにこのスピーチは，ジョブズから卒業生への「9.　　状」とも受け取れる。	

第8章

小グループが英語で打ち合わせ，英語でプレゼンテーションできる指導
── ネイティブ・スピーカーのグループ活動から学ぶ ──

加藤　和美
（東海大学）

1. 筆者の自己紹介と実践にあたっての問題意識

　筆者は，2002年に東海大学付属高校で非常勤講師として英語を教え始め，東海短大，愛知大学，静岡大学にて非常勤講師を経験し，2012年からは東海大学海洋学部の常勤講師として勤務している。高校教師時代にSEL-Hi事業に携わり，英語で英語授業を行うことを経験し，それ以後も引き続き英語で授業を行っている。また，これまで行ってきた授業は「グループで英語プレゼンテーションを行う授業」や「リーディングの内容理解から設問作成までをグループで行う」授業など，様々なグループ・アクティビティを通して人間関係を築きながら授業をしてきた。しかし，グループ活動によって人間関係を築くことはできるものの，タスクの種類によっては学習者の話し合いは日本語で行われることも多かった。英語を使うのが発表の時だけで十分と言えるのか授業者として疑問を抱いていた。また，より高度なタスク活動になればなるほど「英語で英語授業」の形態が崩れてくることを残念に思っていた。このタスク活動の打ち合わせ自体を英語で行うことはできないだろうか。こうした問題意識から筆者は2012年からグループ活動を英語で行うための研究を本格的に始めた。

　グループでのタスク活動の打ち合わせを英語で行うということは，1) グループでタスクを達成させること，2) タスクを遂行するために英語を使うこと，の二重の負荷がかかる。そこで，英語でグループ活動を進行させるための英語表現を習得する指導の開発に取りかかった。指導過程においては作業言語としての英語表現をただ丸暗記させるのではなく，コミュニケーション活動を通して習得できる授業を目指した。この章では，まずそのためのビデ

オ教材の作成方法を紹介し，次にそのビデオ教材を使用した授業実践の一部を紹介する。

2. 教材作成

　学習者がグループ活動を英語で進行できるようにするためには，教師が様々なテキストから役立つ英語表現を抜粋してハンドアウトを作成し，それらを暗記させる方法が通常である。しかし，先述したように，ただ暗記するだけでは学習者のモチベーションが上がらない。そこで，学習者が行ったタスクと同じタスクを英語母語話者がグループで行ったらどうなるか？ という疑問を学習者に投げかけて興味を喚起しようと考えた。実際にそのような教材やデータが見つからなかったため，自分でイギリスに行ってデータを集め，教材を作成することにした。英語グループ活動のための教材を作成するにあたり，わかりやすいタスクであること，そして英語母語話者でも楽しめる内容のタスクを選択することの2点に留意した。

　そのようなタスクを選定するにあたり，三浦（2009）が『ヒューマンな英語授業がしたい！』の本の中で紹介しているタスク，a.問題解決型タスク，b.立案型タスク，c.作品完成型タスクのうち，c.作品完成型の「Picture Story」を選定した。6つの絵の中から4つの絵を選び，英語で自由にストーリーを作成するというシンプルな作品完成型タスクである。

　このタスクは個人個人でストーリーを英語で作成することから始まり，グループで見せ合い，話し合い，最終的にグループで1つのストーリーを完成させる流れになっている。グループ内で1つの作品を完成させるためにはコミュニケーションを成立させる必要があり，英語学習者であっても，英語母語話者であっても様々な方略が必要である。また，本タスクは「言語表現を指定しない目的指向型の活動」であるため，グループ活動中には，提案，依頼，称賛，断り，申し出，など様々な表現が自由に発せられる。そのため英語母語話者からいろいろな英語表現を収集することもできる。さらに，この活動自体が英語母語話者にとってもクリエイティブで楽しい活動である。このような理由から英語母語話者が作品完成型タスクを使ってグループ活動をしている様子をビデオに撮り，そのデータをもとに教材を作成することにした。

　筆者は，ビデオ教材作成のための動画を収集するため，2014年3月にイギリスのウェスト・ミッドランド地域の大学を訪れた。訪問先の大学とは10年

以上にわたり文化交流会を行ってきているため信頼関係ができており，教員・学生共に教材作成に快く協力してくれた。ビデオ教材にモデルとして参加してくれた学生は，日本の大学2年生と同じ年齢の19歳，20歳の男女16名である。まずは参加学生にタスクの内容を説明し，グループで共同作業をしている様子をビデオカメラで撮影する旨を伝えた。そして参加学生に研究調査協力の承諾書に署名してもらい，撮影の準備に取りかかった。

　まず，4人1組のグループを4つ作り，4箇所別々の部屋に移動してもらった。それぞれのグループで4人全員の顔がビデオに入るようにL字型に着席してもらいビデオカメラを設置した。タスクに入る前に撮影の緊張を解くため，簡単なディスカッションを行ってもらい，次に本題のタスク「Picture Story」に取りかかった。なるべく早く撮影を終えるために4箇所でビデオ撮影をしたが，全ての行程を終えるのに2時間を要した。

　帰国後はそれらの動画データを全てチェックした。撮影中に突然友人が入ってきてしまったグループや，画面に4人全員の顔が入っていないグループのビデオを排除し，適切なグループ1つを選んで教材作成に取りかかった。編集ソフトはMacコンピューターに搭載されているiMovieを使った。

　ビデオ教材を作成する際にはディスカッションの場面自体には手を加えず，教材のオープニングに6つの絵を入れてタスクの説明をし，字幕あり/なしのバージョンを作成した。また，ビデオ教材をiPad6台にインストールするため，あらかじめDropboxアプリ（無料ファイル共有ソフト）をインストールして，ビデオを同期した。さらにYouTubeやFacebookを使ってビデオ教材をインターネット上にアップし，授業以外でも学習者が繰り返し動画を見られるようにした（Kazumi.eigo）。

図1　イギリス人大学生のグループ活動の様子

3. 授業の構成
3.1 授業で追求した目標

次に，上記のビデオ教材を利用した授業構成に取りかかった。「英語でグループ活動を円滑に行う」ことを頂上タスクとし，そのための小タスクを積み重ねていきながら，学習者が自身の弱点に気づき，達成感を感じ，さらに挑戦へとつながるように意識して全4回の特別授業を構成した。

留意した点を2つ挙げる。1つは和泉（2009）が作成した「第二言語習得過程における明示的な文法学習の役割の概念図」を基本に授業の構成をすること，もう1つは語用論の研究分野の Alicia Martínez-Flor（2010）による「語用論的能力習得を促進させるための指導」の構成要素「分析」と「フィードバック」，そしてより多くの「気づき」の機会を指導の行程に組み込むことである。

また，本研究での授業は高等教育機関を対象にしており，すでに知っている知識をアウトプットさせることから始める特徴がある。図2のように，この特別授業はアウトプットから始まりフィードバックをするまでが一連の流れとなっている。また，この特別授業は，教科書を使った普段の授業の途中に組み込む形をとっている。よって，この4回の特別授業を終えた後は，また普段通りの授業に戻る。つまり，普段通りの授業に戻っても特別授業で習得した知識や英語表現を引き続きアウトプットするチャンスがある。

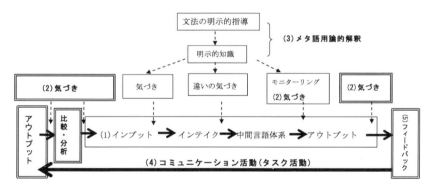

第二言語習得過程における明示的な文法学習の役割の概念（和泉 2009）と語用論的能力習得を促進させるための指導 (1)〜(5) (Martínez-Flor & Udo-Juan, 2010) を重ねた図
*(1)〜(5) と二重ボックスは筆者による追加

図2 グループ活動を英語で行うための指導図

本指導の手順は上記の指導図に合わせて，アウトプット（タスク1,2），比較・分析（タスク3,4,5），インプット（タスク6），インテイク（タスク6），中間言語体系（タスク6），アウトプット（タスク7），フィードバック（タスク7）を設定している。また，各タスクには様々な気づきを促す活動が含まれており，タスク5にはフィードバックの要素もある。これらのタスクを順番に紹介したい。

3.2 小タスクから頂上タスクへと至る知的交換活動

頂上タスク「英語でグループ活動を円滑に行うこと」を目標に，そのタスクに向けて7つの小タスクを設定した。グループで意見を出し合う中で様々な能力を身につけることができるようになっている。「Picture Story」のタスク中は英語使用を義務づけたが，その後の比較分析のタスクでは，英語のレベルによっては学習者の日本語使用を認めた。まずは学習者がグループ活動の仕方をじっくり分析し理解することを最優先に考えたためである。ここでは授業で使用したハンドアウトの一部を紹介しながら，7つの小タスクをこなし頂上タスクへと向かう授業の構成を説明する。

英語グループ活動の指導（授業）1回目
内容：小タスク1：ストーリー作成　〈個人活動〉

6枚の絵（図3）の中からストーリーができそうな4枚を選んで順番に並べ，

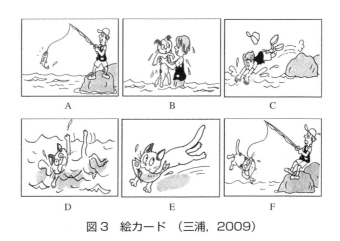

図3　絵カード　（三浦，2009）

絵1枚につき1つまたは2つの英文で内容を説明する。そして，それらの英文をつなげて一連のストーリーを作成して紙に書く。

　小タスク1は個人個人でストーリーを作成する。英語のレベルが高い学生でもそうでない学生でも大体15分～20分くらいは必要となる。

小タスク2：ストーリー再考　〈グループ活動〉
　ここでは，グループ内の作業言語は英語とする。
・4人組グループを作る。
・一人一人が発表者になって自分が作成したストーリーを絵カードの順番を隠してグループのメンバーに読み聞かせる。聞き手はそれを聞きながらストーリーに合う順番に絵カードを並べる。
・ストーリーの順番が並べた絵の順番と合っているかを発表者と確認する。
・話し手を交代して同じ活動を繰り返す。
・グループ全員それぞれのストーリーを話し終えたら，それらを参考にしてグループで話し合いながら完成版ストーリーを1つ作成する。

　小タスク2のポイントは，英語でグループ活動をしている際に英語で言いたくても言えなかった表現を日本語でリストアップして書き溜めておくことである（資料1）。

　英語で言いたくても言えなかった表現は，後日教師によって英語に訳されて返却される。その旨をあらかじめ伝えておくことで，グループ活動中に「英語でどう言ったらいいのかわからない」という問題をそのままにするのではなく，「英語ではどんなふうに言うのだろう？」と知的好奇心を引き出すことができる。また，「ネイティブの先生が訳してくれるんだよ」と一言言うと，学習者はいろいろな表現を日本語で書き出してくる。この一言がないと，学習者は後に自分で辞書を引いて調べなければならないと思い，「言いたい英語表現」が集まらなくなってしまう。学習者が言いたい表現を多く集めるためにも，ここでは学習者自身で訳すことはしないほうがよい。

　もう一つのポイントは，小タスク2のグループ活動の様子をiPadで録画し保存しておくことである。iPadで録画をすることで，後に自分たちのグループ活動の様子を容易に再生でき，フィードバックをすることができる。ここでは各グループがiPadを使って撮影するため，教室内で全員が一斉に撮影を

資料1　小タスク2ハンドアウト

行うと隣のグループの声が入ってしまう。そのため教室を出て自由な場所で撮影をするように配慮している。

　スタンドはiPadの純正のカバーを立てて利用する。微妙な角度調整が必要になり，場所設定に時間がかかるため余裕を持って撮影時間設定することをお勧めしたい。また，後にYouTubeなどネット上に動画をアップするため，容量を考慮して10分以内で録画するように伝えることも大事である。教室の移動時間も含めて20分で全ての活動を終えて再び教室に戻ってくることを伝えている。

英語グループ活動の指導（授業）　2回目
内容：小タスク3：ビデオ教材の分析　〈グループ活動〉
　作業言語は英語または日本語。
・iPadに入っているイギリス人のグループ活動のビデオを字幕なしで見る。
・グループ活動の進行の仕方や参加者のジェスチャーなどスピーチアクトに注目して分析し，グループでハンドアウトにまとめる。

・代表者がクラス全体に英語または日本語で発表する。
・最後に穴埋め式ディクテーションのハンドアウト（資料2）を配る。学習者は授業終了時間になるまで繰り返しビデオを見てスクリプトのディクテーションを行う。終わらなかった分は宿題となる。

　小タスク3のビデオ分析の際には，字幕なしでビデオを見ることにしている。イギリス人学生の英語表現の言語形式には触れず，グループ活動の進行の仕方や態度，振る舞い，気持ちや意図に注目した発話行為に集中させる。

Group Discussion

Chloe: Alright... so _____
then probably put them together to make a one big story.

Adam: Yes.

Lottie: Yes.

Adam: Yes, we're in.

Chloe: Ok, so I think we'll _____

Adam: Eventually the cat let go and fell to its death drowning horribly.

Chloe: Yes.

Adam: _____

Chloe: Um...

Adam: So that's D.

Chloe: Yeah.

Adam: _____

Chloe: Umm... What will we do with mine.
_____

Adam: Oh, I like, "One day a man went fishing by the seaside because it was a nice sunny day."
It's just a vacation why that man is out there.

Chloe: Ok.

Lottie: _____

Chloe: A.

Lottie: _____
It was a surprise. He didn't just catch a fish, he also caught a cat...

Adam: Yeah.

資料2　小タスク3穴埋め式ディクテーションのハンドアウト

たとえば，どんな状況での会話か，誰に向かって話しているかなどを話し合いながら分析を行う。ここではiPadを使ってグループでビデオ教材を見るため，意見を出しながら動画を何度も繰り返し見ることができる。なお，グループでiPadを見る時にはイヤホンのスプリッターを使い，1つのiPadに4つのイヤホンを繋げて外部の音に邪魔されないようにすると良い（p.228の図4,5参照）。

グループ活動を進行するうえで気づいたことをグループで話し合った後，代表者はクラス全体に発表し，より多くの気づきをクラス全体で共有する。イギリス人学生が楽しそうに話をしている様子を見せることによって，学習者から「今何て言っているんだろう？」「なぜ笑っているんだろう？」といった内容に対しての好奇心を引き出すことができる。このようにして，言語表現への興味を持たせた後に言語活動を行うことができる。

授業の最後に穴埋め式ディクテーションのハンドアウトを配り，授業終了時刻になるまで動画を繰り返し見て穴埋め式ディクテーションを行う。このハンドアウトは，英語母語話者がグループ活動中に発する重要かつ便利な英語表現が含まれている箇所を抜粋して作成してある。授業内でディクテーションの穴埋めが全て終わらなかった場合，学習者は授業後YouTubeを使ってビデオを繰り返し見て，ハンドアウトの空欄を埋める作業を行うこととする。学生たちには次回の授業で答え合わせをすることを伝えておく。

英語グループ活動の指導（授業）3回目
内容：小タスク4：英語表現の分析 〈グループ活動〉
（作業言語は日本語でよいこととした。）
・字幕付きのビデオを見て宿題の答え合わせをする。使えそうな英語表現にアンダーラインを引き，気づいたことについて英語または日本語でディスカッションを行う。
・代表者が全体に英語または日本語で発表する。

iPadに入っている動画を字幕付きで繰り返し再生してグループで答え合わせをするため，ネイティブ・スピーカーの英語を音声と文字で確認することができる。リスニング能力の向上にも繋がる。

小タスク5　フィードバック　〈グループ活動〉
　作業言語は英語または日本語。
・小タスク1で録画した自分たちの動画をiPadで再生し，イギリス人学生のグループ活動の様子と比較しハンドアウト（資料3）にまとめる。
・どのようにしたらグループ活動を英語で行うことができるかを話し合う。
・代表者が日本語または英語でクラス全体に発表する。

　小タスク5では，学習者は自分たちのグループ活動の様子を振り返ることができる。イギリス人学生のグループ活動と自分たちのグループ活動とは何

```
<Task 4>
・スクリプトを分析してわかったこと。
・あいづちが多い
・他の人のどんな言葉にも反応している。
・自分の考えをまたない
・考えがまとまってなくてもしゃべる。
・男の人に勝手に名前つけてる。
```

```
<Task 5>
・自分たちのディスカッションを観ての感想
　・動きが無い。
　・沈黙が多い。
　・自信がないので声が小さい。
　・思ったことを発言するのに時間がかかる。
　　(英語にして言えない)
・イギリス人のグループディスカッションと比較して気づいたこと
　・最後まで黙って話をきいている。(自分たちが)
　・みんなで1つのカードを使っているので距離が近い。
　　(プリント)
　・話し合いを仕切る人がいる。
　・動きながらしゃべっている。
・どのようにしたら英語でディスカッションが円滑にできるようになると思いますか
　・英語の文脈が間違っていることを恐れずに発言する。
　・もっと身ぶり手ぶりを増やす。
　・人の顔を見て話す。
```

　　　　　　資料3　小タスク5ハンドアウト

が違うのかを話し合う。ここでの目的は文化の違いや，自らの英語表現の不足などに気づかせることである。また，英語表現の不足というようなネガティブな結論で終わるのではなく，「どのようにしたらより円滑に英語を使ってグループ活動ができるようになるか」，という次の発展に繋がるように話し合いをさせることが大事である。

　グループ討議の後は，その内容について代表者がクラス全体に報告する。その後，教師は「あとで再挑戦してみよう」と呼びかける。小タスク5は，動画を見てフィードバックをし，目標を立て，クラス全体で言語習得へのモチベーションを上げていく大事なプロセスでもある。

小タスク6：英語表現の交換・分析・習得　〈グループ活動〉

・小タスク2で書き溜めた「英語で言いたいけど言えなかった表現の日本語」を教師が英語に訳しておき，ここで学習者に返却する。
・学習者はペアで英語表現クイズを出し合いながら英語表現をインプットしていく。その際にペアを組んだ相手が持っている英語表現を自分のハンドアウトに追加していく。
・最初のペアでの活動が終わったら，パートナーを変え，別のグループ内メンバーと英語表現クイズを出し合いながら英語表現をさらにインプットし，有用な英語表現をハンドアウトに追加していく。
・グループ活動終了後，クラス全体で英語表現を共有する。各自がハンドアウトに追加していく。
・教師はあらかじめ各学生が出した英語表現を集めた総集ハンドアウトを作成しておき，ここで学習者に配る。
・学習者はどのような文法ルールがあって，どのようにしたら覚えやすいかをグループで話し合い，代表者が全体に発表する（日本語可）。
・教師が追加して明示的な文法指導を行う。

　小タスク6では，ペアで英語表現をお互いに問題として出し合いながら覚えていく。ペアの一方は自分が言いたかった表現を日本語で言い，もう一方が英語で何と言うかを当てるクイズ形式で行う。出題者は1問ごとに正解を伝え，回答者はそのつど正解の英語表現を自分のハンドアウトに書き溜めて

第8章 小グループが英語で打ち合わせ，英語でプレゼンテーションできる指導　209

いく（資料4, 5）。出題者にとっては，クイズの答えは自分だけが知っているもので，しかもその内容は自分が知りたかった表現ということになる。そし

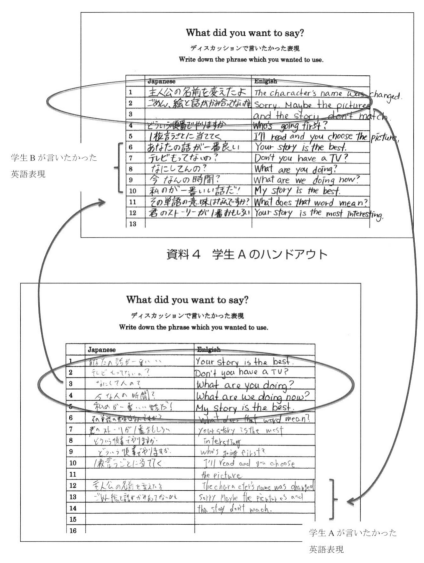

資料4　学生Aのハンドアウト

資料5　学生Bのハンドアウト

てそれを友達に教えてあげることは格別にうれしいことである。この活動により，どんなレベルの学生でも「人に教えてあげる」ことを経験することができる。ここが，ただ単に英語表現を丸暗記することとは大きく違う。

　グループ全体の英語表現を交換，収集したら，今度はクラス全体で英語表現の共有をする。席を移動して交換相手を見つけ，時間内にできるだけ多くの表現方法を教え，また収集する。こうした活動を通して，学習者は英語表現の交換を楽しみながら表現を覚えていくことができる。

　これらの小タスク 4, 5, 6 を一回の授業内で終えられるクラスとそうでないクラスがあるので，学習者のレベルに合わせて 2 回に分けて行ってもよい。

　英語表現を収集した後，教師は全英語表現を書き出したプリントを配布する。学習者はグループでハンドアウトに並べてある全英語表現を分析し，どのような文法ルールがあるのか，どのようにすれば覚えやすいか，を話し合う。その後全体に向けて，グループでの発見事項を発表する。あるグループは，「こうしたほうがいい？」の表現は "Is this better?" なので「こっちのほうがいいんじゃないか？」の表現は否定形に変えて "Isn't this better?" とすればいいのだと気づいた。別のグループは，「セリフを考えよう」という表現 "Let's decide the dialog." の dialog の部分を変えれば「〜を考えよう」という表現の型として他でも使えることに気づいた，など自分たちで表現を応用することができていた。また，自分の意見を主張したい時には "Let's" を使い，そうでない場合は "Shall we" を使うといいのではないか，そして，自分に特に意見がない時はこの表現を，反対意見ならこの表現を，といったふうに状況に応じて使い分けを説明していたグループもあった。

　教師がハンドアウト作成する時には，なるべく同じ文法事項の英語表現をまとめて並べることがポイントである。こうすることで学習者は文法ルールに気づきやすくなり，また教師が気づかなかった点まで発見することもできる。

英語グループ活動の指導（授業）4 回目
内容：小タスク 7：再アウトプット，フィードバック〈グループ活動〉
・書き溜めた英語表現をもう一度復習する。
・新たに編成した 4 人グループで再度「Picture Story」のタスクを行う。
・iPad でグループ活動を録画する。

・録画した動画をiPadで再生し，グループ活動中の会話を書き起こす。
・実際に使えた英語表現に蛍光ペンでマークしていく。
・小タスク1で録画した映像と小タスク7で撮った映像を各自がYouTubeで比較する。

　授業最終段階では新しいメンバー4人でグループを作り，タスク活動を行う。その様子を再びiPadを使って録画してiPadに保存する。ここでは録画した動画をその場で見て確認する。自分たちのグループ活動の様子を見ながら会話をスクリプトとして書き起こす。書き起こしが終わったら，小タスク6で書き溜めた英語表現（資料6）が使えていたかどうかをチェックし，使えていたら英語表現リストにハイライトする（資料7）。授業中に終わらなかった場合，続きは宿題として行う。教師は，これら小タスク1で行ったグループ活動と小タスク7で行ったグループ活動の録画映像をYouTubeにアップロードし，学習者自身が見て比較できるように準備をしておく必要がある。アップロードした映像のURLを学習者にメールで送ることにより，学習者

	Japanese	English
1	それでは始めます。	Let's start.
2	ひとつ付け足そう。	Let's add one more picture.
3	順番に…	Let's put it in order.
4	じゃんけんで決めよう。	Let's decide by …
5	あえて複雑な展開にしよう。	Let's make the story more complicated.
6	それでいこう！	Let's do that.
7	何かいいアイディアはありますか？	Do you have any good ideas?
8	このアイディアに付け加えるものはありますか。	Do you want to add to this idea?
9	どうする？	What should we do?
10	何を最初に決めればうまくいくかな。	What do we need to decide?
11	どっちの終わりが好み？	Which ending do you like?
12	どっちがいいかな。	Which is better?
	—省略—	

22	天罰を受ける	God's angry
23	水に飛び込む	Jump into the water
24	あやまってって海に落ちる	Fall in by accident
25	偶然, たまたま	By chance
26	一石二鳥	Kill two birds with one stone
27	陸に	On land
28	遠くに	Far away
29	びっしょり	Soaking wet

資料6　小タスク6クラス分をまとめた英語表現

```
Listening and write down    A group

Yuto:     Let's start.
Everyone: OK. Let's start.
Fumi:     what should we do?
Mitsuki:  my story first is F, a boy was fishing in the sea. He catched the fish but a
          cat was attached. Next is A, cat escaped with fish holded. Next is he didn't
          want to give up fish so jumped in the sea. He could catch, however it was
          not fish but cat. End.
F:        me, too. Very near. First is A.
M:          but my story, cat is not drown. Cat escape.
F:        I see.
M:        end I same.
F:        not same.
M:        a boy wanted fish but catch cat.
F:        I see. But my boy…my story's boy save this cat's life. Kind man.
          Arisa: my story, first this picture, one day a boy was fishing. He got big fish
          and said "I will eat this delicious fish!" suddenly a cat caught fish which
          was in a fishing rob. He was very surprised. The cat fun away from him
          with fish. The cat snatched his catch, he wanted to chase the cat but slipped
          on a rock into the sea.
F:        slip?
A:        but good form.
F:        accident?
M:        accident? But very good form.
A:        he was swimmer. Very good form.
Y:        a boy was fishing, he got a fish. Suddenly a ca stole his fish and the cat was
          running away but the cat accidentaly drowned. Bad conduct I always
          receive the judgement.
F:        last sentence?
Y:        bad doing is… this is judgement.
F:        god's angry?
A:        oh god's angry.
          What should we do? Which should we decide the first or last?
M:        the last? God's angry?
F:        which do you like?
```

資料7　フレーズリストと実際に使用した英語表現の照合

が書き起こしの続きを自宅でも行うことができるようにする。学生は書き起こしたスクリプトをワード文書にまとめて教師にメール添付で送る。

　以上のように，小タスク1から小タスク7までの段階を追いながら，頂上タスク「英語でグループ活動を円滑に行うこと」を目指したグループ活動の手順を紹介してきた。このグループ活動の授業は，授業4回または5回にわたって行うことができる。図1に依拠して，その手順をまとめる。まず指導1回目で小タスク1を行い，絵のストーリーを英語で作成する。その後グループで話し合って，ストーリーを完成させる小タスク2を行う。ここでは学習者はすでに持っている言語知識をアウトプットすることができる。そして指導2回目の小タスク3では英語母語話者のグループ活動の様子を比較・分析させ，学習者の気づきを促す。学習者はスピーチアクトに関する気づきや言語に関しての様々な気づきを得た後，小タスク4ではビデオ教材を使って英語母語話者が使う英語表現を繰り返し聞き，ディクテーションを行う。指導3回目は小タスク5でディクテーションの答え合わせをし，学習者自らのグループ活動を振り返り英語母語話者のものと比較・分析する。そし指導4回目は，小タスク6にて「言いたくても言えなかった英語表現」をグループで交換し，どのようにすれば覚えやすいかを考えながらインプットを繰り返し，言語を習得していく。最後の指導5回目では，引き続き英語表現を覚える活動で復習をした後，小タスク7でグループのメンバーを変えて再び同じ「Picture Story」のタスクにてアウトプットを行う。以前よりもグループ活動を英語で円滑に行うことができているかどうかを確認する。また，グループ活動中の会話を書き起こしてフィードバックを行う。以上の手順は，学習者のタスク進行状況を見ながら進度を調整していくことが大切である。

4. 実践の足跡
4.1　授業実践1——基本編

　上記の指導方法を2014年の春学期に，2つの大学で3つの異なる科目，なおかつ異なるレベルのクラス「リスニング＆スピーキング1」，「映画で学ぶ英語（英語プレゼンテーション授業）」，「英語ライティング1」の授業で実践した。どのクラスでも最初から英語を使って授業を進め，学習者が英語によるペアワーク，グループワーク活動に徐々に慣れるようにした。全授業の3分の1を終え，英語で行う英語授業に慣れてきた頃，iPad教材とハンドアウ

トを利用して英語によるグループ活動の特別指導を4回組み込んだ。この4回の指導は教科書の内容とは関連していない。

　まず結果から述べると，どのクラスでも小タスクから頂上タスクに至る過程でどんどんグループ活動に積極的に参加するようになっていった。これは学生のモチベーションが上がったためだと考えられる。たとえば，ある学生は，小タスク1のグループ活動では全く参加せず，「2人で決めて」と参加しない意思を伝える日本語表現を書いてハンドアウトを提出した。しかし，その「2人で決めて」という英語表現を知り，使ってみることで参加するきっかけができた。その学生は小タスクを積み重ね，グループで各自が得た英語表現を交換していく中で様々な英語表現を習得していった。小タスク7で再挑戦するころには真っ先に"Your turn."と言ってグループ活動をリードし，途中で"My turn."と言って自分のストーリーを紹介し，"Your story is the best.","I think so, too." など多くの英語表現を使って積極的にグループ活動に参加するようになっていた。

　また，英語のレベルが高い学生たちは知りたい英語表現が多く，相手に自分の意見を伝える表現や，提案するような表現「話の繋がりがおかしくなるよ」「あわてたような表現のほうが猫の心境っぽいよ」や，褒める表現「すごいですね，その考え」「あなたの話のほうがいい」など様々な日本語表現をリストアップし，より多くの英語表現を習得していった（加藤 2014）。

　以上の結果から次のことが言える。学習者が言いたい表現をリストアップした後，グループ内でその英語表現をクイズにして出し合い共有していくことで，学習者自身のレベルに沿った英語表現を習得することができ，「わからないことがわかるようになる」そして「使えるようになる」という達成感を得られる。そしてこの達成感が学習者のモチベーションをさらに高める。今後は教師が一方的に英語表現を配布して「覚えなさい」と指示するのではなく，「言いたい英語表現を集めてみよう」という指示に変えたほうがよいのではないかと考える。

　また，作成したビデオ教材に登場したイギリス人大学生の様子を分析する小タスクを多く取り入れたこともモチベーションを上げた要因の一つだったと考える。学習者がイギリス人大学生のグループ・ディスカッションを分析した結果，「メンバー全員が楽しそうに会話している」「身振り手振りが多い」「反応，あいづちが多い，」「日本人は人の話を最後まで聞くけどイギリス人は

聞かない」など，スピーチアクトの特徴である gesture, filler, turn taking 等の実例を見つけ出すことができていた。

　さらに，問題点と解決方法を見つけ出していく小タスク5も学生のモチベーションを上げたと考えられる。最初は「自分たちは臨機応変に対応できるほど英語力が高くない」という後ろ向きな意見があったが，のちに「まずは単語を覚えるしかない」と前向きな意見に変わった。単に言語知識の不足を嘆くのではなく，積極的に取り組めば自分たちでもできるのではないか，と意識を変えていくことができたと考える。また，小タスク1と小タスク7で録画した学習者のグループ活動を比較・観察してみると，彼らは積極的になっただけでなく，以前よりも大きな声で話せるようになったこともわかった。小タスクを積み重ねるうちに自信がついてきたのではないか。

　このように，授業実践1はモチベーションを上げることに役立っていることがわかる。そして，これらのグループ活動の指導を行った後は，それぞれ通常のリスニング授業，プレゼンテーション授業，ライティング授業に移るが，その授業でも引き続きグループ活動の機会を与えることが重要であると考える。何度も繰り返して表現を使うことにより，ますます円滑に英語でグループ活動が行えるようになると考える。

4.2　授業実践2——応用編

　上記の実践の応用編として，ライティングの教科書とリンクさせて英語グループ活動の指導を行った実践例を紹介する。授業実践1の基本編と異なる点は，グループによるタスク活動中の「気づき」と「分析」をそれぞれ英語で文章化し，最終的には「どのようにしたら英語でグループ活動ができるようになるか」を300語で書くことを第二の頂上タスクとして設定していることである。そのため，グループ活動をしていく中でライティングの教科書を使ってライティング指導もしている。つまり，学習者は全15回の授業を通して英語グループ活動の仕方を習得していくと同時に，英語ライティング力の伸長を目指していることになる。グループ活動自体がライティングのトピックとなっている特徴がある。

　実践の対象クラスは2014年秋学期の授業「英語ライティングII」，人文学部の選択科目クラスの2年生13名である。この授業は水曜日の1時間目に行われる科目であり，受講条件はTOEIC 500点以上である。早朝1時間目

(8:40 スタート) から英語のライティングを勉強したいという学生はもともと意欲があり, 英語力も高い。おとなしい学生, 陽気な学生が入り混じっていたので, まずは教室全体の雰囲気作りに努める必要があった。なお, テキストは *READ TO WRITE 3* を使った。学生には, 教科書は英語の書き方を学ぶ「参考書」として使用すること, 実際に英語で書く内容は自らのグループ活動自体の分析であること, 頂上タスクに向けて小タスクを重ねていくことを説明した。ここでは, 加藤 (2015a) をもとに全 15 回の授業を紹介する。

授業1回目
内容: オリエンテーション, 自己紹介

　著者は, 第1回目の授業では授業は英語で行うこと, A01〜F05 のカード

資料8　出席カード

を引いてくじ引きで席を決めること，出席カードを提出することなど，一通りの授業ルールを説明している。その後，出席カードの記入を行う（資料8参照）。出席カードは，A4裏表の紙に全15回の日程が書いてあるもので，自分の出欠席と授業の予定が一目でわかるようになっている。黒板に著者自身の自己紹介をしながら記入方法を説明し，記入し終えたらペアと自己紹介に入る。

　学生は毎回，授業の最初の5分〜10分はくじ引きで決まった新しいペアと自己紹介をする。毎回授業の最初に自己紹介を行うため，何度も繰り返し練習することができる。この出席カードにその日ペアと話した内容を記入し，授業の最後には授業の感想を英語で書いて提出させている。教員も学生の感想をもとに授業を改善していくことができるため，この出席カードは学生にとっても教員にとっても便利である。次回までにノートを1冊用意することを伝え，第1回目の授業を終えた。

授業2回目
内容： Chapter 1 "Getting ready to write"

　教科書を使って基本的なライティングの指導を行う。ライティング・プロセスについて指導した後，ここで独自にアクティビティを追加した。新聞記者になったつもりで，「ある有名人の自伝（autobiography）」を書くタスクを設定し，自分の人生を第三者的に書く。学生は生まれてから今までの自分の人生を振り返り，そしてこれからの人生を予測し，死ぬまでの人生を，「ある有名人の人生」として書く。授業では，まず過去から未来へと自分が思い描く理想の人生を西暦ごとに考え，夢を叶えたつもりで過去形にしてタイムラインを書かせた。タイムラインが完成したらペアでノートを交換し，コメントと質問を書いて返すことをグループ内で繰り返した。言語は日本語でも英語でもよいとしている。2, 3人にコメントと質問を書いてもらったら，寄せられた質問に英語で答える。この日の宿題は，それらの質問への回答を本文に追加し，パソコンのWordファイルに清書することである。完成したらメール添付で教師に提出する。提出されたWordの文章は添削を1回行い返却，学生は練り直して再提出する。授業の4回目あたりでクラス全員の自伝を印刷して配布する。学生たちは，印象に残った自伝ベスト5を選んで投票してこのアクティビティを終える。これは，グループ活動の指導のための準備段

階のアクティビティではあるが,「今後の人生を考えるきっかけとなった」と学生から好評である。また,どのレベルの学生も真剣に取り組み楽しむことができるライティング・アクティビティである。

授業 3 回目
内容: Chapter 2 "Writing Paragraphs"
　教科書を使って,パラグラフ・ライティングの指導をする。また,1 週間に 2 日分の日記を書く "1 Week 2 Journals" の課題を出す。

授業 4 回目
内容: ジャーナルチェック,Chapter 3 "Revising and Editing"　課題提出先 Dropbox の設定

〈1 Week 2 Journals ジャーナルチェックの手順〉
・学生は 1 週間に 2 日分の日記を書いて授業の準備をしておく。
・授業中,近くの席で 3 人組を作る。
・日記をメンバー内で交換し,その交換相手の日記 2 日分を読む。
・それぞれの日記に,1. Comment, 2. Question を英語で書いて別のメンバーに渡す。
・次のメンバーも同じく日記を 2 日分読み,1. Comment, 2. Question を書く。
・2 人に読んでもらったら日記を書いた本人にノートを返す。
・ノートが戻ってきたらそれぞれの Question に英語で答えを書く。
・グループのメンバーが質問の答えを書き終えたら,グループ内で答えを伝えあう。また,2 つのうち面白かった内容はどちらかを決めるディスカッションを行う。

　このジャーナルチェックは,授業 2 回目のライティング・アクティビティと同じく,書いた内容についてグループのメンバーからコメントがもらえること,内容について英語でディスカッションすることがライティングを楽しいものにしている。また,書きたかったことがきちんと伝わっていない,もっと詳しく書きたかった,などと振り返ることができる。そして,Question の答えを本文に追加することで日記の内容が深まり,より充実したライティングにすることができる。また,文法チェックもグループ内で行う。これら毎

回の課題を経験した学生は「週に2回日記を書くのは正直大変だったが，途中から自分の英語力が向上しているのを実感でき，あまり苦ではなくなった」と達成感を感じている学生が多く見られた。課題を忘れると一人寂しく日記を書くことになるため，学生は忘れずに課題をやってくるようになる。

　ここでさらに教科書を使って，どのように文章を直していったらいいのかを説明する。また，次回からジャーナルの清書は Dropbox に保存して提出するため，コンピューター室に移動し，英語で Dropbox 設定の説明をする。技術的問題もあるため，ここでは日本語を使ってお互いに手伝ってよいこととした。清書を Dropbox に提出することで常にノートは学生の手元にある状態になり，教員が1週間ノートを預かる必要はない。

授業5回目
内容：Chapter 4 "Writing Essays"
　教科書を使ってエッセイの書き方と Transition Signals を説明する。別チャプターに掲載されている Transition Signals も一緒に教え，ライティングの際には必要な時に必要な表現を自分で探して使うように指導する。

授業6回目
内容：グループ活動1回目〈小タスク1, 2〉　アウトプット
　ここからグループ活動の指導に入る。学生は本章の3.2で述べた小タスク1の絵カードを使って，ストーリーを作成する。小タスク2として，グループでストーリーを1つ作成する。その様子を iPad で録画した後，「英語で言いたくても言えなかった表現」をリストアップする。ここからのグループ活動は，活動自体がライティングのトピックになるということを学生にしっかり伝えることが大切である。

授業7回目
内容：Chapter 7 "Cause and effect essays" の分析
　学生は前回と同じグループで集まり，グループ活動を経験しての感想や意見を英語で話し合う。英語がうまく話せなかった場合の原因を話し合った後，教科書を使ってどのような英語表現を使って自分の意見を表現したらよいかを学ぶ。ここでは教師が教科書を使い明示的に説明する。学生はグループで

話し合ったことを文章化してくることが課題となる。

授業8回目
内容：グループ活動2回目〈小タスク3〉比較・分析，リスニング

再び同じグループで活動を行う。学生は課題のハンドアウトをグループ内で回して読む。グループで文法チェックをした後，提出する。次に，小タスク3に移る。学生はグループでiPadにインストールされているイギリス人のグループ活動の様子を字幕なしで視聴して，ハンドアウトに日本人とイギリス人のディスカッションの違いをまとめる（実践1の資料3）。その後，穴埋めディクテーションハンドアウト（実践1の資料2）を配布し，ディクテーションを行う。授業中に終わらなかった分はYouTubeを見て穴埋めしてくることを課題とする。

授業9回目
内容：グループ活動3回目〈小タスク4, 5〉分析，リスニング

小タスク4から始める。イギリス人学生のグループ活動の映像を字幕付きで見て課題の答え合わせをする。クラス全体で答え合わせをするのではなく，各グループで再生して確認しながら細かく答え合わせをしていく。その後小タスク5を行う。自分たちのグループ・ディスカッションの様子を分析してハンドアウトに英語または日本語で記入し，ライティングの準備とする。

授業10回目
内容：Chapter 8 "Comparison and contrast essays" +〈小タスク6〉比較・分析

教科書を使って，どのような英語表現を使って日本人とイギリス人のディスカッションの違いを表現したらよいかを指導する。その後，学生は，再びグループで話し合い，文章を作成する準備ハンドアウト（資料9）にメモをする。そして，イギリス人と日本人学習者のグループ活動の差異を考察する冬休み課題を出す。その後，「言いたくても言えなかった英語表現」の英語訳を返却し，学生は共有しながら暗記していく小タスク6を行う。10回目の授業の後は冬休みに入るため，休み中に英語表現を覚えてくることを課題として出す。

第8章 小グループが英語で打ち合わせ，英語でプレゼンテーションできる指導　221

```
Write an Essay about Group discussion    No.    Name

Memo: UK students と Japanese student の比較
      ① discuss the similarities ② discuss the differences
      最初のパラグラフで似ている点，次のパラグラフで異なっている点

      最後に…もっと上手に話したいなど

Title: The comparison of our group and British group
   I found similarities and differences between our group and
British group, so I want to compare the two groups.
   First, I noticed that these groups have two same points.
1. Both our group's members and British group's members often
   nod when partners talk about their opinions.
2. Our group's members share each opinions, and British group's
   members do, too.
   Secondly, I noticed that these groups have four different points.
1. Although our group has a lot of silent time, British group is
   rather lively.
2. Our group's members often smile wryly, but British group's
   members sometimes laugh loudly.
3. Our group's members speak with quiet voices. However, British
   group's members speak with loud voices.
4. We aren't able to speak English fluently. In contrast, UK
   students can speak it very well. These differences may be an
   unavoidable thing, but I want to manage to overcome this wall.
   Finally, I understood what I should do. It's an improvement
of a conversation in English. So, I want to refer to the skill
of UK students. I do my best in order to speak English better.
```

資料9　小タスク6 比較分析結果のライティング課題

授業11回目
内容：グループ活動4回目〈小タスク6〉言語習得活動，インプット，インテイク，中間言語体系

　冬休み明けのため，授業10回目の続きの英語表現のインプットを行う。自分が必要だと思う表現を選択し，ペアを替えながら問題を出し合い確実に英語表現の習得を行う。

授業 12 回目

内容：Chapter 9 "Problem solution essays" 比較・分析

　教科書を使って Problem solution essay の書き方を指導する。学生はグループ活動における問題点をグループで話し合い，解決方法を英語でまとめる。さらに，頂上タスク「グループ活動を英語で円滑に行うこと」に向けてより具体的な案を挙げさせる。ここで，最終ライティング・テストのトピックスは "How to have a group discussion in English better" であると伝え，グループ活動の分析結果と考えを 300 語でまとめるために，今までのライティングを返却する。そして，ライティング・テストの準備を始めさせる。

授業 13 回目

内容：グループ活動 5 回目〈小タスク 7〉アウトプット

　新しい 4 人組を作り，グループでの「Picture Story」タスクをもう一度行う。小タスク 1 と同じく，iPad を使ってグループ活動の様子を録画する。小タスク 1 の様子と比較・分析をする。また，スクリプトの書き起こしをする課題を出す。

授業 14 回目

内容：復習〈小タスク 7〉フィードバック

　グループでそれぞれが書き起こしてきたスクリプトをチェックする。また，「言いたくても言えなかった表現リスト」と比較して，実際に言えている箇所に蛍光ペンでマークする（実践 1 資料 7）。

授業 15 回目

内容：〈頂上タスク〉300 語試験

　最終授業では頂上タスクとして "How to have a group discussion in English better" をテーマに，今までのライティングのスキルを使ってグループ活動を振り返りながらライティング・テストを行う。試験時間は 1 時間である。

まとめ

　これまで述べてきた「授業実践 2 応用編」を簡単にまとめると次のようになる。学習者は小タスク 1～7 を通してグループ活動を円滑にするための方

法を分析し学んでいく。それらのタスクごとに教科書 READ TO WRITE 3 の Chapter 1, 2, 3, 7, 8, 9 でライティング・スキルを学びながら分析結果や考えを文章化していく。最終的に頂上タスク "How to have a group discussion in English better" のライティング・テストで自分の考えを 300 語でまとめる。

この授業を終えての学生の感想を紹介する。

・「自分たちのディスカッション能力の足りなさを知ることができた。英国人のディスカッションと比較できたことは今後のスキルアップにつなげることができるかもしれないと思った。」

・「英語ライティングの授業だったので，最初はひたすら英文を書き続ける授業だと思っていましたが，iPad を使ってビデオを撮ったり，授業の初めに自己紹介のトークがあったりとスピーキングの要素が含まれていたのでより多角的に英語が学べてよかったです。」

このように，授業形態の新鮮さとネイティブ・スピーカーのグループ活動の様子に関しての感想が一番多かった。また，「実際に英語だけを使ってディスカッションを行うというのは今までやったことがなかったので，いい経験になった。友達とではなく知らない人とやったほうが，うっかり日本語を話してしまうことが少ないのでよいと思う。自分のスピーキングの能力を知ることができるよい機会だったので，これからも続けて欲しい。」など，くじ引きでのグループ編成に関して，著者が気づかなかった意外な効果もあった。しかし，次のような反省点も見つかった。

・「毎週の日記を書き続けることはスキルアップにつなげることが出来たと思う。ただ，授業中に文法チェックをお互いにする時に，遠慮してしまい，ペアのミスを指摘しづらい雰囲気があった。なので，文法チェックの方法をもっと工夫すればよいと思った。」

このような意見を書いてくれる学生は大変貴重である。この学生はジャーナルの内容だけでなく，文法にも目を向けるようになっていることがわかる。それだけ学生は授業に真剣に取り組んだと言えるだろう。この点に関しては，2015 年度の春の授業からは改良を行い，ジャーナルチェックにも細心の注意を注いだ。学生の日記の添削では，文法チェックのためのキーワード，WW (Wrong Word), WO (Word Order), Gr (Grammar) などを使い，学生が自

分のエラーに気づくよう工夫した。もう一つ，筆者にとって気になる意見があった。

・「ディスカッションでは自分の持っている英語力の限界で話すため，新たな英語力，語彙力が付くかは疑問に思った。」

このような意見が出た原因として，インプットの時間が足りなかったことが考えられる。そこで，同じく2015年春の実践では，インプットの時間をより多く取るよう改良した。また，グループ活動中の会話の書き起こしをして，英語表現が使えたかどうかを確認する活動があることをあらかじめ伝えておくことにした。学生たちには英語力が向上したことを目で見て実感できるようにする工夫が必要である。

ライティング授業を実践してみて，クラスの雰囲気について考察したい。このクラスは，おとなしい学生と賑やかな学生がはっきり分かれているクラスであった。普段おとなしい女子学生はグループで話すことを苦手とする傾向があり，授業自体がストレスにならないか気になっていた。しかし，次のような感想をもらった。

・「グループ・ディスカッションをして，それを分析する方法はよいと思いました。英語のライティングの授業というと，今まで長文を読んで，意味を調べて，日本語訳をつけるというようなものだったのですごく新鮮でした。この方法なら本当に自分の欠けている点がわかったように思います。特にネイティブ・スピーカーの実際の映像を見たことはすごく勉強になりました。毎週のダイアリーは最初の頃は少し大変だったのですが，週末に書くと決めて書くようにしたら習慣化していきました。少し大変な面もあるけれど，自分の一週間を振り返るという意味ではすごく効果的で良いと思います。この授業はiPadを使う等今までにない授業で楽しかったです。」

このように，おとなしい学生にとってもグループ活動は刺激のあるものであり，それによってさらに勉強意欲も喚起されるのではないかと考える。以下はこの学生のライティングを引用したものである。自分の声の大きさなどにも少し触れており（下線），グループ・ディスカッションと自分自身の分析ができている様子がうかがえる。

I am going to speak what I learned through an English activity. I found that English was difficult through it because using English only, we discussed. There were 4 major steps involved discussions. First we made a story with 4 pictures. Then we made a group of 4 and made a better story. Next we analyzed the discussion watching the English students' discussion. At the last we tried a group discussion.

　First I would like to refer to the different and common points between English students and us. There was the difference in how to communicate with members. For one thing, English students required and asked the others' comments or ideas as well as insisted own opinion. For example, they frequently used the expressions of suggestions, agreements and compliments and also. On the other hand, we tended to conform in with the better idea. If there was a good idea, we agreed and didn't say suggestions too much. Then as the point in common, all members took a effort to make a better story together. And they and we enjoyed communication and talking. Thus, I found the different aspect and the common aspect.

　Next, I am going to refer to some problems which I found through the activity. There were 2 problems mainly. At first one of our problems was we didn't know a lot of English words. In other words, we were poor in vocabulary. It was a serious problem Because we couldn't say what we wanted to say. To solve this problem, we have to study more. And it'll be effective to make a list unknown words and check these meaning. In addition English book or drama will make us got used to English more over. <u>Then what was my problem was the volume of speaking. Of course I must try to speak more loudly. And it is important not to fear taking mistakes.</u> Above all, I found not only differences but also my problems. In my opinion, it was effective to compare English students and us as I could found our problems or needed skill clearly. And I thought these would lead us to new step of English. Like this, I could learn many important things. And I'll refer to that the discussion is one of the good ways to study English. Eventually I have some problems I should improve. And

> there are many unknown things about English yet. However I'll required an certain English skill in the future. So it could be said that it is important not to forget what I learned through the activity and the classes. And it'll be needed to continue studying. So I have to strive to learn English moreover. (449 words)　　　　　　　　　　（学生作品の原文どおり）

資料10　学生のライティング・テストでの作品例

5.　最後に

　本章では，教材作成の方法や指導方法の基本概念，そして小タスクから頂上タスクへと至る知的意見交換活動と，その実践例を2つ紹介した。実践1ではアウトプットからフィードバックに至る過程でビデオ教材を使って様々な能力を習得できる基本的な指導方法を紹介した。また，実践2では基本編に教科書やライティング指導を組み込み，応用編として例を紹介した。

　ここで教材に関して少し述べたい。これからの英語授業では，iPadのように録画機能と再生機能ができる電子機器を有効に使うことを考える必要がある。動画でネイティブ・スピーカーの英語を見ることができ，録画してすぐに再生できることはフィードバックに役立ち，学習者のモチベーションも上がる。特に，iPadは一人一つずつ持って利用するよりも，4人以下のグループで一緒に視聴することで，意見を出し合う機会が増えると考える。また，教師にとっての利点も大きい。従来，グループ活動中はなかなか一人一人にまで目が届かないため，教師が学習者の行動を確認することができなかった。つまり，グループ活動に参加している学生，していない学生を把握することは難しかった。しかし，iPadの録画機能を使えば学習者が授業に参加しているかどうかを再生機能で確認することができ，グループ活動における問題点の1つを解決できるのではないか。なお，iPadを使う際にはグループ活動終了時間をしっかり決めて時間内に終わらせること，早く終わったグループは次に何をしたらいいのかあらかじめ伝えること，などに留意しておく必要がある。

　最後に，ビデオ教材に関して述べると，現在のところ，英語母語話者が学習者と同じタスク活動を行っている動画教材は著者が録画したもの以外には入手できないという問題がある。今後多くの教室で使用してもらえるように，

引き続きタスク活動のモデル教材を作成し続けていきたい。そして，できるだけ多くのご意見をいただき，その効果のデータをもとにより良いグループ活動の比較分析の授業を作成していきたいと考えている。

〈引用文献〉

和泉伸一 (2009).『「フォーカス・オン・フォーム」を取り入れた新しい英語教育』大修館書店.

加藤和美 (2014).「グループ活動を英語で―英語母語話者のグループ活動をモデルにした教材」『中部地区英語教育学会紀要』*44*, 157–162.

加藤和美 (2015a).「グループ活動を英語で―英語母語話者のモデル教材を使ったライティング授業実践」『中部地区英語教育学会紀要』*45*, 177–184.

加藤和美 (2015b).「グループ活動を英語で行うための指導―実践報告と今後の課題」『JACET 中部支部紀要』*13*, 101–110.

Blanchard, K. (2010). *Ready to Write* (Third Edition). Pearson Education.

Kazumi.eigo "How to make a group discussion: UK students" Online video, YouTube, 2014. 5. 27. https://www.youtube.com/watch?v=9upldxabH8s

三浦孝 (2006).『ヒューマンな英語授業がしたい！』研究社.

Martínez-Flor, A. (2010). "Suggestions" In A. Martínez-Flor and E. Usó-Juan (Eds.) *Speech Act Performance* (pp. 257–274). Amsterdam: John Benjamins.

Swain, M. (2005). "The output hypothesis: Theory and research." In E. Hinkel (Ed.) *Handbook of Research in Second Language Teaching and Learning* (pp. 471–473). Mahwah, NJ: Lawrence Erlbaum.

図4: iPadはグループで使う

図5: スプリッターを利用して4つのイヤフォンを繋げる

第Ⅲ部

試作教材
『Trinity English Series Book 1』
を使った授業実践

　第Ⅲ部には，私たち生き方が見えてくる高校英語授業改革プロジェクトの提案する知的・論理的英語力育成のための8つの指導原則（第1章に詳説）を具現化して開発した自主編成教材『Trinity English Series Book 1』を使用して行った2つの実践報告を掲載している。それは，

　第9章「『Trinity English Series Book 1』を使った高専での実践」
種村綾子（岐阜大学）

　第10章「英語を通してより豊かに生きることにつながる授業」
鈴木章能（長崎大学）

である。実際に高専2年（高校2年生に該当）と大学1年生を対象に行った実践の報告である。

　なお，この2つの授業に使用したテキスト『Trinity English Series Book 1』（浜島書店）とその指導書・ワークシートは，紙面の都合で本書に掲載することができない。代わりにそれらの電子版を「生き方が見えてくる高校英語授業改革プロジェクト」の英語版ホームページ（http://homepage3.nifty.com/newmiurapage/）に掲載しているので，関心をお持ちの方はそちらをご参照いただきたい。上記のホームページには，さらに『Book 2』『Book 3』の電子版も掲載している。

第9章

『Trinity English Series Book 1』を使った高専での実践

種村　綾子
(岐阜大学)

1. 筆者の自己紹介と実践にあたっての問題意識

　筆者は，8年前まで約5年間，高校で英語を教えていたが，教科書を訳読し，大学入試で頻繁に問われる語彙や文法事項を説明し，それをドリル的に覚えさせるという授業が本当に生徒のためになっているのかという不安を常に抱えていた。8年前に，この問いに対する自分なりの答えを見つけるために，大学院で英語教育学を学び直すことにした。

　大学院での研究過程で，20世紀後半に世界の言語教育で注目された言語教育アプローチの一つである "Humanistic Language Teaching" (HLT) に出会った。HLTは，Carl Rogers の Humanistic Psychology が土台となり発展したアプローチで，学習者を単なる言語の教授対象者として見るのではなく，学習者を情意的・社会的・自己実現的側面を持った全人的・社会的存在 (Whole Person) として捉え，それを尊重する「Whole Person 尊重の態度」を基本理念としている。研究を進めるにしたがって，HLT の基本理念である Rogers の「Whole Person 尊重の態度」を具現化した英語教育こそが，筆者が目指す「学生のためになる英語教育」であると考えるに至った。この英語教育アプローチは「英語の習得を第一目標としながらも，学習の過程で，学習者を人間的にも成長させることができる英語教育」であり，筆者はこれを "Whole Person-Process Oriented Approach"（種村・三浦，2011）として提案した。

　大学院修了後，大学や高専の非常勤講師として英語教育に携わり，この原理に立つ英語教育を目指して実践を行ってきた。『Trinity English Series Book 1』（永倉・伊佐地，2013a）の発刊を知り，これは筆者が学習者のためになると考える "Whole Person-Process Oriented Approach" に基づいた授業を具現化することのできる教材だと考えた。約8年ぶりに，高校生2年生にあたる

高専の学生を担当する機会をいただき，この教材を使用し，英語力の向上を第一目標としながらも，その目標に到達する過程で学生たちの人間的成長に貢献することができる英語の授業を目指して実践を行った。

「生き方が見えてくる英語授業」をテーマにした『Trinity English Series Book 1』の試用実践は筆者にとって，以前に行っていた大学受験合格のみを目標とし，教科書の本文を逐一和訳し，重要表現を効率的に覚えさせることに全精力を注ぐ英語教育からの脱却に挑戦するという意味で，新しいチャレンジとなった。

2. 授業で追求した目標

『Trinity English Series Book 1』収録の単元 "The Gift of the Magi" では，学生全員が物語を十分に理解し，登場人物と自分をリンクさせて「もし自分が主人公だったらどうするか」という問いに英語で答える頂上タスク1, 2（p. 239「第5回授業」参照）に取り組むことを目標とした。

「ジョンとヨーコが描いた平和の世界を知ろう！」の英語の歌の単元では，作者（歌手）が歌に込めたメッセージに思いを馳せ，情感を込めて歌を歌うことを目標とした。

3. 授業の設計
3.1 対象クラスの概要
- 国立高等専門学校　第2学年　3クラス
- 学生数合計：128名（44名（男子42 / 女子2），42名（男子29 / 女子13），42名（男子27 / 女子15））
- 授　業　名：英語C（1週間当たり90分1回，前期は1年生の続きの文法のテキストを行い，後期に，本実践とコミュニケーション活動を行った。学生はこの授業の他に英語A（通年）と英語B（後期のみ半期）をそれぞれ週に1回ずつ受講している）
- 学生の特徴：入学時の学力は比較的高く，自立した学習者が多い。しかし基本的な文法が理解できておらず，英語が苦手な学生が各クラス2〜5人いる。

3.2 実践期間

2014年10月〜2014年11月まで，90分授業を週1回。合計7回。うち本教材の試用実践は，62分×1回，65分×3回，90分×3回。

3.3 使用教材

『Trinity English Series Book 1』（教材本体と指導書，ワークシート）

補助教材として PENGUIN READERS Level 1: *The Gift of the Magi and Other Stories* の付属音声 CD。

3.4 指導計画表

"The Gift of the Magi" の指導計画は，原則的に教材付属の指導書（永倉・伊佐地，2013b）の指導プラン例に従い作成した。「ジョンとヨーコが描いた平和の世界を知ろう！」の単元は，時間数と中間試験の関係上，指導プランの一部のみ使用した。英語 C は通年科目であり，教科書の他に，定期的にコミュニケーション活動を行っている。そのため，下記の内，1〜4回目の授業は，授業開始から65分で『Trinity English Series Book 1』を学習し，最後の25分間をコミュニケーション活動に充てることにした。5〜7回目の授業は90分間すべての時間で『Trinity English Series Book 1』を実施することとした。

表1 『Trinity English Series Book 1』指導計画表

回	月日	教材	テキスト範囲	主な授業アクティビティ
1	10/3 (65分)	"The Gift of the Magi"	Introduction テキスト pp. 1–3	・テキスト内容について Oral Introduction で概要を話して聞かせる。 ・物語の大まかな流れがわかる映像を見る。 ・本文のCDを聞き，テキストに書かれている挿絵を順番に並べる（本章付録資料1参照）。 ・英文理解のための質問作り（タスク1）のやり方の説明を聞き，各自で質問を作ってみる（本章付録資料3参照）。

2	10/10 (62分)		Part 1 テキスト pp. 4–5 ワークシート集 （永倉・伊佐地， 2013c）p. 2	・CD を聞き，本文に目を通す。 ・宿題で作成した英文の内容理解のための質問を，グループで確認し合い，発表する。（タスク 1） ・1 回目の授業で並べた挿絵を再び並べ換える。 ・本文に登場する重要な物品の金額を表にまとめる。 ・理解を深めるための内容質問に個人またはグループで答える。 ・本文を音読する。
3	10/17 (65分)		Part 2 テキスト pp. 5–6 ワークシート集 p. 3	2 回目の授業と同じ。（タスク 2）
4	10/31 (65分)		Part 3 テキスト pp. 7–8 ワークシート集 pp. 4–5	2, 3 回目の授業と同じ。（タスク 3） ・本文の概要を表にまとめる。（タスク 4）
5	11/7 (90分)		頂上タスク 1, 2 テキスト pp. 10–11 ワークシート集 pp. 6–7	・全文の CD を聞き，本文に再度目を通す。 ・頂上タスク 1（p. 239 参照）を個人で考えて書く。 ★書いた答えをペアで質問し合う。 ★教師が指名したクラスメイトの答えを皆でシェアする。 ・頂上タスク 2（p. 240 参照）を個人で考えて書く。 ★4 人グループに分かれ，答えを発表し合う。
6	11/21 (90分)	↓		・この物語のタイトルの由来について考える。 ★教師がまとめた頂上タスク 1 と 2 の学生の作品集を読みクラスメイトの考えを共有する。 ・教師が "The Gift of the Magi" の原著版の最後部分を音読するのを聞き，筆者の考えを理解する。

		「ジョンとヨーコが描いた平和の世界を知ろう！」	"Imagine" テキスト pp. 17–24	・テキスト内容について Oral Introduction で概要を話して聞かせる。 ・テーマに関する文章を読み，T/F 形式の問いに答える。 ・上記の文章を音読する。 ・ジョンとヨーコが出ている "Imagine" のプロモーションビデオを見る。 ・"Imagine" を聴き，Activity 2, 3 を行う。 ・"Imagine" を歌い込む。
7	11/28 (90分)		"What a wonderful world!" "Happy Xmas" テキスト pp. 23–30	・テキスト内容について Oral Introduction で概要を話して聞かせる。 ・Activity 8, 9 を行う。 ・"Happy Xmas" を歌い込む。 ・テキスト内容について Oral Introduction で概要を話して聞かせる。 ・ルイ・アームストロングのメッセージを聞く。 ・ルイ・アームストロングのメッセージの内容理解。 ・ルイ・アームストロングが実際に "What a wonderful world!" を歌っている映像を見る。 ・Activity 16, 17 を行う。 ・"What a wonderful world!" を歌い込む。 ・教師が『世界がもし 100 人の村だったら』（池田，2008）を英語と日本語で読むのを聞く。

※上記の表中の★は，学生が感想・意見を交流するタスクを表す。

4．実践の足跡（授業記録）

第1回授業（10月3日）

本時の教材："The Gift of the Magi"

本時のねらい："The Gift of the Magi" の物語の背景を理解し，あらすじをつかむ。

本時の授業内容と時間配分（65分）：

①教師のOral Introductionを聞き，質問に答える。（10分）

②本文のCDを聞いた後，ストーリーに合うように物語の挿絵（本章付録資料1）を並べ換える。（15分）

③物語の大まかな流れがわかるYouTubeの映像（guclugundogdu, 2014）を見る。（10分）

④本文のCDを聞きながらテキストの英文に目を通す。（10分）

⑤4人グループになり，挿絵の順番を確認する。（3分）

⑥グループを指名し，代表者は黒板に貼ってある挿絵を，本文に沿って並べ換える。（3分）

⑦このテキストで行う内容理解活動についての説明を聞く（逐語訳はしない，ストーリーを理解する上で重要な事柄を見つけ，それを問うQ＆Aを作成し，出来上がったQ＆Aを学習することで内容を理解していく）。（4分）

⑧Part 1のQ＆A（タスク1：提示されている答えを引き出すような質問文を英語で作る［本章付録資料3］）をいくつか各自でやってみる（Part 1のみワークシート集にQ＆AのAが書かれているのでQを作成する練習をする）。この際，疑問文の作り方についても復習する。（10分）

※宿題：授業中にできなかった質問を作成する（タスク1を仕上げる）。

学生の様子：

　最初，各自でQ＆A（タスク1）をやってみたが，学生たちは，どのような質問文を作ればその答えが引き出せるのかがなかなか思い浮かばず，浮かんだとしてもそれを英語で表現することに大変苦労していた。そのため，疑問文の作り方の復習及び疑問詞の確認を行ったが，それでも疑問詞の選択や疑問文の語順，DoやDoesの使い方などに多くミスが見られた。

教師の振り返り：

　補助教材としてPENGUIN READERS Level 1の *The Gift of the Magi and Other Stories* の音読CDを聴かせた。比較的易しい英文なので，学生はCDの音声のみでだいたいの内容がわかるだろうと予想していたが，この段階では，ほとんどの学生があらすじをつかむことができなかった。その後，大まかなストーリーがわかるように作られたYouTubeの映像（guclugundogdu, 2014）を見せると，ようやくほとんどの学生があらすじを理解することがで

きた。そして，もう一度本文のCDを聞きながらテキストの英文に目を通し，再度あらすじを確認させた。このように，このテキストの指導プランでは，「CDを聴く」→「映像を見る」→「CDを聴きながら英文に目を通す」という3つの方法で段階的に内容理解を促し，その後，本文の内容に合うように挿絵を並べかえるという確認作業を行うので，最終的に学生全員が物語のあらすじをしっかりと把握できる。全員がそろって次のステップ（タスク1）に進むことができるという安心感があった。

内容理解活動であるQ＆A（タスク1）では，内容理解のQuestionには答えることができるのに，自分で物語の重要な個所を探し出し，それに対する問い（Critical Reading Questions）を作るということができない学生の多さに驚いた。これまで学生たちは，受け身で授業を受けてきたのだと改めて感じた。また，英語で正しく疑問文を作ることができない学生の多さにも驚いた。中学校で，比較的優秀な成績を取り，高専に入学してきた学生たちがこれほどまでに疑問文が作れないというのは衝撃的であった。英語で会話ができるようになるには，相手の話に対して英語で質問をすることが必須である。本文の内容理解だけでなく，英語の質問文を作る訓練となるこの活動は学生たちの英語コミュニケーション力の向上にも非常に役立つと感じた。

第2回授業（10月10日）
本時の教材："The Gift of the Magi"（Part 1）
本時のねらい：Part 1の内容を理解する。
本時の授業内容と時間配分（62分）：
①本文のCD（本日学習するPartのみ）を聞きながらテキストの英文に目を通す。（3分）
②4人グループに分かれ，前時の宿題でやってきた内容理解のための質問（タスク1）を発表し，一番良い質問を考える。この際，英文の4大要素（SVOC）をマークした英文を参照する。（10分）
③グループで考えたQ＆Aを，クラスで発表する。（15分）
④本文に述べられている重要な物の値段の表を黒板に書き，確認する。（4分）
⑤内容理解のための追加質問（事実発問・推論発問）に答える。この際，本文のどの英文からそれが読み取れるかについても考える。（13分）
⑥前時に並べ換えた挿絵の順番がストーリーに合っているか再度確認する（本

時の Part のみ）。(2 分)
⑦本文を音読する（教師の後についてコーラス・リーディング，個人で音読，ペア同士で音読を聞きあう，CD に合わせてパラレル・リーディング）。(15 分)
※宿題：Part 2 の内容理解のための Q & A（質問と答え）を作る（タスク 2）。

第 3 回授業（10 月 17 日）
本時の教材："The Gift of the Magi"（Part 2）
本時のねらい：Part 2 の内容を理解する。
本時の授業内容と時間配分（65 分）：
①前回学習した本文の CD を聴く。この時，黒板に挿絵をストーリー展開の順番に貼っていく。(3 分)
　その後，第 2 回目授業と同手順で Part 2 を学習。(62 分)
※宿題：Part 3 の内容理解のための Q & A（質問と答え）を作る（タスク 3）。

第 4 回授業（10 月 31 日）
本時の教材："The Gift of the Magi"（Part 3）
本時のねらい：Part 3 の内容を理解する。物語の内容を表にまとめて理解を深める。
本時の授業内容と時間配分（65 分）：第 3 回目と同手順で Part 3 を学習。
学生の様子（第 2～4 回授業）：
　宿題で考えてきた内容理解の質問を 4 人グループで見せ合い，良い質問を 5 つ選ぶという活動を行った。学生たちは，お互いに間違いを指摘したり，教え合ったりしながら積極的に質問を作っていた。
　内容理解の質問を作る活動の後，指導プランの「Part 2 の質問例」（本章付録資料 2 参照），「Part 3 の質問例」にある内容理解のための追加質問（事実発問・推論発問）を英語と日本語で行った。事実発問は，テキストに直接示された内容を読み取らせる発問であるため，すんなりと答えが出た。推論発問は，テキストに記述された情報をもとに，テキストには直接示されていない内容を推測される発問であるため，答えるのにも時間がかかり，わからない時にはグループで相談したりしていた。

学生が作ったQ&Aの例:

- How much money does Della have?（答：$1.87.）
- How many days does Jim work a week?（答：6 days a week.）
- Were Jim and Della happy?（答：Yes, they were.）
- Who gave him the gold watch?（答：His father did.）
- Who(m) did Jim get the gold watch from?（答：His father.）
- What did Della sometimes ask Jim?（答：The time.）
- Where is Mr. Sofronie's store?（答：On First Street.）
- Where did Della have her hair cut?（答：At Mr. Sofronie's store.）
- How much did Mrs. Sofronie buy Della's hair for?（答：For $21.）
- Why was Della happy?（答：Because she had the gold chain for Jim's watch.）
- What time does Della hear Jim at the door?（答：At 7 o'clock.）
- Where is Jim's watch?（答：In the window of the store near his office.）
- How was Jim when he saw Della's short hair? (How did Jim react when he saw Della's short hair?)（答：He wasn't angry, but he was quiet.）
- Why did she know the combs?（答：Because she saw them every day in a store window on Fifth Street.）
- Why are they going to have a happy Christmas?（答：Because they understood about their special gifts.）
- What do Jim and Della have now?（答：A lot of love.）

教師の振り返り（第2〜4回授業）：

　筆者は，これまで推論発問をあまり行ってこなかったが，今回の実践では，推論発問を重ねるごとに"The Gift of the Magi"のストーリーが学生の中に染み込んで行くように感じた。このような学生の反応を目の当たりにし，表面的な字面だけの本文の理解ではなく，内容を深く考えさせる発問の大切さを実感した。

　しかし，どのように推論発問をするかという点については，課題が残った。指導案には，推論発問は日本語で記されているが，これを全てそのまま日本語で学生に発問すると一時的に国語の授業のようになってしまう。授業では，英語を使って質問をした場面もあったが，完全に英語のみで行うと，理解できない学生が出てくるため，英語と日本語で交互に発問を行った。今後，推

論的質問の効果的な提示方法を考えていく必要があると感じた。

筆者は，この教材で初めて，日本語訳読式ではない内容理解活動を行ったが，本文を一文ずつ日本語に訳さなくても，挿絵を並べ換えたり，重要事項を表にしたり，Critical Reading Questions を作ったり，推論発問をしたりすることで，本文の内容理解させることができるということを実感した。

第5回授業（11月7日）

本時の教材： "The Gift of the Magi" (Part 1～3)
本時のねらい：ストーリーの核となる情報を表にまとめて物語の理解を深める。物語の内容を自分自身の人生と関連させて理解する。
本時の授業内容と時間配分（90分）：
① 本文の CD を聞きながら英文 (Part 1～3) に目を通す。この際，本文のストーリー展開に合わせて挿絵を黒板に貼る。(10分)
② Jim と Della がお互いのためのクリスマス・プレゼントを決めた理由とお金の工面などについて表にまとめさせる（タスク4）。(8分)
③ 表にまとめた内容を発表する。(4分)
④ 頂上タスク1（下記参照）を提示する。(2分)

> 「あなたは，Jim / Della です。明日はクリスマスなのにお金がありません。でも，愛する Della / Jim にプレゼントを贈りたいと思っています。あなたならどうしましたか？」という問いに，日本語と英語で答える。男子は Jim，女子は Della の立場になって考える。英語の書き出しは，"If I were Jim (Della), I would" とワークシート集に印刷されている。

⑤ 頂上タスク1に取り組む。(10分)
⑥ 頂上タスク1の答え（英語）をペアで質問し合う。ペアを変えて何度か行う。(10分)
　質問： "If you were Jim (Della), what would you do?"
　質問が終わったら，お互いの書いた英文を添削し合う。(2分)
⑦ 教師の指名により，何人かが全体の前で発表する（ペアで質問し合っている間に，全体の前で発表してもらう作品をあらかじめ選んでおく）。(5分)
⑧ 頂上タスク2（下記参照）を提示する。(2分)

> 「Jim は給料が安く，Della は無職，収入の 40％ はぼろアパートの家賃に消え，毎日赤字の生活。でも，二人は愛し合っている。あなたは，Jim と Della のように暮らしたいと思いますか？ そして，それはなぜですか？」という問いに日本語と英語で答える。日本語，英語とも書き出しはワークシートに印刷されており，日本語は，「私は，Jim と Della のように暮らしたいと（思います・思いません）。その理由は〜」，英語は "I would (not) like to live like Jim and Della, because" となっている。

⑨頂上タスク2に取り組む。(15 分)
⑩4人グループで発表させる。発表はお互いに質問し合うようにする。(10 分)
　質問："Would you like to live like Jim and Della?"
　　　　(Yes / No) "Why? / Why not?"
　発表が終わったら，お互いの書いた英文を添削し合う。(2 分)
⑪教師の指名により，何人かが全体の前で発表する（ペアで質問し合っている間に，全体の前で発表してもらう作品をあらかじめ選んでおく）。(10分)
※教師は最後にワークシート集を回収し，学生の作品をコピー，切り貼りした作品集を作成した。

学生の様子：
　頂上タスクに自分で答えた後，グループで答えを発表し合う場面では，皆，堂々と発表し，発表を聞いた学生たちからは共感や驚き，尊敬などのリアクションが見られ，充実した意見交換になった。グループ発表が終わった後，全体の前で何名かを指名し，答えを発表してもらった。全員がクラスメイトの答えに真剣に耳を傾け，一体感のある授業になった。

学生の作品の例（頂上タスク1）：

If I were Jim,
　・I would do the same thing as Jim.
　・I would cook dinner for Della.
　・I would sing a love song for her.
　・I would buy a playing card and play magic to her.

- I would borrow some money from my parents.
- I would take her to the top of the highest building at the time, show the beautiful night view of NYC and tell her my love.
- I would make a wool hat for her and give it.
- I would write a letter this year and save a money for the next Christmas.

If I were Della,
- I would write a letter to him and tell my appreciation to him.
- I would cook his favorite dish.
- I would make a cake and blow up a balloon and full of balloons in room.
- I would work part-time and get some money.
- I would give something of mine.

学生の作品の例（頂上タスク 2）：

I would like to live like Jim and Della, because....
- they look happy.
- if we love each other, we can get over all things.
- I think the rich and the happiness are not equal. There is more important thing than money. So, I want to be with No.1 partner together.
- they are poor and worried about present for each other. But so they will understand each other more. And they will be happy more. I think like Della full-time housewife is good, too. Because she can serve for her family.
- if we love each other, I can feel happy. But I think that it is the best. There are both money and love.
- I don't know whether there is another woman who really love me except her in the world.
- we can be happy without money. If I had a lot of money, I would be a person who thinks only myself. I don't want to be selfish. I want make someone happy. It doesn't need money. It needs only one thing, which is love.

I would not like to live like Jim and Della, because....
- without money I can't make Della happy.

- we will be in trouble about money. So I will make an effort to find a job and have a good life with my lover.
- I want to have a child and spend a happy time. So we need money to bring up our child.
- I don't have confidence that I will live with someone only with love.
- I don't want to get married until I can make living by myself.
- I don't want bother Della about money.
- their income is too small. Della must work.
- their life might get worse. Even they have love if they can't live, there is no meaning. They should improve their life style.
- I want a job with a guaranteed high income. So I can spend good life.
- I want to live by myself. If I live by myself, I could do what I want to do. I use my salary freely.

※上記の英作文は原則，学生の原文のまま掲載したが，文法のミスで意味が通じないものについては筆者が一部修正を加えた。

教師の振り返り：

　頂上タスクを行って最も驚いたのは，英語力が低く英語があまり好きではなく，文法の授業ではつまらなそうにしている学生たちが非常に意欲的に取り組んでいたことである。

　筆者は，この頂上タスクのように自分の意見を語るというタスクは，学生にとっては苦手なものだと考えていたが，実際には，答えを考えることが楽しい様子で，いろいろな考えがどんどん溢れ出てくるといった印象を受けた。グループで発表する時も，発表を嫌がる学生はほとんどおらず，作品の出来にかかわらず，どこか誇らしげに自分の意見を発表していた。この頂上タスクを行って，学生たちは，自分自身の考えを自分の中にしっかりと持っており，それを語りたがっているのだということに気づかされた。

　また，頂上タスクの答えをペアやグループで発表したり，作品集を皆で読んで共有したりする活動は，学生たちの相互理解を深めるのに役立ったと感じた。自分とは異なる考え方に触れ，様々な考えがあることを理解する良い機会となった。また，筆者自身も，学生のことをより深く理解することができた。

反省点は，筆者の教材研究不足と計画不足により，頂上タスクを行う際に，学生たちが持つ思考力や英語力を最大限に発揮させることができなかったことである。授業後，ワークシートを集め，全員の頂上タスクの答えを読むと，物語の時代背景をあまり理解していない回答や主人公の気持ちの理解が不十分である回答が見受けられた。また，文章が短く，自分の考えを論理的に述べられていないものも多くあった。

　時代背景については，本文には舞台が 1905 年のニューヨークであるということと，主人公の賃金やいくつかの物の値段以外については書かれていないので，学生に具体的な時代背景が伝わるように，筆者が，映像や資料等を見せたりして説明を加えるべきであった。19 世紀末から 20 世紀初めのアメリカは，資本主義が急速に加速し，それに伴い経済が急成長を遂げた。その経済成長を支えていたのが東・南・北欧やアフリカなどからの大量の新来移民であり，彼らは当時ニューヨークの人口の 80% を占め，「都市にはアメリカ人はいない」とさえ言われたほどであった。しかし，新来の移民たちは十分な収入を得られないために貧しい生活しかできず，各民族のコミュニティごとに都市のスラムを形成していたのである。一方で，産業投資で成功した一部の資産家たちは財を成し，国民の貧富の差が拡大していった時代であった。

　今回，付属の指導案に挙がっていた YouTube 映像が見つからなかったため，筆者があらすじがわかるような別の映像を探し，学生に見せたのだが，この映像をもっと時代背景がわかる別の映像にするべきであった。もしくは，学生たちに 1905 年のアメリカがどのような時代であったかを調べ学習させ，時代背景を十分に理解させるべきであった。

　また，作者である O. Henry についても，学生たちに予備知識を与えておけば，この物語をさらに深く理解することができたと思う。すなわち，O. Henry が 1862 年にアメリカのノースカロライナ州に生まれ，幼いころに父を亡くし，大人になってから様々な職を転々とした末，働いていた銀行で横領の罪で逮捕され服役したことや，釈放された 1901 年にニューヨークに移り住み 40 代でこの小説を執筆しているので，"The Gift of the Magi" の時代背景と同じ時代に彼自身がニューヨークで生活していたことなどである。

　タイトル "The Gift of the Magi" の由来となった聖書の一節を頂上タスクが終わった後に学習させたが，これを頂上タスクの前に行うべきであった。なぜなら，クリスマスというのは，キリスト教の国々では日本人が想像する

以上に特別な意味を持っていて、贈り物をすることは、お互いの人間関係をより緊密にするために大切な役割をしていることを理解させられたと思うからである。

筆者が、この作品に対するこれらの背景知識を持ち、順序良く計画的に理解させたうえで頂上タスクを提示できていれば、学生たちはさらに良い作品を生み出すことができたのではないかと反省した。

また、今回は頂上タスクを授業内で行ったが、事前に宿題としてじっくり考えさせるべきであったかもしれない。さらに、今回は語数制限を加えなかったため、短すぎて真意が伝わらない回答も多くあった。「〜語以上で書く」といった条件を与え、自宅でゆっくりと時間をかけて考えさせていれば、もっと内容の深い作品ができたのではないかと思う。

第6回授業（11月21日）

本時の教材： 1. "The Gift of the Magi"（Part 1〜3）
　　　　　　　 2. 「ジョンとヨーコが描いた平和の世界を知ろう！」"Imagine"

本時のねらい（※2つの教材を扱うためそれぞれ記載）：
1. "The Gift of the Magi"：クラスメイトが書いた頂上タスク1（「もし自分がJim/Dellaの立場ならどうしたか？」）と頂上タスク2（「自分はJimとDellaのように暮らしたいか？ その理由は何か？」）の答えの作品をシェアし、様々な考え方を理解する。
2. 「ジョンとヨーコが描いた平和の世界を知ろう！」：ジョンとヨーコが主張した「平和」の形を知り、自分なりの「平和観」を描く。

本時の授業内容と時間配分（90分）：
1. "The Gift of the Magi"
①教師がまとめた頂上タスク1と2の学生の作品集をクラス全員で読み、考えを共有する。（10分）
②聖書の一場面（The Visit of the Wise Men）を描いた絵（永倉・伊佐地, 2013a, p.15）を見せて、タイトルの由来について考えさせる。ヒントの質問の答えを考えさせた後、解説する。（5分）
③教師が"The Gift of the Magi"の原著版の最後の部分の英文と日本語訳を対比させたもの（永倉, 2012）を印刷して配り、教師が音読するのを聞かせ、作者の考えを理解させる。（5分）

④本文の重要語句の確認プリント（単語の定義を読んで，本文中から該当する単語を抜き出す，筆者作成）を配り，数問解く。残りは宿題とする。テスト対策用に実施した。（8分）
2.「ジョンとヨーコが描いた平和の世界を知ろう！」
① Oral Introduction：オノ・ヨーコが出した新聞広告を見せて，英語で質問をする。（5分）
②学生がテキストのテーマに関する文章 "Ad in the New York Times" を時間を計って読み，自分の読書スピード（words per minute）を知る。T/F 形式の問いに答える。（10分）
③ T/F の答え合わせをしながら，本文中の難しい語句について簡単に解説する。この時，ジョンとヨーコについての補足情報を提示する。（10分）
④上記の文章を音読させる。教師の後に続いてコーラス・リーディング，その後，個人で音読させる。（5分）
⑤学生がジョンとヨーコが出演している "Imagine" のプロモーションビデオ（John-LennonMusic, 2014）を見る。（5分）
⑥ Activity 1, 2："Imagine" を流し，学生はワークシート上に挙げられた語句の中で自分に聞こえてきた語句を○で囲む。曲を聞きながらワークシートに印刷された語句の反意語を探す。その後，答え合わせをする。（7分）
⑦ Activity 2：学生が曲を再び聞いて歌詞の空欄を埋める。その後，答え合わせをする。（5分）
⑧曲を何度も流し，歌詞の意味を味わって何度も歌う練習をする。（15分）

第7回授業（11月28日）

本時の教材：「ジョンとヨーコが描いた平和の世界を知ろう！」
　　　　　　　歌 "Happy Xmas", "What a wonderful world!"
本時のねらい：
1. ジョンとヨーコが主張した「平和」の形を知り，自分なりの「平和観」を描く。
2. ルイ・アームストロングの名曲を味わい，彼が曲に込めた思いを理解する。

本時の授業内容と時間配分（90分）：
①教師が "Happy Xmas" についての Oral Introduction を行い，学生はその

内容について質問に答える。(5分)
② Activity 8: "Happy Xmas" を流し，学生はスクリプトの中で聞こえてきた語句を○で囲む。(5分)
③ Activity 9: "Happy Xmas" を流し，学生は歌詞の空欄を埋める。曲は2回流す。(8分)
④ "Happy Xmas" を何度も流し，歌詞の意味を味わって何度も歌う練習をする。(10分)
⑤ "What a wonderful world!" の Oral Introduction として，ルイ・アームストロングの写真を見せて英語で導入の Q & A を行う。(5分)
⑥ 学生は "Louis Armstrong's Message" リーディング・イントロ部分のセリフを聞き，英文を目で追う。その後，注の欄に書かれている語句を利用して内容確認をする。(10分)
⑦ ルイが実際に "What a wonderful world!" を歌っている YouTube の映像（sanny kim, 2014）を見る。(5分)
⑧ Activity 16: "What a wonderful world!" を流し，学生は歌のイメージに合うイラストを○で囲む。(5分)
⑨ Activity 17: "What a wonderful world!" を流し，学生は歌詞の空欄を埋める。曲は2回流す。(8分)
⑩ 曲を何度も流し，歌詞の意味を味わいながら歌う練習をする。(15分)
⑪ 教師が，『世界がもし100人の村だったら』(池田，2008, pp. 9–45) を英語と日本語で朗読して聞かせる。世界中で絶え間なく紛争や戦争が起こっていることや，多くの人々が貧困で苦しみ，命を失っていることを具体的に理解させ，ジョンとヨーコ，ルイが歌に込めた平和への強い思いをさらに深く理解させる。(14分)

学生の様子（第6, 7回授業）:
　オノ・ヨーコが出した新聞広告や，ジョンとヨーコが実際に出演している "Imagine" のプロモーションビデオ，ルイ・アームストロングが実際にトランペットを吹きながら "What a wonderful world!" を歌うコンサートの映像を見せたが，学生たちは，どの映像も興味深そうに視聴し，時々歓声を上げていた。内容理解活動は，曲の内容と合うようにイラストを並べ換えたり，歌詞の空欄に入る語を選んだりする簡単なものであったため，全員が難なく取り組むことができた。最後に，曲に合わせて全員で何度も歌を歌った。ど

の歌も，学生たちは，大きな声で生き生きと歌っていた。授業が終了した後も，休み時間に，学生たちがこれらの歌を歌っていると他の先生方からうかがった。

教師の振り返り：

　私はこれまで投げ込み教材的に，"Imagine"などの英語の歌を取り入れたことがあったが，今回ほど学生たちが大きな声で生き生きと歌ったことはなかった。素直な学生が多いという高専の性質によるのかもしれないが，本教材の歌を実際に歌うまでの教材の構成も影響しているのではないかと思った。オノ・ヨーコが出した新聞広告の映像を実際に見ながらOral Introductionを聞き，歌手の映像を実際に見て，曲の背景について書かれた文章を読み，ディクテーションなどのアクティビティに取り組む。この教材は，曲だけを取り扱うのではなく，映像やアクティビティで，曲の背景も学ぶことができるものであったため，曲を実際に歌うまでに，学生たちが，ジョンとルイの曲に込めた強い思いを十分に理解できたことが，生き生きとした歌を生み出したのではないかと感じた。

　本単元では時間の都合上，学生が「平和」について考える頂上タスク（調べ学習やプレゼンテーション，意見表明）を行うことができなかった。しかしながら，学生に「自分たちは平和な生活を送っているが，世界は平和でない」ことを実感させたかったため，世界の様々な場所で紛争や戦争が起こっていることや，世界中に貧困に苦しんでいる人がいることを具体的に人数で示した『世界がもし100人の村だったら』を英語と日本語で読み聞かせた。次回は是非，頂上タスクまで行いたいと思う。

5. 試用実践のまとめ
5.1 この試用で目指した目標は，どの程度達成できたか

　"The Gift of the Magi"では，付属の指導案とワークシート集に従い，英語でQ＆Aを作成する，推論的質問に答えさせる，ストーリーの重要な箇所を表にまとめる等の内容理解活動を行った結果，学生たちは，物語のあらすじをしっかりと理解することができた。そのため，自分と登場人物の人生をリンクさせて考えるという頂上タスクに，全員が意欲的に取り組むという目標は達成できた。

しかし，筆者の教材研究不足で，物語の時代背景や，主人公の置かれている境遇まで十分に理解させることができなかった。そのため，頂上タスクで学生が持つ思考力や英語力を最大限に発揮させることができなかった。

「ジョンとヨーコが描いた平和の世界を知ろう！」の単元では，学生たちは，曲の背景がわかる内容の英文を読み，実際の YouTube の映像を見ることで，作者がそれぞれの曲に込めた思いを理解し，情感を込めて歌を歌うことができた。

5.2　この教材の良い点は何だと考えるか

内容理解活動が，物語を日本語に訳し字面だけで理解することに留まらず，学生たちが物語を自分自身と関連づけて味わい，そして自分がこの先どのように生きていきたいのかについても考えることができるところが，このテキストの最大の特長であると思う。

さらに，頂上タスクが用意されていることによって，物語を日本語に訳して理解することが授業の最終目的ではないということが，学生に伝わりやすく，「その先」を考える態度を養うことができると感じた。このテキストを終えた後，同じクラスで「生き方が見えてくる高校英語授業改革プロジェクト」の HP で公開されている "Steve Jobs' Commencement Address at Stanford University" の教材（亘理，2013）を使用して授業を行ったが，『Trinity English Series Book 1』を経験しているためか，学生たちからは，授業に入るとすぐに「今回の頂上タスクは何ですか？」という質問が出た。学生たちは，自分たちでテキストから頂上タスクを見つけ出し，その後の授業では，頂上タスクの問いに対する自分の答えを探しながら授業を受ける姿が見受けられた。この教材を使った授業は，筆者がテキストの内容を教え込むというのではなく，学生たちが自ら学習し，学んだことを自分自身の中に取りこんでいく授業であった。学生たちの様子を見て，学生たちは一生，この物語を覚えているのではないかとさえ思えた。

この教材ではまた，頂上タスクの答えをペアやグループ，クラスで発表するという意見交換を行うことができる。クラスメイトと自分の人生に対する考え方をシェアすることで，自分と異なった多くの考え方を学ぶことができる。さらに，クラスメイトの考え方をより深く理解することができるようになり，新たな一面を発見するチャンスをも与えてくれる。頂上タスクに至る

前にクラス全員が物語のあらすじを十分に理解できる内容理解活動が用意されているため，英語が得意でない学生も，すんなりと頂上タスクに取り組むことができ，意見交換に能動的に参加することができる。英語力にかかわらず学生たちがお互いを尊敬し合う気持ちが育まれることも，この教材の優れた点である。

5.3 今後の課題は何か

　この教材の最大の特長である頂上タスクを実りの多いものにするためには，学生の思考力を最大限に引き出し，学生の持てる英語力を最大限に発揮させなくてはならない。そのためには，そこに至るまでの物語や教材の背景知識と登場人物の感情の深い理解が不可欠である。

　今回実践に使用した『Trinity English Series Book 1』の指導書（永倉・伊佐地，2013b）には，教材の背景知識を与えるための映像資料の URL がいくつか記載されていたが，筆者が検索した時点では見つからないものがあった。今回は，筆者が探した代替の映像を使用したが，本来，本テキストが意図している映像を学生に提示できればより効果的に教材の背景知識が提供できたかもしれないと感じた。また，物語の時代背景を理解させるための画像や映像，文献等の資料をさらに何点か提示することができれば，学生たちはより具体的に時代背景を理解することができたかもしれない。本実践を通して，教材に関する映像や画像が学生の教材理解に大きく貢献し，その結果，英語力の高い・低いにかかわらずクラス全員が感想・意見を交流する頂上タスクに無理なく参加できることを実感したので，それぞれの場面で使用する効果的な映像や画像，文献等の資料が，指導書やワークシート集に含まれているとありがたいと感じた。

　また，これは授業時間数に余裕があればの話だが，教材に関する資料となりうる映像や文書を，導入時に学生自身が調べ学習をして発表するタスクがワークシート集に含まれているとよいと思う。筆者が本実践の後に行った"Steve Jobs' Commencement Address at Stanford University" の教材（亘理，2013）を使った授業では，1 回目の授業で Steve Jobs 氏の顔写真を見てグループで Jobs 氏について知っている情報を発表し合うというタスクがあった。これを行った際，学生たちから，事前に教材研究をした筆者でも知らない情報が数多く出され，Steve Jobs 氏を理解するのにとても役立った。この授業で

は，学生が既知の情報を出し合ったが，現代の学生たちは，インターネットを通じて様々な情報が比較的簡単に得られる環境にあるため，調べ学習をして自ら必要な情報を求めるというタスクが用意されていると教材の学習効果がさらに高まるのではないかと思う。

〈引用文献〉
池田香代子他（編）（2008）．『世界がもし100人の村だったら　完結編』マガジンハウス．
種村綾子・三浦孝（2011）. "The main current of humanistic language teaching and its contemporary significance"『静岡大学教育学部研究報告　教科教育学篇』42, 83–117.
永倉由里（2012）．「"The Gift of the Magi"（賢者の贈り物）を使った授業プラン」亘理陽一（研究代表者）（編集）『「知的・創造的英語コミュニケーション能力を伸ばす進学高校英語授業改善モデルの開発」2012年度研究成果報告書（授業プラン集・改訂版）』p. 58.
永倉由里・伊佐地恒久（2013a）．「The Gift of the Magi」，「ジョンとヨーコが描いた平和の世界を知ろう」『Trinity English Series Book 1』浜島書店（非売品）．
永倉由里・伊佐地恒久（2013b）．『Trinity English Series Book 1　指導書』浜島書店（非売品）．
永倉由里・伊佐地恒久（2013c）．『Trinity English Series Book 1　ワークシート集』浜島書店（非売品）．
亘理陽一（2013）．「Steve Jobs' Commencement Address at Stanford University」『Trinity English Series Book 3』Retrieved from http://homepage3.nifty.com/newmiurapage/
guclugundogdu（2014, October 3）. *The Gift of the Magi*［Video file］.
　　Retrieved from https://www.youtube.com/ watch?v=m2KjQIPEsOA
JohnLennonMusic（2014, November 21）. *John Lennon-Imagine* (*official video*)［Video file］.
　　Retrieved from https://www.youtube.com/watch?v=yRhq-yO1KN8
Henry, O.（2008）. *The Gift of the Magi and Other Stories*. Penguin Readers.
sanny kim（2014, November 28）. *What a wonderful world-LOUIS ARMSTRONG*［Video file］.
　　Retrieved from https://www.youtube.com/watch?v =E2VCwBzGdPM

付録資料 1

英文物語の内容理解の導入として，ストーリーの展開に合わせて絵を並べ換える活動の例。

付録資料 2

英文の内容理解活動の一プロセスとして，内容に関して事実発問と推論発問を尋ねる活動の例。

〈事実発問〉

Q1　ふたりはどんな関係ですか？　答え：夫婦
　　→ Mr. and Mrs. James Dillingham Young から。
Q2　Della は Jim にとってどんな存在ですか？　本文中の英語で答えなさい。
　　答え：the light in his dark days（11 行目）（light の意味を確認する）

〈推論発問〉

Q1　ふたりが住んでいるアパートは，豪華ですか，質素ですか？　答え：質素
　　→ 第 2 パラグラフから判断させる。

Q2 ふたりの生活は経済的に余裕がありましたか？ 答え：なかった。
→ Jim の稼ぎが週に 20 ドルで，家賃が週 8 ドルという記述から，推測させる。

Q3 Every evening he walks slowly home.（8–9 行目）とありますが，Jim はなぜ，ゆっくり歩いて帰宅するのですか？ 答え：仕事でくたくただから。

Q4 ふたりは幸せでしたか？ 答え：幸せだった。
→ Jim の仕事の大変さと，それでもアパートへ帰って Della の顔を見ると幸せな気持ちになることを理解させたい。

Q5 Jim は Della の髪について何と言っていて，どう思っていますか？
答え：毎朝，髪が陽に当たっているのを見るのが好きだ。仕事中にも Della の髪について考えている。
→ to see your hair in the sun（21–22 行目）とはどんな様子か思い浮かべさせる。
→ Jim は仕事中にも考えているほど，Della の髪の毛が好きだということを理解させる。

Q6 物語の語り手は，登場人物ですか，別の人（第三者）ですか？ 答え：第三者

付録資料 3

英文の内容理解の一プロセスとして，英文中のキーワードを示し，それが答えとなるような質問を生徒に考えさせる活動の例。

タスク 1　Part 1 の内容について，次の答えに合う質問を作りなさい。英語が難しければ日本語でもかまいません。

	Question の例	Answer
例	When is the setting of this story?	1905.
1		New York.
2		Jim and Della.
3		In a small apartment.
4		$8 a week.
5		$20.

第 10 章

英語を通して
より豊かに生きることにつながる授業

鈴木　章能
（長崎大学）

1. 筆者の自己紹介と実践にあたっての問題意識
1.1　自己紹介

　筆者の授業実践は，カール・ロジャーズ（Carl Rogers）の Humanistic Language Teaching に基づいている。自己紹介の最初に，ロジャーズに大きな意義を見出すに至るきっかけとなった，筆者の少年期の体験を振り返っておきたい。

　筆者は小学校の高学年から中学校時代，随分「やんちゃ」だった。中学卒業後は高校に進学しなかった（いや，進学できなかった）。世間の欺瞞，偽善，綺麗事，自己保身，言葉と行動の乖離といったことに敏感に反応し，そうしたことを受け入れられず，世間を覆う「高校くらいは出ておいた方がよい」という「匿名の権威」（Fromm, 2002）に反抗した。そうした受け入れ難さは，最も身近な人間の一人である教師の一挙手一投足，教師の存在そのものに向かった。とにかく，教師の言うことは聞かなかった。表面上は聞いたふりをした時もあったが。

　中学時代の反抗には，筆者の幼さもあったことは否定できない。両親も教師も周囲の大人たちも大いなる愛を注いでくれていたのだが，その愛が見えなかった。よって，友情なるものに期待もしたのだが，所詮，おのが主体がそのような状態であるゆえに，友人はいたものの人間に対する不信感，そこから湧き出る孤独感や不安感は常につきまとっていたものだ。そのような心理状態では学校の中，さらには人生における自己の価値が疑わしくなる。当然のことながら，学びに集中できず，学び自体が面白くなく，人から教えを受けるより自分の声を届かせたいという思いの方が強かった。もちろん，英語も教師も大嫌いだった。一方で，自己の価値への疑わしさ，孤独感，不安

感などがあればこそ，教師と仲良くしたい，英語をはじめ勉強に集中したいという思いも明確にあった。

　紆余曲折があって，後に教師になろうと考え，自分を勉強に縛る目的で高校に遅れて入った。大学では当初言語学を専攻した。しかし，筆者が受け入れ難かった類の世間の事象は，時代や国越を越えて人間という種に見られる問題であることを知り，後に文学に目が向くこととなった。これまで多くの若者に接してきたが，勉学の出来不出来にかかわらず，また表面的な身なりや行動に現れていようといまいと，かつての筆者と同じ思いを抱いている若者は少なくない。英語の勉強以前に大きな問題が横たわっている。

　これまで述べてきた経験や問題意識から，筆者は古今東西の教育学の書を渉猟し，最終的にカール・ロジャーズの教育原理を基盤とする教育に行き着いた。2006年のことである。ロジャーズとともに長年研究・実践を重ねてきたご息女のナタリー・ロジャーズ氏や，ロジャーズの愛弟子の一人で日本のロジャーズ研究の第一人者である畠瀬実氏からも直接いろいろと教えをいただいた。

　ロジャーズの教育原理とは，一言で言うならば全人的（whole person）教育である。学習者自身の情緒や論理（「内的照合枠」：the internal frame of reference）を通して学習者を受容し，共感理解しながら彼らの学びや世界の見え方を見つつ，社会との関係から学びと人格の発展を導く[1]。学習者同士また教師と学習者が互いの内的照合枠を通して受容と共感理解をし合えるようにする。教室内，ひいては社会において過度の防衛機能を働かせることなく自己や他者に十分に心を開き，十全たる自己実現ができる人格の形成を促進し合うとともに学力を高め合う，そうしたエンカウンター・グループ（encounter group）としての学習者集団をもって授業を展開する。ナタリー氏曰く，「教育の過程の多様性と学習者の多様性を混同してはならない」。つまり，公式等を覚える時は教師の語りを中心にして教え，それを応用する時は学習者の学びを中心にして授業を展開するのである。そこで教師が怠ってはならないのは，学習者自身の情緒や論理を通して彼らを受容し，共感理解しながら彼らの学びや世界の見え方を見つつ，社会との関係から学びと人格の発展を導くことである。こうした教育学の原理に立って筆者は英語教育を展開してきた。

1.2 日本の英語教育におけるモチベーションの問題

　筆者の専門はアメリカ文学・比較文学である。一方で，専門の講義に加えて，一般英語も授業で教えることから，英語教育にも日頃から目を向けてきた。このようにしたらもっとうまく教えられる/学べるといった教授法や学習法はもちろん大切であるが，そうした技術的なことは学習者のやる気があってこそ効果を発揮する。世界を俯瞰してみれば，日本の生徒・学生の英語学習へのモチベーションはお世辞にも高いとは言えない。「なぜ英語を学ぶの？」という質問が日本の生徒・学生からはよく出るが，そのこと自体がモチベーションの課題を物語っている。筆者は，英語教育が教育の一環である限り英語教育学は教育学を疎かにするべきではなく[2]，またどのような権威的な理論であろうと日本の英語教育は日本の社会や文化，家族や慣習，思惟様式等の現実を直視して探究されるべきだと考えている。それゆえに，プラグマティズムと教育学の視点から日本の英語教育について多元的に，特に全人的な面からモチベーションの課題を中心に考えてきた。

　モチベーションを巡ってはこれまで世界中で様々な説が論じられてきたが，日本特有の課題を考える時，大きく3つの課題があると筆者は考えている。すなわち，

(1) 島国という地理的要因と日本の社会構造に起因する，英語使用の可能性を含めた将来像の見えにくさ，
(2) 日本社会で積み重ねてきた学習者の実人生における経験とそれに伴う人格形成，
(3) 前者2つのことが影響を与える学習者にとっての授業の見え方・感じ方

である。

　上記(1)に関して筆者は，「なぜ英語を学ぶの？」という疑問に答えるため，日本の労働人口の約95％にあたる人々が就く500職種のうち200職種における英語使用の実態を調査し，その結果を具体的に動画で見られるウェブサイト「E-Job 100」(http://www.e-job-100.sakura.ne.jp/modx/)を作って対応してきた。これについては一定の効果が証明され，日本の各所で使用していただいている。上記(2)と(3)についてはいくつかの論文等で指摘してきたが，紙面の都合上，一般論としてユニセフの調査に触れておこう。ユニセフ(2010)がまとめた「先進国における子どもの幸せ」という調査報告，ならび

に筆者の教育調査によると，日本の児童・生徒・学生に特異な現象は，「学校にいて孤独感を感じる」，「他人から受け入れられていない」といった被排除の主観的感覚や自己否定の感覚が，他国に比べて群を抜いて高い点にある。彼らは学校にいること自体に生きる喜びを感じられないのだから，彼らを教室に集めて授業をしたところで，一部を除いてその成果はいかほどのものだろうか。授業中，意見を言ってくださいと促しても，排除や自己否定の感覚があれば「どうせ意見を言っても ...」との思いから，自信をもって意見を披露することはないであろう。一方では，英語をはじめ勉強が好きで学力を向上させる者ももちろんいる。しかし，そういう彼らも学校でおどおどしてはいないか。あるいは，勉強ができることを鼻にかけて周囲を抑圧してはいないか。

1.3 日本の英語教育におけるモチベーションの問題をどう解決するか

そもそも人間は言語があればこそ自己や世界を認識し，他者と繋がることができる。もしも言語の学びが自己否定，不安感，孤独感や他者への不信感を深めたり，他者を見下したりし，人間性を貧しくするだけのことであれば，言語の学びなど百害あって一利なしである。言語こそが自己や世界を認識し他者との繋がりを可能とするものであるのならば，言語の学びは自己も他者も敬い，世界に自己を開き，あるがままの自己を十分に実現し，生きる喜びを感じ，平和な社会を築く方向に向かう必要がある。母語習得ならびに母語使用とともに歩んできた実人生で，そうした方向に向かえずにきた人にとっては，外国語の習得は生き直しの絶好の機会である。より良くありたいと思わない人間はいないはずだ。外国語の学習は全人的な発達が伴ってこそ学習意欲も喚起されるものと考える。そして，そうした学びを実現し促進するのが教師や教材の務めであると考える。言ってみれば，迷える子羊を導くこと ...。日本の英語学習者のかかえる課題にロジャーズの教育原理に立脚して取りくみ，学習者の英語力向上の過程を，自己や他者も敬い，自己を世界に開き，あるがままの自己を十分に実現し，生きる喜びを感じる過程とすること，それが筆者の立場である。

2. 授業で追求した目標

一つの人間社会としての教室で，知力・人間力を高め合いながら，リスニ

ング力とスピーキング力を中心とする英語力を高め合うことを追求した。言い換えれば，教室の内外で互いが互いを受容し，共感理解し，信頼し尊重し合いながら，個々が無用な防衛機能を働かせることなく，他者に，そして自己に対して開き，また変化を恐れることなく，あるがままの自己をもって言語で十全たる自己実現を実践すること，またそのために知力と言語能力を十全に発揮できるようにすることを目指した。すなわち，教室の外を含めた今の実人生，また将来の人生において，英語を用いることのできる「十分に機能する人間」（ロジャーズ，'a fully-functioning person'）を育むことである。

3. 授業の設計
3.1 対象クラスの概要と授業実践の概要
　対象クラスは私立大学文学部英語専攻系の下記の授業である。

学　　　年：1年生。
授　業　名：Reading and Listening
受講人数：12名（うち3名は帰国子女，全員が女子）。
実践期間：2013年9月〜2014年1月。
配当時間：後期，週1回90分授業，15回。
使用教材：（1）永倉・伊佐地（2013a）『Trinity English Series Book 1』。
　　　　　（2）加藤（2012）の自作教材。
　　　　　（3）Foley, B. H.（2006），*Listen to Me! Japan Edition—Listening-Speaking Activities for Beginners of English*, Cengage. これはあらかじめ決められた教科書リストの中から選定したが，解答を配布して各自で学習を進めさせた。

　筆者もメンバーの一人であった「生き方が見えてくる高校英語授業改革プロジェクト」が高校・大学用に編集した試作教材『Trinity English Series Book 1』はロジャーズ的な全人的教育の観点から学習者たちが語学力，知力，人格を発展させ，生きる喜びを感じながら学びを促進できる授業を可能とする教材であると考え，同教材を用いた。
　受講生たちは，筆者が担当した「Reading and Listening」の他に「英語会話」，「英語」を含む5つの英語関連の授業をそれぞれ週に1回ずつ受講している。「英語会話」の授業は，会話で用いる型やパターンのインプットを通し

た会話のaccuracy養成に力点が置かれている。「英語」はaccuracy養成に力点が置かれたリーディングの授業である。この他に会話と作文の授業があるが，いずれもaccuracyよりfluencyに力点を置いたアウトプット強化の授業であり，文法上の間違いについてはほとんど指導が行われない。間違いを正すことよりも，とにかく口頭や紙面上で英語をアウトプットすることに慣れる意味がある。「Reading and Listening」は，リーディングとリスニングを中心としつつfluencyとaccuracyの両方に力点を置いてオーラル・コミュニケーションの強化を行う。

　筆者は「Reading and Listening」の授業で毎年，授業の最初に英会話の練習をさせ，残りの時間で教科書を用いた授業を実践してきた。教科書はあらかじめ指定された数冊の中から選ばねばならないのであるが，今回の授業では，指定された教科書の中から1冊を選び，解答集をコピーして受講生にあらかじめ配布し，自宅で学ぶように指示を出し（学び方と予想される効果も説明），授業では主に『Trinity English Series Book 1』ならびに加藤（2012）の自作教材を用いた。

　受講生の数は12名である。12名の当初の英語力には大きな差があった。12名のうち2名が海外の高等学校で3年間学んだ帰国子女で，他に1名が半年間の留学経験を有していた。この3名を除く9名の学生は当初，語彙力，文法力，リスニング力ならびにスピーキング力も大学生としてはあまり高くなく，STEP英検準2級に合格できるか否かといった英語力であった。ただし，英語の会話力を身につけたいというモチベーションは比較的高かった。

　こうした特徴を持つクラスであったため，また，教材『Trinity English Series Book 1』は9名の学生にとって「発達の再接近領域」にあるものと判断できたため，授業では学生たちの英語力の差を利用して，リスニング力とスピーキング力を中心に協働学習によって英語力を向上させていくこととした。もっとも，ここで言う「協働学習」は，その教授法を理論化し提唱したヴィゴツキーのそれと厳密には異なり[3]，チャールズ・A・カランのLearner-centered educationの原理的基盤である「理想自我」の理論の上部構造とした。3名の留学経験者と9名の留学未経験者の英語力の差がかなりあり，後者9名が英語の会話力を身につけたいというモチベーションが高かったことから，そのようにした。最初は12名を3つのグループに分け，「あのようになれたらいいなあ」という理想自我の対象として3名の留学経験者を各グ

ループに1名ずつ配置し，協力して学習にあたらせた。

　具体的には，まず毎回の授業の始めに "What did you do in the last weekend?" という話題で英会話の練習をさせるのであるが，この時3名の留学経験者に会話を主導させた。会話練習の後は教材を用いて授業を行ったが，文法や語彙等の不明な点の理解も基本的に同グループによる協働学習を用いた。

　各グループに配置するリーダー役は毎回の授業で変えていった。すなわち会話練習と教材を用いた授業を通して，英語力，特に会話力を向上させた者から順にグループの新たなリーダー役に加わってもらい，グループ構成を次第に変えていった。リーダー役が4名になればグループを3つにし，リーダー役が6名になればペアワークにし，リーダー役が9名になればグループを3つにしてリーダー役を各グループ3名ずつ配置するといった具合である。こうして最終的に全員のスピーキング力とリスニング力の向上を試みた。授業の開始時に行う会話練習は回を重ねるごとに時間を次第に延ばしていき，15回終了時には全員が40分間英語だけで話せるようになった。

　理想自我，すなわち憧れの心理を礎にした協働学習を進めるには，英語力の相対的に劣る者が，リーダー役に対して気後れして防衛機能を働かせるのではうまくいかない。また，リーダー役が他の学習者に対して高慢になったり憐憫の情を持って接したりしてもうまくいかない。どの学習者も人間同士として互いを受容し，共感理解し，心を開き合い，尊重し合うことが重要である。この点で，また教育とは人間を育てること，それ以上でも以下でもないという点で，学習者の世界や自己・他者の見方の広がりや人格の発達を促進する授業をうまく設計しなければならない。リーダー役の英語力を，他の学習者の英語力向上につながる誘因としつつ，一方で，外国語の能力は人間の能力の一つにすぎず，個々が各々優れた能力を持っていることを互いに認め合うようにする工夫が必要となる。

　そこで，互いの長所を英語で述べて褒め合ったり，評価発問や推論発問に答えさせて発想力や想像力，論理力等々を披露させたりする，すなわち，できるだけ多様なタスクやアクティビティを行わせることによって様々な能力を発揮させるとともに，互いの優れた点を認め合う関係を作るようにした。また人であれテクスト[4]であれ，他者の声を読み聞きする時は，それら/彼らの内的照合枠から共感理解することを常に意識させた。教材はこうしたことを実践するためにその力を借りるという位置づけである。

教材の用い方は『Trinity English Series Book 1』付属の指導書（永倉・伊佐地，2013b）を参考にしたが，順序を入れ替えたり端折ったりした部分もある。また，今回の授業に先立って，いくつか仮説と実証を行ったことから付加した部分もある。たとえば「褒め合い」のアクティビティである。詳細は本章「4. 実践の足跡」を参照されたい。

常に心掛けたことは，前述のとおり，学習者の内的照合枠を通した受容と共感理解によって彼らの学習の見え方を確認し，次の一手を打つというロジャーズ的手法である。「4. 実践の足跡」にある英語の読み方や前置詞の説明，教師による誘導的質問等はそのために行ったものである。また，留学経験者にはさらに別途指示を出して英語力の向上を図った。帰国子女といえども18歳の青年には18歳なりの英語表現や理解しかできない。そこで，言ってみれば「大人」の表現や応答を個別に教えることにした（その具体的内容については割愛する）。なお，使用した教室はCALL教室であったが，これは筆者の希望ではなく，あらかじめ割り当てられた教室であった。調べもの等，コンピューターが必要な場合を除き，対面形式で英会話をはじめとする学習を行わせた。

4. 実践の足跡
第1回目（9月30日）

（本時のテーマ：教師がクラスの特徴を把握して教授法を決定，教室内の良好な雰囲気の構築）

① 学生の英語力や学習経験，モチベーション，学生個々の夢や目標等を確認しながら，教授法を大まかに決定。（30分）
② 本授業の目標，本授業を半年間受講することで達成できると予想されること，授業方法，テキストの扱い方，試験や合格基準，注意事項などについて説明。（20分）

毎回行う会話の練習と『Trinity English Series Book 1』の内容がどのように関係し合うか，英語力と英語を用いる主体の観点から説明した。

③ 学習者同士，ならびに教師と学習者のice-breaking。（40分）

紙に9つのマスを書き，全てのマスを埋める。マスの埋め方は，教室内を自由に動き回り，英語で他の学生ないし教師の氏名，個々があらかじめ決めた3つの質問について尋ね，得られた回答を書いていく。これを9名

分行う（表1）。その後，教師が学生の名前を1名ずつ言っていく。学生たちは9つのマスに書き入れた学生の名前が，教師の言った学生の名前と一致した場合，マスの中にチェックを入れていく。チェックしたマスがビンゴの要領で縦か横か斜め1列（3マス）そろった時点で解散させた[5]。

表1　9つのマスの例[6]

Naoko 1.　Osaka 2.　sushi 3.　reading	Yumi 1.　Kobe 2.　hamburger 3.　painting	Yoshie 1.　Kyoto 2.　pizza 3.　playing tennis
Tokiko 1.　Osaka 2.　pizza 3.　listening to music	Ami 1.　Himeji 2.　spaghetti 3.　shopping	Mami 1.　Tokushima 2.　raw fish 3.　shopping
Yuki 1.　Nagoya 2.　salmon 3.　skiing	Maki 1.　Nara 2.　curry rice 3.　music	Azusa 1.　Yokohama 2.　pickled plum 3.　swimming
1.　Where are you from? 2.　What food do you like? 3.　What is your hobby?		

第2回目（10月7日）

　　（本時のテーマ：英語で話すことを体感する，英会話の習得方法を理解する）

① 前回行ったビンゴの紙を用いて英作文をさせる。（15分）
　　ビンゴでそろった一列にある内容に関して，クラスの人々を紹介する英文を書かせる。英文のパラグラフ構造は教師が用意した図1のものに従わせる。

The students in this class are interesting.
One of the students is ___(name)___ . ___(1)___ . ___(2)___ .
___(3)___ .
Another student is (name). ___(1)___ . ___(2)___ . ___(3)___ .
___(1)___ . ___(2)___ . ___(3)___ .
＊(1)〜(3)は，得られた回答を文で書く。
＊最後のパラグラフの(1)の文の主語は名前を書く。

図1　パラグラフ構造

英文の例を一つ掲載しておく。

The students in this class are interesting.

One of the students is Yoshie. Yoshie is from Kyoto. She likes pizza. Her hobby is playing tennis.

Another student is Ami. She is from Himeji. Ami likes spaghetti. Her hobby is shopping.

Yuki is from Nagoya. She likes salmon. Her hobby is skiing.

② 自分で書いたものをその場ですべて暗記させる。何も考えずに話せるまでしっかり暗記させる。(15分)

　1回目の授業でスピーキングに必要な文章の脳内蓄積がほとんどないことを確認していたため，文章の蓄積をもって英語による発信を行わせる方法，すなわち「オーラル・アプローチ」(Audio-lingual Approach)を選択した。図1内の(1)〜(3)の文は前週に行った質問内容から同様の文が並ぶことになるが，この時の暗記に際してハードルを下げる目的があったため，前週，故意に各自3つの質問を考え決めさせた。また自分で書いた英文を暗記させたのは2つの理由がある。1つは，暗記が嫌いな学生に対して，自分の脳から出てきた英文であればこそ暗記は可能であるし，脳に残っている間に暗記できると説くことで納得してもらえるためである。もう1つは，この方法であれば英語力の差にかかわらず会話に必要な文章の蓄積が可能であり，今後自分で英文を蓄積していく方法の一つとできるからである。

③ 英文を覚えたかどうか，ペアを組ませて確認させる。(3分)

④ 覚えた英文を用いて，自分の紹介，家族の紹介，別の友人の紹介をさせる。(12分)
⑤ 紹介の後，自分のパフォーマンスを振り返らせ，文法を過度に意識せずに流暢に話せたかを考えさせる。(5分)
⑥ スピーキング力向上，リスニング力向上の方法の原理的説明と実践例やアイディアの紹介。(20分)
　お金をかけずに英語運用力が獲得できる方法について，教師自身の経験のほか様々な方法を紹介。3名の留学経験者にも自身の英会話の学びの経験を語ってもらう。次週以降の授業で毎回，英語の会話練習を行うため，課題とした英文スピーチを自分で考えて覚えてくることを宿題とする。覚える文には，次週から用いる『Trinity English Series Book 1』にある英文も用いることを案内。
⑦ 本授業で覚えたクラスメートの紹介を行う英文パラグラフを土台として，自分が言いたいことを表現するための単語を調べさせた後に，かばんの中身，財布の中身，自分の出身地の名物紹介，ならびに携帯電話ショップや本屋等，好きなものの店のスタッフになって，品物を紹介させる。グループを3つに分け(4名ずつ)，3名の留学経験者にリーダー役として会話を主導してもらう。(20分)
紹介文の例を一つ掲載しておく。

The fruits in our store are very good.

One of the fruits is a banana. The banana is from the Philippines. It is very sweet. I like the banana.

Another fruit is a mango. The mango is from Taiwan. It is juicy. Our customers like the mango.

A pineapple is from Hawaii. The pineapple is fine. Professional chefs buy it.

第3回目(10月14日)
(1) 先週末あったことをトピックとして英会話 (10分)
　3グループに分け，留学経験者を各グループに入れる。なお，英会話を学生同士にさせる時，ともすると日本語によるおしゃべりが始まる場合が

ある。これを回避するために，どれくらい長く英語だけで会話できるかを意識させて達成感を味わってもらうべく，目標時間を毎回設定した。時間は毎回徐々に延ばしていった。
(2) "The Gift of the Magi"（80分）
　　（本時のテーマ：ストーリー全体の理解，意見交換）
① 各自要約しながら全体を読む。（15分）
　　要約の箇所は加藤（2012）の教材に従った。必要に応じて後日指導する予定で教師は学生の英語の読み方を確認する。
② 3つのグループ（各グループ4名ずつ）に分け，英文や内容についての疑問点を出し合う。英文については『Trinity English Series Book 1』(pp. 12–14) の「4要素（主語・述語動詞・目的語・補語）をマークした英文」にある文の構造をもとに，協力して疑問点を解決する。内容については，たとえば，1905年当時の1ドルの価値やニューヨークの状況，髪の毛を売るという行為等をインターネットで調べさせる。（25分）
③ 解決できなかった疑問について教師が解説。（10分）
④ 各自，話の内容について感想を述べる。（15分）
　　意見や質問を述べさせる時には，英語で話せるのであれば英語で，難しければ英語を交えた日本語で行わせた。この方式はその後も同様に行ったが，徐々に英語だけで意見や質問・応答が展開されるようになっていった。
⑤ 学生から疑問として出なかったことについて教師から細かな質問をする。たとえば，p.1の第1パラグラフにある 'the little people' の意味，'Who lives behind that door?' において，なぜthe doorではなくthat doorと表現しているのかなどである。また，当時のアメリカの様子から主人公たちはアメリカのアングロ・サクソンと同定できるのかどうか考えさせるなど，テクストを多元的に眺めさせ，学生とともに一緒に考えた。（15分）

第4回目（10月21日）
(1) 先週末あったことをトピックとして英会話（15分）
(2) "The Gift of the Magi"（75分）
　　（本時のテーマ：事実発問と推論発問によるさらなる内容理解，褒め合いのアクティビティ）

① 先週の復習を概説。（10分）
② "The Gift of the Magi" p. 3 の「ストーリーを表わす挿絵」並べを行いながら，ストーリーを思い出す。（10分）
③ 『Trinity English Series Book 1 指導書』にある事実発問と推論発問を問う。（20分）
④ 褒め合いのアクティビティ。（35分）

　褒め合いのアクティビティは，加藤（2012）が作成した "The Gift of the Magi" の教材から取り入れた。相手の長所を3つ取り上げ，'I like you because ....' という文で伝えあうというアクティビティである。

　本授業に先立って，別の授業で "The Gift of the Magi" の教材を用いたことがあった。UNICEFイノチェンティ研究所（2010）がまとめた「先進国における子どもの幸せ」の調査結果から，他国に比べて教室内での主観的疎外感が群を抜いて高い日本の学習者には，学習者同士が褒め合うことによる受容感が欠かせないと考え，試しに褒め合いのアクティビティをするとしない授業を行って比較した。結果として，互いを褒め合い受容し合ったクラスでは，その後の教室内の雰囲気，授業への取り組み方，自分の意見を述べたり質問に答えたりといったことをはじめ，授業の展開に大きな効果が現れた（それは本授業も同じである）。それ以来，どの授業でも褒め合いのアクティビティを取り入れることにしている。

　なお，加藤（2012）の教材には，褒め合うことに加えて，改善点を指摘することでさらに魅力的な人物になることを促す項目があるが，これを実践した時，受容より否定の要素を強く感じる学習者が多数出たため，褒め合いのアクティビティだけを行うことにしてきた。弱点の指摘や批判的指摘はたしかに人格の発達や教育上重要なことであるが，受容の感覚が他国に比べて希薄な日本人には，まずもって「無条件の受容」（ロジャーズ）が必要であると考える。

　"The Gift of the Magi" の教材を読み，褒め合いのアクティビティを行った4回目の授業の後，学生に忌憚なく書いてもらった意見・感想をそのまま列挙する（誤字脱字は筆者が訂正した）。

・みんなから自分の好きなところを言われるのは嬉しいし，みんながどう思ってくれているのかがわかるからいい。先週の授業はいいストーリーで，読

んで幸せになる。こういう授業は幸せな気分になるからいい!!
- よい授業やと思う。人に自分のことを聞いて嬉しい気持ちになれたし，先週の授業は貧しいながらも自分の大切なものを売って相手へのプレゼントを買うといった行為に凄いと思った。自分で英文を読んで理解できた喜びと話ができた嬉しさの両方があった。
- みんなが自分をどう思ってくれているかがわかって嬉しかったです。自分では気づかないところをほめてもらえてハッピーな気持ちになりました。（教材について）英語の表現も単語も難しくないのでやりやすいと思います。良いところを言い合うことで，モチベーションもあがるし，みんなが良い気落ちになるので，良い教材だと思います。
- 普段，あまり褒めるという機会がなかったので，みんなに言ってもらって嬉しかったです。こういう教材とかがもっとあったらいいのになと思います。
- 今日の授業では人に自分の好きなところなどを言ってもらって，少し恥ずかしかったけれど，とても嬉しかった。先週の授業では，物語を読んでいったけれど，普通の物語より，なんか心にくるものがあったし，読む気がおきた。
- 今日の授業を受けて，人に褒めてもらって少し恥ずかしさもあったけれど，日本人はあまり面と向かって人を褒めるような場面がないように感じるので新鮮でした。褒めてもらって嬉しかったです（笑）。（教材について）英文をひたすら読んだり，リスニングをしたりするのも大切だとは思うけれど，私はこういう授業楽しいなーと思います。
- 普段一緒にいる友だちを褒めることなど，恥ずかしくて言わないので，こういう授業をすることで，周りからはこう思われているんだなあと思って嬉しくなりました。気軽に簡単な英語を使って話せるのも良くて，普段の会話みたいな感じで楽しかったです。（教材について）どんどん取り入れたら楽しくなると思います。誰も悪い気はしないし，友だちの好きなところはたくさん思いつくので，英単語を思い出すのも苦じゃないし，良いと思います。
- 先週読んだ物語はお互いのことをそれぞれすごく思いやっていて，普段，日本人というのもあって，相手が自分のことをどう思っているとか言わないから，今日やったことは少し恥ずかしいですけど，とてもいい機会だと

思いました。
・あらためて，周囲の友人のよいところを見直してみて，みんなが好きになった。また，逆に友人からの印象をきいてみて，うれしかった。テキストはとても読みやすく，要約の練習にも役立った。
・心がハッピーになりました。こんな感じの物語を英語で読むのが楽しくなったので，色々読んでいきたいなーと思います。
・思ったよりいろいろな意見が出てきたから楽しかった。英語が自分の感情から出るのは新鮮だった。自分が言ったことで笑顔になっている子がいて嬉しかった。
・こういう短編の話を授業でやるのは分かりやすくていいと思う。ずっとこういう授業がいいなと思った。

　受容感に伴う幸福感に加えて，「自分の気持ちを英語で言うこと」への充実感を述べる意見は注目すべきであろう。「英語が自分の感情から出るのは新鮮だった」という意見に見られるとおり，英語が自己の情緒に直接結びつく時，言い換えれば全人的なものとしてある時，学習者は，そして人は喜びを感じるのである。おそらく，それまでは英語を用いることがパズルのような頭脳労働か，あるいは自分の思いや感情に関係のないことを述べたり聞いたり読んだりする作業をさせられていたのであろう。
　教材への意見も多く出ている。実は，"The Gift of the Magi" を某国立大学でも用いて，褒め合いの授業を行ったことがあるのだが，その感想は上に列挙したものとほぼ同じであり，中には，"The Gift of the Magi" のCDはないかと尋ねてきた学生もいた。心を動かされる名文を常に聞いていたい，名文でリスニングの向上をしたいということだった。本教材の "The Gift of the Magi" は偏差値や英語力の差を超えて，多くの日本の学習者の心の琴線に触れ，同時に学習意欲を向上させるものであると言えよう。

第5回目（10月28日）
(1) 先週末あったことをトピックとして学生同士で英会話〘15分〙
(2) "The Gift of the Magi"〘75分〙
　　（本時のテーマ：英文を左から順に理解させる。英語という言語の特徴理解。Q&Aによる創造力・思考力育成と会話練習）

① YouTube (https://www.youtube.com/watch?v=Kii3SMkh78g) のビデオでストーリーを確認。(10分)
② 英文の読み方，代名詞，the の用法を解説。(15分)
　"The Gift of the Magi" のテキストの〈Part 1〉以降のタスクを行うにあたり，あらためて本文を読ませる時，いわゆる返り読みをしている学生がいたため，英文を左から右へ読んでいくように指導した。そのためには訳ではなく，できる限り絵を思い浮かべながら文を左から右へと読ませるようにした。絵を頭に浮かべながら文の流れに沿って読むことで，英語の代名詞の使い方も確認させた。たとえば，'Mr. and Mrs. James (Jim) Dillingham Young live here. It is their first home….' という部分を例にとれば，最初の文が 'here' で終わることから，ある家が頭に浮かんでいることになる。その絵を頭に浮かべたまま，次の文頭の 'It' を読むことで，この 'it' は頭に浮かんでいる「それ」を指していることを理解させた。同時に，英語の代名詞が指示できるものは近い位置にあるもの，言い換えれば，読んだり聞いたりする時に頭に浮かんでいるものであり，日本語のように比較的遠くにあるものは指示できないことを理解させた。また，代名詞が使用できない場合は，「the＋類を表す単語」(e.g. soccer → the sport) で置き換えることを教え，the の使い方 (e.g. the dog なら全員の頭に浮かぶ犬の絵が一つに定まる〈＝定冠詞〉一方，a dog なら絵が一つに定まらない〈＝不定冠詞〉) や英文では単語の重複を避けることを教えた。こうした解説の後で〈Part 1〉を読ませていった。また，今後の読みも同様の方法で読んでいく癖をつけるよう指導した (返り読みになりがちな関係詞節等も左から右へ読んで理解する方法を，この後の授業で随時個々に解説した)。Question を作る時や Answer の時も，代名詞の用法に留意させたり，「the＋類を表す単語」を用いさせたりした。
③ テキストの〈Part 1〉を再読し，タスク1 (本章付録資料1参照) の Question 作りと Answer の確認。(25分)
④ テキストの〈Part 2〉を再読し，タスク2 (本章付録資料1参照) の Question 作りと Answer の確認。(25分)
　いずれも，学生各自に Question を作らせ，作り終えた後，制限時間内で教室のできるだけ多くの学生に口頭で質問をして口頭で英語で答えさせた。Question を作っている時や Answer の時，教師は教室を回り，英語の誤り

等を直したり，表現を教えたりした。

第6回目（11月4日）
（1）先週末あったことをトピックとして英会話（20分）
（2）"The Gift of the Magi"（70分）
　　　（本時のテーマ：前週のテーマ，ならびにさらなる内容理解と仮定法の確認）
① 前週で学んだことを再度説明した後，テキストの〈Part 3〉を再読し，タスク3（本章付録資料1参照）のQuestion作りとAnswerの確認。（30分）
② テキストのタスク4（登場人物がクリスマスプレゼントを準備するまでの様子を，表にしたがってまとめる）（本章付録資料2参照）。英語で解答を書き込み，ペアになって答えを確認した後，答え合わせ。（15分）
③ テキストp.10の頂上タスク1（クリスマスプレゼントを買うお金がない時，自分であればどうするか，仮定法を用いて英語で書く）（p.239参照）を行うに際して，仮定法をよく理解していない学生がいたため，4つのグループ（3名ずつ）に分けて仮定法の協働学習を行う。その後，ハンドアウトを配布して仮定法の練習をし，答え合わせを行った。（25分）

第7回目（11月11日）
（1）先週末あったことをトピックとして学生同士で英会話（25分）
（2）"The Gift of the Magi"（65分）
　　　（本時のテーマ：頂上タスク1と2，英文のパラグラフ構造や論理展開）
① 仮定法の復習をした後，上記の頂上タスク1に答えさせる。日本語では書かず，英語で直接書かせる。理由も書かせる。（20分）
　　この間，教師は教室を回りながら，英文をチェックする。
② 頂上タスク1で書いたことをクラスの前で各自発表。質問や意見を述べさせる。（20分）
　　クリスマスプレゼントとして「愛する人のために手作りのものを作ってあげる理由はそのことによって心が伝わるから」という意見が圧倒的多数を占めた。結果的に，学生たちが作った英文はどれも似たようなものとなった。発表への質問も，具体的にどのようなものを手作りしてあげるのか，またその理由を尋ねるものばかりとなり，それに対する回答は，手作りの

品物それ自体は様々出されたものの，自分が得意とするものを手作りするという回答に終始した。こうした発表や質問・応答がそれなりに盛り上がりを見せたことは一定の成果であり，英文が似たものになったことも，学生たちの本心であるのだから特段問題はないが，多様な意見が出れば議論がさらに盛り上がったと考える。

意見や質問を述べさせる時には，まずもって，'Thank you for your presentation.' 'It is very good.' 'I absolutely agree.' などの英語を発するように，例となる表現を教えた。

③ テキストの頂上タスク2（自分は，主人公のJimとDellaのように貧しくとも互いを思いやる人生を理想とするかどうかについて，自分の意見を述べる）。Because以下を最低2〜3文で書かせる。単にbecauseの節を3つ羅列させるのではなく，in addition等，副詞や接続詞とともに文を書かせる（教師による英文パラグラフ構造や副詞・接続詞の用い方の指導）。書かせた後，書いた文章を4つに分けたグループ（1グループ3名）内で読み合い，コメントをつけ合う。(25分)

第8回目（11月18日）

(1) 先週末あったことをトピックとして学生同士で英会話 (30分)
(2) "The Gift of the Magi" (60分)
　　（本時のテーマ：上記頂上タスク2，各自の "The Gift of the Magi" 論）
① 前週で書いた頂上タスク2の文章を各自口頭で発表させる。それに対して質問や意見を言わせる。(30分)
　お金はあるにこしたことはないが，人間同士の共感理解や愛の方が大事という意見がもっぱらであった。代表例を挙げる。

- 'I would like to live like Jim and Della, because they are happy. Money is one of the tools for a happy life. If we cannot live happily with money, money has no meaning.'
- 'I would like to live like Jim and Della, because they love each other. Truly, money is important. But money isn't the most important in our life. Love, mutual aid, and humanity are much more important than money.'
- 'I would like to live like Jim and Della, because they are happy. Certainly

they are poor. But they are significant persons to each other. In addition, they support and love each other. I want to pass away with good memories. It is not money but endearment that becomes a cherished memory.'

② テキスト p. 15（'The Visit of the Wise-Men' の絵：3 人の賢者が誕生したイエスを訪ねて祝福している絵）に関連して，教師から Magi の意味や magi を語源とする単語を説明。（10 分）
③ テキスト p. 15 について，インターネットを使用して調べさせ，考えたことを各自発表。全員が発表し終わった後，'The Gift of the Magi' というタイトルについてストーリーに即して意見を述べさせる。（20 分）
　　学生たちは「賢者の贈り物」という定訳に縛られず，自由に意見を出し合った。思いやりや愛の持ち主こそが賢者と言われるに値する人であるとか，もはや愛や思いやりは奇跡と呼ばれるようなものになってしまっているという社会批判だろうかといった意見が聞かれた。

第 9 回目（11 月 25 日）
（1）先週末あったことをトピックとして学生同士で英会話（30 分）
（2）「ジョンとヨーコが描いた平和の世界を知ろう！」（60 分）
　　（本時のテーマ：内容の理解，ジョン・レノンやヨーコ・オノの思いや活動の理解とそれらへの意見）
① "The Gift of the Magi" とジョン・レノンの詩の世界（彼が作詞した様々な詩を取り上げて）の接点について教師が概説。（5 分）
② "Ad in the New York Times"（テキスト pp. 17–18）を黙読させて 1 分間あたりの読みのスピードを計測させるとともに，T or F の問いに答えさせる。答え合わせは最初，ペアで行わせる。異なる解答があれば，なぜそうした解答をしたのか話し合わせる。その後で教師から正解を与える。（15 分）
③ "Ad in the New York Times" を再読。4 つのグループに分け，英文や内容についての疑問点を出し合い，協力して疑問点を解決する。内容については，たとえば，ジョン・レノンやヨーコ・オノ，ビートルズ，彼らが活躍した当時の社会状況等をインターネットで調べさせる。（20 分）
④ 解決できなかった疑問について教師が解説。（10 分）
　　学生が前置詞をよく理解していないことがわかったので，前置詞の意味

を認知言語学的な観点から解説した。
⑤　各自，ジョン・レノンやヨーコ・オノのことについて自由に意見を述べる。（10分）

第10回目（12月2日）
(1) 先週末あったことをトピックとして学生同士で英会話（30分）
(2)「ジョンとヨーコが描いた平和の世界を知ろう！」（60分）
　　（本時のテーマ：歌詞の構造に注意し内容をじっくり味わいながら読み取る，平和についての意見の礎作り）
①　テキスト p. 19 の "Imagine" の歌詞を読む。一読させた後，意味のわからないところを指摘させる。詩という特殊なテクストであるため，協働学習ではなく教師から第1連の歌詞の構造パターンを教えて，自力で第2連以降を読ませる。（15分）
②　韻について説明。また，詩の様々な読み方を概説。イメージを広げさせた後，インターネットで "Imagine" の歌を聞かせる。意見を全員に述べさせ，議論。（25分）
　　歌詞の中の 'Imagine there's no heaven' という部分が何を言おうとしているのか疑問が出た。そこで，詩の構造，つまり1，2，4連の各1行目と各最終行の関連を指摘して考えさせると，学生からは，来世ではなく「いま・ここ」に生きることの大切さ，神のためではなく人のために生きることの大切さを述べる意見が出た。
③　インターネットで "Imagine" を聞かせ，テキスト p. 21 の Activity 1, 2（聞こえた語句の選択，歌詞の穴埋め）を行う。答え合わせは最初，ペアで行う。異なる解答があれば，なぜそうした解答をしたのか話し合わせる。その後で教師から正解を伝える。（10分）
　　なお，学生たちは自分たちで各々歌を何度も口ずさみながらアクティビティを行っていたため，歌い込みは行わなかった。
④　インターネット映像で "Imagine" を聞かせ，テキスト pp. 21–22 の Activity 3, 4（歌詞にある単語の反意語を記入，歌詞の内容をイラストで理解）を行う。答え合わせは最初，ペアで行わせる。異なる解答があれば，なぜそうした解答をしたのか話し合わせる。その後で教師から解答を述べる。（10分）

第11回目（12月9日）

(1) 先週末あったことをトピックとして学生同士で英会話（30分）
(2) 「ジョンとヨーコが描いた平和の世界を知ろう！」（60分）
（本時のテーマ：歌詞の内容をじっくり味わい理解する，平和への道，多様性の尊重）

① 『Trinity English Series Book 1 ワークシート』の Activity 5（p.9：身近にある人と人との肌の色や宗教，ハンディキャップや貧富等の違いについて，それを heaven と思うか hell と思うか自由に記入する），Activity 6（p.10：他者との違いに気づいた時の気持ちを英文で紹介），Activity 11（p.11：違いと共通点を話し合うため簡単な英語による二者択一の質問をし，意見を述べ合う），Activity 13（p.12：上記 Activity 4 によって見つけた共通点と相違点についてまとめる）を教師から口頭（英語）で尋ねて答えてもらう。（15分）

　出てきた意見は，いずれが天国とも地獄とも言えない，心の持ち方次第といったものと，いわゆる文化アイデンティティを基とする多様性の尊重が重要というものになった。

② テキスト p.23 の歌詞 "Happy Xmas (War is Over)" を読む。一読させた後，ペアを組ませ，意味のわからないところを指摘し合い協働学習。学生では解決できない部分は教師が解説。（15分）

　'And what have you done' は「？」がないために学生が最も意味を取りにくかった英文であった。

③ インターネット映像で "Happy Xmas (War is Over)" を聞かせ，テキスト p.24 の Activity 8, 9（聞こえた語句の選択，他者との違いを述べる部分の歌詞の穴埋め）を行う。答え合わせは最初，ペアで行わせる。異なる解答があれば，なぜそうした解答をしたのか話し合わせる。その後で教師から解答を述べる。（20分）

　なお，学生たちは "Happy Xmas (War is Over)" を各自何度も口ずさみながらアクティビティを行っていた。最後には，全員で声を合わせて歌っている状況でもあった。授業が終わったあとでも，学生たちは口ずさみながら教室を後にした。以上の状況から歌い込みは行わなかった。

④ 他のクリスマス・ソングとの比較（『Trinity English Series Book 1 指導書』を参考），また "Imagine" と関連づけて，全員で "Happy Xmas (War is Over)" の歌について意見を述べ合う。(10分)

第12回目（12月16日）
(1) 先週末あったことをトピックとして学生同士で英会話〚30分〛
(2)「ジョンとヨーコが描いた平和の世界を知ろう！」〚25分〛
　　（本時のテーマ：異なるテクストを読み，平和への意見を多元的に考え述べる礎作り）
① 　テキスト p.25 の Activity 10 ("Happy Xmas" の歌詞の内容についての考察) を行う。歌詞からどのような人や出来事を連想するかについて，表を英語で埋めた後，各自に発表させる。発表の内容に対して，意見を述べ合う。(25分)

　　「どんな人にとってのクリスマスだと言っていますか」への解答としてマイノリティのみを挙げる意見が多かった。マイノリティへのまなざしは大切であるが，マイノリティだけを重視するのはマジョリティとマイノリティの二項対立を残したまま各項を置き換えるだけのことになる。この歌詞で大事な点は，the strong / the weak などの二項対立を越えたところにある平和であるため，教師が「the strong はどうなってもいいの？」「何が the strong / the weak を分けるのか」といった質問を行うことで，その点について気づいてもらった。

(3) "Louis Armstrong's Message in What a Wonderful World"〚35分〛
　　（テーマ：ルイ・アームストロングのメッセージの理解，異なるテクストを読み，平和への意見を多元的に考え述べる礎作り）
① 　テキスト p.26（ルイ・アームストロングのメッセージ）を一読させた後，ペアを組ませ，意味のわからないところを指摘し合い協働学習。学生では解決できない部分は教師が解説。(15分)

　　黒人英語のため，学生たちには読みづらい点があったので，黒人英語の説明を少し行った。

② 　YouTube で "What a Wonderful World" の歌を聴く。(5分)
③ 　テキスト p.27 の歌詞を一読させた後，ペアを組ませ，意味のわからないところを指摘し合い協働学習。学生では解決できない部分は教師が解説。(15分)

　　歌詞の中に出てくる9つのキーワードを，プリントされている9枚のイ

ラストと関連づけて見ていく方法で対応させれば，学生たちは歌詞の意味がとれた。

第13回目（12月23日）
(1) 先週末あったことをトピックとして学生同士で英会話〚30分〛
(2) "Louis Armstrong's Message in What a Wonderful World"〚60分〛
　　（本時のテーマ：人種的マイノリティの声に耳を傾ける）
① 教師からアフリカ系アメリカ人をはじめとする人種的マイノリティについて概説。（10分）
　肌の色から日本人も 'colored' と呼ばれる点にも触れ，黒人問題が身近なものであることを意識させた。
② 人種的マイノリティの声として一度 "What a Wonderful World" を聴き，再度歌を聴きながらテキスト pp. 28–29 の Activity 15, 16（歌詞の内容をイラストで理解，歌詞の空所補充）を行う。答え合わせは最初，ペアで行わせる。異なる解答があれば，なぜそうした解答をしたのか話し合わせる。その後で教師から解答を述べる。（15分）
③ テキスト p. 30 の Activity 17（歌を英語で歌いながら音の連結・脱落を理解ならびに習得）を行う。（10分）
④ 音の連結や脱落について，アメリカ英語を題材にし，t 音を巡るものを中心に教師が解説。（10分）
⑤ テキスト p. 31 の Activity 20（平和な世界に近づけるために何をしたらよいかについてのスピーチの構想をまとめる）を行う。最初に行った "The Gift of the Magi" や褒め合いのアクティビティも思い出しながらメモを作らせる。スピーチの構成は宿題とした。（15分）

第14回目（1月20日）
(1) 先週末あったことをトピックとして学生同士で英会話（35分）
(2) "Louis Armstrong's Message in What a Wonderful World"（55分）
　　（本時のテーマ：意見の発信，平和学）
① 学生一人ひとりが「平和な世界」というテーマでスピーチを発表する。（25分）
　代表例を挙げておく。

- 'Let's respect diversity. The world is full of different people. Different people belong to different cultures. We cannot determine which culture is better. It, hence, makes no sense for us to strive for mastery. For a peaceful world, let's respect diversity.'
- 'Each of us should listen to another person's voice and respect each other. We tend to judge people by the colors of their skin, clothes, and occupations. They tend to blind us to other people. It is impossible, however, to understand people before we listen to them. Without understanding each other, we cannot expect peace in the world. Let's listen to another person's voice and respect each other.'

後者のスピーチには他者の内的照合枠からの受容と共感理解への姿勢が見られる。

② 授業全体を振り返りながら，全員で平和な世界を作る教育や学びについて意見を述べ合う。(20分)

これは後に提出することになるレポートのアイディアをまとめるための準備でもある。

③ まとめ。(10分)

第15回目 (2月3日)

(1) 先週末あったことをトピックとして学生同士で英会話 (40分)
(2) 全員で授業全体の振り返り (20分)

後日，「生きる喜びを見出せる英語学習とはどのようなものと考えるか」をテーマにレポートを提出させることとした。

(3) 総まとめ (20分)

なお，多様性の尊重は文化アイデンティティを基盤としているが，原理的に資本主義の犠牲者や問題点に盲目となるという課題点 (cf. W. B. Michaels) もあることを指摘し，学習者の視野をさらに広げた。

5. 学生の「生きる喜びを見出せる英語学習」とは

先に述べたように，学生にレポートを課し，各自にとっての「生きる喜びを見出せる英語学習」について考えてもらった。学生たちの興味は当初，英

語のコミュニケーション能力の向上のみにあったが，授業を通して人間力向上の大切さを知るようになった。学生たちのレポートは忌憚のない意見であり，かつ重要な指摘を含んでいるので，下に抜粋しながら紹介する。なお抜粋にある「生徒」という言葉は，「学生」の間違いか，あるいは学生が中学や高校の時代を振り返った時に用いている言葉として理解されたい。

まずすべての学生が，これまでの英語授業で用いた教材の面白みのなさを指摘し，それまでの受身的なトレーニング重視の授業に苦痛やプレッシャー，ひいては教室内の雰囲気の悪さを感じていたと指摘した。例として2名のものを記す。

・中学，高校になるにつれて，英語学習が苦痛になっていった。(中略)教科書には環境問題や歴史などについて書かれており，読む気の失せるようなものばかりであった。(中略)加えて，毎回の小テストで70％以上正答せねばならず，それによってある程度は英語力がついたのだが，一方でそうした英語の学習に幸せや喜びを感じることができなかった。
・毎日が，そして毎授業がほとんど同じで，ただ先生が話していることを聞いてノートをとる。そして，テストのために暗記し勉強をする。とにかく単語や文法を，呪文を覚えるかのように，ひたすら黙々と覚える。(中略)そうした日々の授業は教室内の雰囲気を停滞させ，私たち生徒は長い学校生活の中でどんどん授業に対するやる気や興味が失せていく。

もっとも，学生たちは単にゲラゲラ笑えるような面白い授業を望んでいるわけではない。毎日淡々と教師の話を聞き，ノートをとる受身的な授業が面白くないのであり，他者との交流，それによる自己の向上や視野の拡大を望んでいるのである。「幸せ」＝「楽しさ」ではないという考えを明示した学生もいた。この学生は，幸せとは他人がいて初めて感じられるものであり，それゆえ他者の存在，他者との交流が必須であり，そのためにこそ言語が必要になると考える。会話の授業であっても，実際に他者との心の交流がない限り，幸せは感じないということである。

・「幸せ」「愛」「喜び」とは，生き物の内面から溢れ出るものである。(この感情が生まれるには外部からのアクションが必要であるが。)(中略)「幸せ」や「喜び」，そして「愛」とは決して自分一人で得ることのできない，生み

出すことのできない感情であると思う。今まで自分が「幸せ」だと感じたとき，「愛」を感じたときのことを思い返してみてほしい。そこには絶対に少なくとももう一人いたはずだ。このことからしても，やはり英語学習には，他人と触れ合い，話し合い，価値観を共有し合い，集団の中で自己を確立していく必要性を大いに感じる。他人と意見を交え（中略），お互いが話し手になり，聞き手になり，相手の価値観を受け入れていくことが「幸せを感じる英語学習」ではないかと思う。

別の学生は，喜びのある英語学習とは点数の向上よりも，むしろ自己の人格の発達が感じられる学習であると述べる。

・私たちは自分の進歩を感じられるとき，生きる喜びを感じることができる。私の考える「進歩」とは，TOEIC 高得点取得や英語検定 1 級取得などの英語学習面での進歩だけではなく，道徳面での進歩や人としての成長も意味する。資格取得のために，文法を覚え，語彙を増やし，問題をこなす，という学習方法は多くの人が行っていることだ。英語学習面での進歩は，やればやるだけ結果が目に見えて分かるため，達成感を味わうのには非常に良い。しかし，これは他人に認めてもらうためにしていることであって，自分が本当に必要だと思って行っていることではない。

では，どのような学習方法が人としての成長に繋がるのか。同学生は「この答えは簡単である。人として成長できるような英語の作品を読めばよいのだ」と指摘する。具体的には「短い詩や歌詞」や「長編の文学作品」であると言う。また，それらの教材によって歴史を歴史の教科書より生き生きと学べると言う。彼女は次のように締めくくる。

・私たちは英語学習を通して進歩することができる。（中略）英語学習を通して英語だけを学ぶのではなく，人として成長することこそが「進歩」だ。日本で行われている典型的な英語学習は，新しい携帯電話を購入し，その説明書をひたすら読んでいるようなものだ。英語学習は「英語を学ぶ」ことよりも「英語で学ぶ」こと，作者が秘めたメッセージを読み取ることに重点を置くべきである。英会話の授業でも，そのことは言える。英語を使うことだけが目的なのであれば，会話の内容に興味がないため，会話は乏しくなる一方で，英語への関心など一切なくなる。反対に，会話をするこ

とが目的であれば，分からないような英語を必死に理解し，言いたいことを伝えようとするはずだ。(中略) すなわち，「生きる喜びを見出せる英語学習」とは学習者一人ひとりの人生に何らかの良い影響を与えられるような英語学習のことだと私は考える。

同様に，相手を思いやる気持ちを育成しない英語教育は，本当の意味での英語教育ではないと言う学生もいた。

・英語学習で大切なのは相手への気遣いであると考える。幸せだと自分が感じる際，自分だけがそう感じていてもあまり意味がないように感じる。周りの人にも幸せだとか心地よさを感じてもらわなければならない。相手に嫌悪感を与えるような言葉は人間関係にひびがはいるだろう。もし英語がとても上手でも相手を不快にさせるような言葉を言っていたら，英語を喋る友だちもいなくなる寂しい人生を送ることになろう。(中略) 相手を思いやる気持ちを育てる言語（英語）教育が必要であり，それは「個人の魅力を上げるためにも」必要であり，それが「幸せへと繋がる」のであり，教育に欠かせない。

このことから，同学生は「表現やマナー，そこにある文化的知識を学ぶ必要がある」と言う。文化的な背景のない英語教育には魅力も学習への意欲もわかない，なぜならそうした英語は生きた英語ではないからだと言う学生もいた。

・いまの日本での英語の授業はただの情報を与える，もしくは提供するだけの場のように感じる。そもそも情報などは教科書や参考書を読めばいくらでもわかる。まず，そんな話だけを聞き，教科書や参考書にあることだけを学ぶ授業は楽しくもないうえ，いまの中高生の英語授業に対するモチベーションが下がるのも当たり前だと思った。(中略) 感情がある生きた英語を身につける必要性があると思う。日本でその国の文化も情勢も知らない日本人は辞書で英語の単語の意味を調べ，和訳が辞書の出した直訳と違っていたら，正確でないと言って批判する。辞書的に正確な和訳よりニュアンスを反映した和訳の方が大切であることは明らかである。そしてそのためには，その国の文化や情勢を知っていなければならない。(中略) 正確な教科書的，辞書的な英語を完璧にできるようになってから，そうした生き生

きとした英語を学べばいいと考える人もいるかもしれないが，その教科書的な英語教育を受けている過程が多くの生徒にとってはたまらなく退屈なのである。教科書を使った正確な英語を教えるのと平行して，生き生きとした現地でも使えるような英語を教える必要があると私は思う。

この学生は，日本人教師のみならず，日本で英語を教える英語のネイティブ・スピーカーの教師の授業もそうした授業を行っていないと批判する。

・外国人の教師による授業でも現地の発音などを教えるだけで現地の生きた英語は教えない。そして延々と単語や文法を覚えさせられ，教科書に従った正確な英語を教え込まれる。こういった授業も必要であるとは思うが，こういった授業のために多くの生徒が英語を学ぶための意欲を失っているのは否定できないと思う。

最後に，英語がリンガフランカになっているいまの時代であればこそ，他者への思いやり，自己の人格の向上を伴う英語学習が世界の平和にも貢献するという見方を示した学生の意見を紹介しておこう。

・いまの時代，英語学習に大きな関心が集まっている。しかし，ただ英語を学習するだけでこの先よい人生を送れるかといったら決してそうではない。英語を使っていかに自分が幸せになれるのか，いかに他人も幸せにできるのかを重点的に考え学習すればこれから先の日本の未来は明るいだろう。（中略）英語学習といえども日本を，いや世界を変えてしまえるかもしれないといっても過言ではないと私は信じている。相手を思いやる心，相手への礼儀，こういったことを英語学習と関連づけて学べば，自分の世界はもっと広がり様々なことがもっと学べるだろう。

以上，受講生の意見を記してきた。学生たちは当初，単なる英語コミュニケーション能力の向上だけに興味をもっていた。しかし，本授業の終了時に書いたレポートから考えれば，単なる英語コミュニケーション能力の向上を目的とした授業ではきっと退屈し，40分間も英語での会話をすることなどできるようにはならなかったと思われる。学生たちの英語力が向上したのは，学生たち自身が結論づけるように，知力・人間力とともに英語コミュニケーション能力を向上させたからであり，そしてそのことによって英語の学びが

生きる喜びや生き方を見出す過程になったためであると言えよう。

6. まとめ：「生き方が見えてくる英語授業」に私が提案できること

　これまで『Trinity English Series Book 1』を用いた「生き方が見えてくる英語授業」の実践を記してきた。本授業を通して学生たちは笑顔が絶えず，活発に意見を述べ，常に生き生きとしていた。そのような彼らも，かつては英語の授業が退屈だったと述べていた。彼らのレポートから明らかなとおり，もしも本授業で英語が自己目的化した授業を行っていたら，彼らもやる気を失ったことであろう。学習者を全人的に捉え，知力・人間力・英語力を総合して発達させていく授業ならびに学習に彼らは魅力を感じ，やる気を維持し，努力を重ねた。互いを受容し共感理解し合い，自己に他者に己を開く中で意見を述べ，様々な能力を発揮し，自己を十全に実現する，そうした生き方の中に言語の素晴らしさと重要性を感じ，学んでいく。日々の授業が，そして毎日が単調な繰り返しにしか感じられず悶々としている迷える子羊たちが生き方を見出し，生きる喜びを感じる英語学習とはそういうものなのではないだろうか。

　確かに，本授業は人数の面でも英語学習の当初のモチベーション面でも恵まれたものではあった。しかし，筆者は他にも，50名近い受講者のクラスや学習のモチベーションが当初かなり低かったクラスでも授業を行い，授業の一環として "The Gift of the Magi" を読ませたり褒め合いのアクティビティをしたところ，受講生たちはいずれも授業が楽しいと言ってくれたり，他者を思いやる心を育てる授業を高く評価してくれた。モチベーションの低いクラスでも，『Trinity English Series Book 1』のような教材を用いて知力・人間力・英語力を総合的に発達させる授業を展開すれば，今回と同様に受講生の満足感や英語力向上の成果を得られることだろう。

　そして筆者の知見から，そのような授業は海外の英語学習者にとっても，効果的であると考えている。学生のレポートにもあったとおり，世界の人々が英語学習を通して生き方を見出し，生きる喜びを感じ，世界平和を実現することも，案外夢の話ではないように思われる。

〈注〉
1. これを student-centered education というのであり，授業中における教師と学

習者の口数と行動の量を入れ替えただけの教育ではない。また，こうした任務を facilitator というのであり，正式には「facilitator としての管理者」という。これらの術語はロジャーズが創ったものである。ロジャーズの教育原理と英語教育については桑村 (2010) に詳述されている。本論におけるロジャーズへの言及は桑村 (2010) を参考にした。
2. たとえば，task-based の教育は 19 世紀末から 20 世紀初頭にかけて欧米を中心に起こった新教育運動の中で登場したものであるが，新教育運動はその後，衰退する。その原因を知り課題の克服を考えたうえで task-based の教育を用いなければ同じ失敗を繰り返すだけとなる。その時に困るのは学習者たちだ。同様のことは英語教育学で今日用いられる多くの用語に言える。こうしたことから教科教育が少なくとも教育学に盲目となるのは危険なことと考える。
3. ちなみにヴィゴツキーの教育理論は新教育運動の教育学が有する原理的課題，すなわち学問の系統性と学力の担保のうち，後者の課題を克服する方法として登場した。冷戦の影響がありアメリカではしばらく無視されていたが，現在のカリキュラムの基盤を作ったブルームはいち早くヴィゴツキーに注目していた。なおロジャーズは教育学上，アメリカでの新教育運動の代表的存在である J. デューイから多大な影響を受け，アレンジを加えた。
4. 本論では「テキスト」を教材，特に本授業で用いた教材，「テクスト」を言説の意味で用いる。
5. これは Nordyke and Worthington (1998, pp. 9–10) の教材を基に作り替えたものである。表 2 も同教材を基にしたものである。
6. 表 1 は，個人が特定されないようにするため名前ならびに一部の内容は架空のものにしている。

〈引用文献〉

加藤和美 (2012).「The Gift of the Magi」生き方が見えてくる高校英語授業改革プロジェクト『知的プロセスを大切にした高校英語授業のモデルの開発　授業プラン集』pp. 10–29. 2016 年 4 月 1 日ダウンロード. http://ecrproject.half-moon.org/

桑村テレサ (2010).「外国語教育における C. ロジャーズの『学生中心教育』の理論的展開と実践」奈良女子大学博士学位論文.

永倉由里・伊佐地恒久 (2013a).「The Gift of the Magi」,「ジョンとヨーコが描いた平和の世界を知ろう」『Trinity English Series Book 1』浜島書店 (非売品).

永倉由里・伊佐地恒久 (2013b).『Trinity English Series Book 1　指導書』浜島書店 (非売品).

Fromm, E. (1956 / 2002). *The Sane Society*. New York: Routledge.
Michaels, W. B. (2006). *The Trouble with Diversity*. New York: Holt.
Nordyke, S. E. & Worthington, G. N. (1998). *Star Write: The Communicative Approach to Writing*. Tokyo: Macmillan Language House.
UNICEFイノチェンティ研究所 (2010).「『Report Card 7』研究報告書　先進国における子どもの幸せ——生活と福祉の総合的評価」国立教育政策研究所.

付録資料1　タスク1, 2, 3の例

　Part 1, 2, 3の内容理解のためのQ&A（質問と答え）をそれぞれ5つ作りなさい。英語が難しければ日本語でもかまいません。

	Question	Answer
1		
2		
3		
4		
5		

付録資料2　タスク4の例

　物語を読み, JimとDellaがお互いのためにクリスマス・プレゼントを選んで準備するまでの様子を表にまとめなさい。

	Jim	Della
プレゼント （お互いのために用意したプレゼント）		
理由 （なぜそのプレゼントを選んだのか？）		
お金 （プレゼントを買うためのお金をどうしたか？）		
結末 （プレゼントを贈った結末はどうだったか？）		

第Ⅳ部

大学入試とこれからの英語授業

第 11 章

これからの大学入試が求める英語力
―― 問題発見・判断・意思決定・解決の力 ――

亘理　陽一
（静岡大学）

1. はじめに

　大学入試をめぐる議論が喧しい。いわゆる「PISA ショック」による学力論争，義務教育段階での全国学力・学習状況調査の実施を踏まえて議論が進む他教科とは異なり（北野, 2011），とりわけ英語（外国語）については，「4 技能の測定」と「外部資格・検定試験の活用」という言葉が先行している印象が拭えない。

　もちろん，受験者の英語運用能力として測りたいものを測れるか（validity），安定してそれを測れるのか（reliability）といったテストの質や，新しく作られるテストや各種資格・検定試験が，現行の大学入試センター試験に代わって公正性（equity）や実行可能性（feasibility）をどの程度担保できるのかといった条件・体制等はそれとして十分に検討されるべきであるし（Green, 2014），英語教師の側でも注視し続けるべき問題である。しかし，英語教師の多くはややもすると風見鶏，あるいは風に流される風船のように，断片的な報道と文言にいたずらに不安を煽られるか，実際に火の粉が降ってくるまでは自己の実践とは無関係なものとしてやり過ごしている現状があるように思われる。英語教師は教育政策の動向に右往左往するのではなく，生徒を送り出す側の責任として，この「入試改革」においてどのような英語力が求められているかを冷静に分析・把握しておくべきではないだろうか。

　本章では，政策動向の要点を押さえ，そこで求めている英語力が，実は本書がこれまでに示してきた「知的なコミュニケーション能力を育てる高校英語教育」と本質において合致するものであることを論じる。他方で，現状ではそうしたことが高校側に十分に理解されないまま，大学入試英語対策が行われている可能性が高いことを指摘する。さらに次章では，全国 33 の国私

立大学の大学入試問題の分析に基づき，現行の大学入試の側から求められる英語力と出題傾向を明らかにする。

2. 大学入試における英語試験の政策動向

大学入試における英語（外国語）の「4技能の測定」の導入と「外部資格・検定試験の活用」は，いわゆる高大接続，つまり，大学入学者選抜の方法を含む，高等学校での教育と大学教育との接続をめぐる議論の中で論じられてきた。

2.1 経緯と変容

具体的には，まず（2006年に第一次安倍内閣が設置した教育再生会議を引き継ぐ）2013年の第二次安倍内閣の教育再生実行会議の答申に，「大学教育を受けるために必要な能力判定のための新たな試験の導入」として「複数回挑戦を可能とすることや，外国語，職業分野等の外部検定試験の活用を検討する」という言及がある（教育再生実行会議，2013, p. 6）。この答申ではやや唐突に「TOEFL等の語学検定試験」と具体的な外部試験名が挙げられていたが，翌年の「英語教育の在り方に関する有識者会議」報告書を踏まえた，中央教育審議会答申（文部科学省，2014b, pp. 15–16）では，

> 「特に英語については，四技能を総合的に評価できる問題の出題（例えば記述式問題など）や民間の資格・検定試験の活用により，『読む』『聞く』だけではなく『書く』『話す』も含めた英語の能力をバランスよく評価する。また，他の教科・科目や『合教科・科目型』『総合型』についても，英語についての検討状況も踏まえつつ，民間の資格・検定試験の開発・活用も見据えた検討を行う」

と，「4技能」が前面に出て，「資格・検定試験」はややトーンダウンした。

教育再生実行会議答申の時点では，欧米を中心とする海外の大学に進学する際に活用できる国際的通用性のある試験の活用を想定していたのであろうが，実際にどの資格・検定試験を活用するかという問題は，上述の公正性・実行可能性のみならず，資格・検定試験団体間の綱引きもあり，簡単には決まらない。現に文科省のそれまでの外国語教育に関する施策，たとえば2011年の「外国語能力の向上に関する検討会」提言に基づく「外部検定試験の活

用による英語力の検証」(文部科学省,2012) では,日本英語検定協会の「英語能力判定テスト」(いわゆる英検)とベネッセコーポレーションの「GTEC for STUDENTS」が用いられていたのである。「4技能の測定」の必要性も同提言あるいはそれ以前から言われていたことではあるが,さしあたり中教審答申の,「大学入学希望者学力評価テスト(仮称)」全体に対して置かれた,「『知識・技能を活用して,自ら課題を発見し,その解決に向けて探究し,成果等を表現するために必要な思考力・判断力・表現力等の能力』(「思考力・判断力・表現力」)を中心に評価する」(文部科学省,2014b, p. 15) という方向性の中に位置づけられた格好と言えよう。

　ただし,中教審答申であれ,並行して文科省(初等中等教育局国際教育課外国語教育推進室)より示された「グローバル化に対応した英語教育改革実施計画」(2013年)および「英語教育の在り方に関する有識者会議」の提言(2014年)であれ,4技能の総合的評価というのは特に目新しいことを主張しているわけではない。中教審答申が求める「グローバル化の進展の中で,言語や文化が異なる人々と主体的に協働していくためには,国際共通語である英語の能力を,真に使える形で身につけることが必要であり,単に受け身で『読むこと』『聞くこと』ができるというだけではなく,積極的に英語の技能を活用し,主体的に考えを表現することができるよう,『書くこと』『話すこと』も含めた四技能を総合的に育成・評価することが重要である」(文部科学省,2014b, p. 7) というのは,要するに高校においては2013年度施行の現行学習指導要領が求めていることであり,これらの政策動向は,具体的な教科のレベルでは現行および次期指導要領に「お墨つき」を与えようとするものに過ぎない。裏を返せば,現行指導要領に掲げられた目標・内容を言葉だけのものとせず,具体的な実践によって実質を伴わせることこそが求められているのである。

　「資格・検定試験」についてはその後,文科省により「英語力評価及び入学者選抜における英語の資格・検定試験に関する連絡協議会」,およびその下に「英語力評価及び入学者選抜における英語の資格・検定試験の活用促進に関する作業部会」が設置され,2015年に同連絡協議会から「英語力評価及び入学者選抜における英語の資格・検定試験の活用促進に関する行動指針」がまとめられた。そこでは,「グローバル化に対応して学習者が生涯にわたり主体的に英語学習に取り組む環境づくりとして,『聞く』『話す』『読む』『書く』の

4技能を初等中等教育から高等教育を通じてバランスよく育成するとともに，総合的に評価することが重要」だという「観点を踏まえ，本協議会において，4技能を測る試験の活用の在り方，有効性及び留意点について指針を策定し，各学校・団体において，学校の授業における英語力評価及び入学者選抜における試験の活用を促進」(文科省，2015a, p. 26)するとして，(TOEIC と TOEIC S&W を1つとしてカウントすると) 9つの資格・検定試験の比較および得点換算・対照表が示されている。本節で注目すべきは，それが，ヨーロッパ共通参照枠 (Common European Framework of Reference for Languages: Learning, teaching, assessment, CEFR) との対応において示されていることであろう。これは，「学習指導要領を踏まえながら，4技能を通じて『英語を使って何ができるようになるか』という観点から」"Can-do …" の形式で学習到達目標を設定し，指導・評価方法を改善することを各学校に求める (文科省，2014a) という，すでに「各中・高等学校の外国語教育における『CAN-DO リスト』の形での学習到達目標設定のための手引き」(文部科学省，2013) で示された方向性に沿うものであり，その意味でも，現状はすでに，教育再生実行会議の答申が当初想定した「外部資格・検定試験の活用」とは少なからず異なるものに変容していると言うことができるだろう。

2.2　これから求められる力

金谷（編）(2015) は彼らが行った分析結果をもとに，「中学英文法で大学英語入試は8割解ける」と主張する。中学校の学習内容の重要性を説くという意味ではもっともな部分もあるが，入試問題が単に「解ける」ことと，そこで求められる英語力が十分に身についていることとは必ずしもイコールではない。「効率の良い入試対策」という視点だけでは，今後，英語教育が直面する変化に流されずに対応できる保証はどこにもない。英語教師は，これから求められる力を正しく見通したうえで，自らが必要と思う授業を，普段から積み重ねていくべきであろう。では，どのような力がこれから求められるのだろうか。

本章2.1で述べた経緯を踏まえて文科省が2015年9月に公開した高大接続システム改革会議「中間まとめ」では，全高校生に課す「高等学校基礎学力テスト（仮称）」と，大学入試として4技能と論理的思考力を測る「大学入学希望者学力評価テスト（仮称）」の導入が提案されている。同「中間まとめ」

によれば,「大学入学希望者学力評価テスト(仮称)」の基本的な考え方は,

> 「大学入学希望者を対象に,これからの大学教育を受けるために必要な能力について把握することを主たる目的とし,知識・技能を十分有しているかの評価も行うことに加え,『思考力・判断力・表現力』を中心に評価する。このことにより,大学入学に向けた学びを,知識や解法パターンの単なる暗記・適用などの受動的なものから,学んだ知識や技能を統合しながら問題の発見・解決に取り組む,より能動的なものへと改革する。さらに,大学教育では,こうした学びを一層発展させる」(文部科学省,2015b, p. 40)

というものである。

「英語については,書くこと(ライティング)や話すこと(スピーキング)を含む四技能について,例えば,情報を的確に理解し,語彙や文法の遣い方を適切に判断し活用しながら,自分の意見や考えを相手に適切に伝えるための,思考力・判断力・表現力を構成する諸能力を評価する」(p. 42)とされている。末尾資料ではさらに,国語・英語の具体案として「多様な見方や考え方が可能な題材に関する文章や図表等を読み,そこから得た情報を整理して概要や要点等を把握するとともに,情報を統合するなどして自分の考えをまとめ,他の考え方との共通点や相違点等を示しながら,伝える相手や状況に応じて適切な語彙,表現,構成,文法を用いて効果的に伝えること」(文部科学省,2015b, p. 53)と述べられている。次章で明らかにするように,これは現在の大学入試問題の分析を通じて我々が明らかにした諸大学出題のB型問題(本書12章参照)が求めている力そのものである。その意味で,本書12章にリストアップしたB型問題は,思考力・判断力を伴う英語力入試の現存するモデルとして,今後大いに参考に値するものだと言える。

関連して,最近開始されたTEAP (Test of English for Academic Purposes) にも言及しておきたい。TEAPは,上智大学と日本英語検定協会が開発した試験である。この試験では4技能をもれなく測定し,speakingとしては1対1で行われる10分間スピーキング・テストも取り入れられている。先述の高大接続システム改革会議「中間まとめ」でも,外部英語力試験のスコアを大学入試に活用することを奨励しており,TEAPも「学習指導要領を考慮」していることを謳っていることから(三宅,2015),これを大学入試に採用する大学が増えるかどうかは,それが高校の入試対策に与える影響という意味で

も注目に値すると言える。

　さらに「高等学校基礎学力テスト（仮称）」についても，「多様な出題・解答方式の導入」として，英語に関しては4技能を測定するテストの導入が提案されている。そこでは，「基礎的な知識・技能から思考力・判断力・表現力まで，幅広い資質・能力を把握することができるよう，『選択式』の問題でも，正誤式や多肢選択式の問題に加え，<u>複数の正答がある問題や複数の思考プロセスを評価する問題など多様な解答方式を導入する</u>。加えて，一定の文字数を記入する『記述式』など，それぞれの特徴を生かした多様な解答方式を導入する」（文部科学省，2015b, p. 18，下線は引用者による）とされている。中身に踏み込んだ議論にまで至っているわけではないが，こちらも，現在の大学入試問題の分析に見られるO型問題・B型問題（本書12章参照）に相当する問題の出題が予想される。

3. 高校側の受け止め方

　上述の高大接続システム会議「中間まとめ」の提案通りの改革が実施されれば，高校側の英語入試対策も激変が予想される。高校側がこのような動向をどのように受け止め，どのような試験を想定して入試対策を取っているかを知るべく，「生き方が見えてくる高校英語授業改革プロジェクト」のメンバーにメーリングリストや個別の面接を通じて尋ねた結果，この「中間まとめ」は高校教員の間ではほとんど知られていないことがわかった。高校側の入試対策は依然としてセンター試験や訳読・文法問題をターゲットにしており，民間の英語運用能力テストやコミュニケーション型試験はあまり考慮していないようである。本章で言及してきた政策動向が英語教師の間で知られていない理由の一つは，それが未だ英語教育の具体的な方向性や内容を伴った形で示されていないからであろう。

　それは，是非はともかくとして，教育委員会の指導や各校の取り組みとして「CAN-DOリスト」の整備が形だけでも進められているのとは対照的である。実態としてCEFRの考え方や設計思想について十分な理解が得られているかどうかは疑わしいが，学習到達目標を言語化し整合的に配置するということは，教師の日々の実践に直結する問題である。どのような形であれ整備が済めば，次はその運用が求められることになる。その際の「CAN-DOリスト」の運用上の課題は，本書が示してきた頂上タスクを軸とする単元構想

によって，解決の展望がひらけるものと考える。

　一方，本章でこれまで言及してきた政策文書で繰り返し強調されている「論理的思考力・判断力」に関しては，各教科において具体的に何ができる力を意味するのか未だはっきりと示されてはいない。それは，利害関係者への配慮もあるにせよ，「行動指針」においても未だ複数の資格・検定試験の扱いが表面的な比較にとどまっていることにも現れている。英語教育における「論理的思考力・判断力」，つまり英語を駆使して自ら問題を発見し，判断・意思決定を行い，解決していく力とは具体的にはどのようなものなのか。本書は1章～10章でまさにこの問いへの答えを提言してきたものであるが，次章ではB型問題としてリストアップした各大学の問題形式が，この方向性の欠如を適切に埋めるモデルとなりうることを指摘したい。

〈引用文献〉

金谷憲（編）(2015).『中学英文法で大学英語入試は8割解ける！：高校英語授業の最優先課題』アルク.

北野秋男 (2011).『日米のテスト戦略：ハイステイクス・テスト導入の経緯と実態』風間書房.

教育再生実行会議 (2013).「高等学校教育と大学教育との接続・大学入学者選抜の在り方について（第四次提言）」Retrieved from https://www.kantei.go.jp/jp/singi/kyouikusaisei/teigen.html

三宅義和 (2015).「新試験『TEAP』対策をすると，なぜ本物の英語力が身につくのか」『PRESIDENT Online』Retrieved from http://president.jp/articles/-/16551

文部科学省 (2012).「平成24年度『外部検定試験の活用による英語力の検証』報告書」Retrieved from http://www.mext.go.jp/b_menu/houdou/25/03/1332392.htm

文部科学省 (2013a).「各中・高等学校の外国語教育における『CAN-DO リスト』の形での学習到達目標設定のための手引き」Retrieved from http://www.mext.go.jp/a_menu/kokusai/gaikokugo/1332306.htm

文部科学省 (2013b).「グローバル化に対応した英語教育改革実施計画」Retrieved from http://www.mext.go.jp/b_menu/houdou/25/12/1342458.htm

文部科学省 (2014a).「今後の英語教育の改善・充実方策について報告～グローバル化に対応した英語教育改革の五つの提言～」Retrieved from http://www.mext.go.jp/b_menu/shingi/chousa/shotou/102/houkoku/1352460.htm

文部科学省 (2014b).「新しい時代にふさわしい高大接続の実現に向けた高等学校

教育，大学教育，大学入学者選抜の一体的改革について（答申）（中教審第177号）」Retrieved from http://www.mext.go.jp/b_menu/shingi/chukyo/chukyo0/toushin/1354191.htm

文部科学省（2015a）．「【資料3】英語の資格・検定試験の活用促進に関する行動指針（案）」Retrieved from http://www.mext.go.jp/b_menu/shingi/chousa/shotou/106/shiryo/attach/1356121.htm

文部科学省（2015b）．「高大接続システム改革会議『中間まとめ』」Retrieved from http://www.mext.go.jp/b_menu/shingi/chousa/shougai/033/toushin/1362096.htm

Green, A.（2014）. *Exploring Language Assessment and Testing: Language in Action*. Oxon, UK: Routledge.

第12章

現代の大学入試問題はどのような英語力を試そうとしているか
―― 全国33校91種類の入試分析から言えること ――

関　静乃・亘理　陽一
（静岡大学）　（静岡大学）

　本章では，我々が行った2008・2009年度の大学入試英語問題の分析に基づいて，次のことを論じる。
1. 文法訳読式授業に合致するタイプの入試問題は，現代では問題数で約4割を占めるに過ぎない。
2. 現代の大学入試問題は，短時間で多くの量の英文に対して，段落構造や段落間の論理構成，メッセージの内容を把握し，それに対する自分の見解を英文で論述する力を要求する傾向を強めている。
3. 前後の文脈を参照し，意味と形式の両面から答えを選ぶ力，そのために必要な語彙力や表現力をつける授業を足がかりに，上記2で述べたタイプの入試問題に対応できるよう，コミュニカティブな授業を行っていくことが教師には求められる。

1. 研究の動機
　日本の学校英語教育で英語運用力を高める努力の必要が叫ばれて久しい。しかし生徒の願いや教師の努力にもかかわらず，文法訳読式授業やドリル的補習依存の英語指導を中心とする高校は依然として少なくない。
　高校英語教育を，単なる大学受験対策から，本来のあるべき姿（豊かな人格の形成・コミュニケーション能力育成・異文化理解・国際的視野の養成）に引き上げようとする努力は，一貫して自覚的教師たちによって行われてきている。しかし，こうした努力にいつも立ちはだかるのは，「大学入試が依然として文法訳読式中心である以上，生徒を志望大学に合格させるには，文法訳読式授業を行わざるをえない」という「現実論」である。だが，この「現

実論」は必ずしも裏づけデータがあって流行しているのではない（三浦，2010）。

　本来の英語教育を高校，特にいわゆる進学校において実現しようとする際には，(a) 本来の英語教育を行ってなおかつ入試に対応できることを証明する，(b) この「現実論」そのものが入試の事実に基づいているかどうかを検証する，といった側面的支援が必要である。

　本章は，こうした側面的支援として (b) の検証を行った研究の報告を目的としている。つまり，「生徒を志望大学に合格させるには，文法訳読式指導が最も効率的である」という belief が，今日の大学入試の現状に照らして正しいかどうかを検証することが目的である。

　この検証のために，高校教師7名・大学教師7名・学生2名から成るプロジェクトを組み，全国33の国私立大学の2008・2009年度大学入試英語問題の出題内容を調査し，「大学入試問題で文法訳読式授業に合致した出題が何パーセントあるか」を調査した。ただしこの調査は入試のあるべき姿の議論や，各校入試問題の優劣判断には立ち入らない中立的調査である。

2. 研究の方法

2.1 分析対象校

　入試問題分析校は各地方の総合大学で入試問題が入手できるものを選択的に抽出した。具体的には，北海道大・東北大・東京大・一橋大・名古屋大・京都大・大阪大・九州大・東京工業大・上智大・早稲田大・慶応大・明治大・立教大・青山学院大・中央大・法政大・日本大・東洋大・駒沢大・専修大・南山大・中京大・名城大・愛知大・関西大・関西学院大・立命館大・同志社大・京都産業大・近畿大・甲南大・龍谷大の国立・私立大学33大学である。国立大は前期試験問題を，私立大は原則として入学定員が最も多い学部の一般入試問題を分析し，文系学部と理系学部がある場合，入学定員が最も多いそれぞれの学部の入試問題を別個に分析した。このようにして08, 09年度の合計91本の入試問題を分析した。

2.2 分析項目

　分析には，図1の分析表を用いた。図中の「General」は分析データの整理に必要な項目で，通し番号・大学名・学部名・年度・入試種別・解答時

間・大問番号を記入した。

General						Readability			内容の分類		Questions						
通し番号	大学名	学部	年度	入試種別	解答時間	大問数	語数	段落数（または会話ターン数）	Flesch Reading Ease (FRE)	Flesch-Kincaid Grade Level	スタイル	分野	トピック	設問番号	指示文は何語か	検索範囲	出題形式	解答言語は何語か	解答形式	選択肢の数（または語数制限）| A型か?	B型か?

図1　使用した分類項目

図1の「Readability」は問題中の各文章の語数・難易度を識別する項目である。大問ごとの語数・字数，段落数・ターン数，Fleschのリーダビリティー公式[1]を用いたReading Ease（FRE）とKincaid Grade Levelを算出した。Reading Easeとは，数値が100に近づけば近づくほど易しく，60以下は難しいとされている。Kincaid Grade Levelとは，文章の読解に必要な教育年数をアメリカの学年段階で表示したものである。「内容の分類」は文章・会話文の内容を分類する項目で，テキストが学術（論説文の内，事実の記述が中心）・エッセイ（論説文の内，意見の展開が中心）・物語・会話・その他のどのスタイルであるか分類し，どんな分野（科学・文化・歴史・社会等）であるかについても分類した。

「Questions」は各設問の出題形式を具体的に分類する項目で，1問ごとに，「出題文・指示文が日本語か英語か」，「受験者がその問題を解くために読まねばならぬ範囲（図表・語句・節・一文・複数文・全文）」，「出題形式」（次節で説明），「解答に要求されているのが日本語か英語か」，「解答形式（記述，選択，抜き出し等）」，「解答に対する語数制限あるいは選択肢数」，「A型/B型（本章2.3と2.4で解説）の判定」を記入した。

なお上記の「出題形式」では，英文和訳，部分和訳，和文英訳，writing，要約，タスク，文法・語法，同意語句，語義，error correction，書き換え，並べ替え，空所補充，段落整序・補充，聞き取り，発音，真偽判断，指示関係

確認，内容確認の19カテゴリーの内，どれに該当するかを分析した。

2.3 A型問題の定義と典型例

本研究では，文法訳読式授業に合致する入試問題のタイプを，便宜上「A型」と名づけた。A型問題とは，長い文脈の理解を必要としない英文和訳・文や語句の書き換え・並べ換え・和文英訳・同意語句選択・短文の真偽判断・孤立した語の発音の相違を問う多肢選択問題・短文を用いた文法問題等である。以下に，本調査で確認したA型問題の例を挙げてみよう。

以下の例のように，A型問題は文脈を伴わない孤立した文章内での訳・言語操作・音声学的知識を要求している。仮に長文を伴っていても，A型問題は本文全体の理解や長い文脈の理解がなくともある程度解答可能である。

① 英文和訳問題例

> 次の英文（B）を読み，下線部の意味を日本語で表しなさい。
> （B） <u>How we handle our own feelings of impatience, hostility, and anger is a far more powerful example to our children than what we tell them to do with theirs. We don't want to impose our black moods on our children, but neither do we want to pretend that our angry feelings don't exist.</u> In any case, we may as well be honest, for even when we try to cover up our anger, our children sense how we feel.
> ［2008年度 大阪大学 大問1番B］

② 和文英訳問題例

> 次の日本文（a）と（b）を英語に訳しなさい。
> （a） 言うまでもなく，ある人にはささいだと思われることが別の人にはきわめて重大なことになり得る。
> （b） 昨夜おそくおばの家の近くで火事があったので，今朝電話で安否をたずねた。
> ［2009年度 中央大学（2/12）センター併用方式・一般（法学部）大問2］

③ 並べ替え問題例

A. 次の日本文（1, 2）に相当する意味になるように，それぞれ以下（a～f）の語群を並べ替えて正しい英文を完成させたとき，並べ替えた語群の最初から2番目と6番目にくる語の記号をマークしなさい。

(1) 彼には，日本の新しい風習に順応することが，非常に難しいことだとわかった。

　　He found it very difficult to (a. himself　b. the　c. customs　d. adapt　e. to　f. new) in Japan.

＊(2) は省略

［2008年度　関西学院大学（2/3）A方式3科目型（文・理工）大問5番A］

④ 同意語句問題例

次の下線部の語句に最も近い意味を持つものを，ア～エの中からそれぞれ1つ選び，その記号を解答欄に書きなさい。

(1) How could you <u>stand by</u> him after he was found guilty?
　　ア．present　　イ．rear　　ウ．bring　　エ．support

［2008年度　名城大学　2/1 A（前期日程）F方式（都市情報・法学部）大問4］

⑤ 発音問題例

下線部の発音が他の三つと異なるものをそれぞれ一つ選び，その番号をマークせよ。

47　1. c<u>o</u>re　　2. fl<u>oo</u>r　　3. p<u>ou</u>r　　4. sec<u>u</u>re

［2009年度　京都産業大学　大問8］

2.4　B型問題の定義と典型例

一方，コミュニカティブな授業に合致する入試問題のタイプを本研究ではB型と名づけた。具体的には，以下のいずれかに該当するような問題である。

(1) 大量の英文の内容を短時間で理解し，質問に答えられるようなreading fluencyを問う。

(2) 問題の解き方を英語で指示しており，英語による授業参加に対応する力を問う。
(3) 問題文に直接書かれていない事柄を判断する，あるいは推論する (inference) 力を問う。
(4) 英文を逐一日本語に訳すのではなく，長文の全体の概要を捉える (skimming) 力を問う。
(5) 文脈の把握や段落内の構造，段落間構造を把握するといった深い理解力を問う。
(6) conversation strategy と方略能力（対応し応答する力）を試す。
(7) 英語を駆使してタスク（非言語的課題）を解かせる。
(8) 単に与えられた日本語を英語に変換させるのではなく，受験者の意見をまとまった内容の英文で表現させるなど，伝達目的を持った writing 力を問う。

以下に本調査で確認した B 型問題の例を挙げる。

⑥ 英文への要約と writing の問題例

> **Question A**（この設問の前には 680 語の英文 passage があるが，ここでは省略する）
>
> Summarize in English the opposing views about global warming from the passage in a paragraph of up to 70 words.
>
> You may use words and phrases from the text, but not complete sentences.
>
> **Question B**
>
> In English, write a 70–90 word paragraph answering the following question:
>
> Do you believe you should make changes in your own life due to global warming?
>
> ・If yes, explain what changes you feel you should make.
>
> ・If no, explain why changes are not necessary.
>
> You may use words and phrases from the text, but not complete sentences.

[2008年度 北海道大学 前期日程（全学部）大問3］

上例の Question A では，最初に多量の英文 passage（680 語）を読ませ（本文省略），次に 70 語以内に要約させている。さらに Question B では，英語の指示に従って，passage に関して自分の意見をまとまった英文で書かせている。

⑦ 日本文への要約問題例

次の英文の内容を，70〜80 字の日本語に要約せよ。句読点も字数に含める。

One serious question about faces is whether we can find attractive or even pleasant-looking someone of whom we cannot approve. We generally give more weight to moral judgments than to judgments about how people look, or at least most of us do most of the time. So when confronted by a person one has a low moral opinion of, perhaps the best that one can say is that he or she looks nice - and one is likely to add that this is only a surface impression. What we in fact seem to be doing is reading backward, from knowledge of a person's past behavior to evidence of that behavior in his or her face.

We need to be cautious in assuming that outer appearance and inner self have any immediate relation to each other. It is in fact extremely difficult to draw any conclusions we can trust from our judgments of a person's appearance alone, and often, as we gain more knowledge of the person, we can discover how wrong our initial judgments were. During Hitler's rise and early years in power, hardly anyone detected the inhumanity that we now see so clearly in his face. There is nothing necessarily evil about the appearance of a small man with a mustache and exaggerated bodily movements. The description would apply equally well to the famous comedian Charlie Chaplin, whose gestures and mustache provoke laughter and sympathy. Indeed, in a well-known film Chaplin plays the roles of both ordinary man and wicked political leader in so similar a way that

it is impossible to tell them apart.
［2008年度 東京大学 前期日程（文科・理科1〜3類）大問1（A）］

上例は，まとまりのある英文（266語）を理解した上で，指定の字数内の日本語で要約することを要求している。

⑧ タスク解決式問題例

次の案内文と地図を参考にして，下の22〜26の質問に対する答えとして最も適切なものを①〜④からそれぞれ一つずつ選びなさい。

Dear friends,

You are cordially invited to a party celebrating Sara's birthday. The party will be held at a Chinese restaurant in town. Get off at the train station, and go out the East Exit, where you can see the river to the right. Walk along High Street. After the post office turn right into Cromwell Road. Don't go straight to Paris Road, as there is construction going on at Paris Road and High Street. At the end of Cromwell Road, you will see Eastfield Park. Then, turn left, and walk until you cross Paris Road. The Chinese restaurant is to the right between a bus stop and a bakery. You can't miss it!

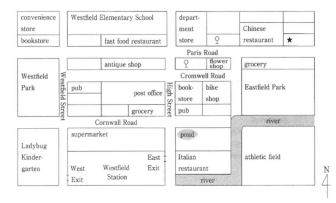

22. Which of the following statements is correct about the train station?

① The East Exit faces a Chinese restaurant.
② The West Exit is in Cornwall Road.
③ You cannot see the river from the East Exit.
④ The West Exit is closer to Ladybug Kindergarten.
（問23～26は省略）［2009年度 日本大学（商学部）大問5］

上例はパーティーの招待状と地図を見ながら道順を把握し，課題に答えるタスク型問題である。

⑨ 段落構成の理解を問う問題例

次の英文の空所に入る最もふさわしい表現を，それぞれ，(a)～(d)の中から一つ選び，その記号をマークせよ。

It's a fact that people judge you by the clothes you wear. So, if you're wearing a T-shirt, when you are taking a job interview, people may think it's not proper. You don't always have to conform, but it's best to dress (　　).

(a) what you like　　(b) according to the situation
(c) like others　　(d) by yourself

［2009年度 中京大学（2/10）一般（前期日程B方式）一般（前期日程D方式）大問2］

上例は，英文を読んでその主張を推論する力や段落の構成（Topic sentenceとSupport sentences）の理解を要求している。

⑩ 本文全体の論理展開の理解を問う問題例

次のそれぞれの問いに答えよ。
1. 次のパラグラフの中に文脈に合わない文が一つある。その番号を選びマークせよ。
(1) The nation is aging faster than any other society in recent history. (2) Scientists and economic planners have known about this trend for years. (3) However, it is only recently that it has begun to affect the lives

of ordinary Japanese. (4) By 2018, the government has estimated, one in four Japanese will be over the age of 65. (5) By that time, a large number of the elderly will be relying on a very small labor force to provide for them. (6) Recently, a Japanese scientist discovered a new medication for living a longer life. (7) More immediately, the traditional Japanese family is decreasing as young people move away from their parents' homes to seek jobs and lives of their own. (8) Meanwhile, the price and commitment of caring for one's aged parents has been escalating steadily. (9) With a shortage of affordable nursing homes and a lack of home-care services, Japan's silver life is beginning to reveal a very threatening cloud.

2. このパラグラフのタイトルとして最も適切なものを（A）〜（D）より一つ選び，その記号をマークせよ．

 (A) Important Trends in Japan
 (B) The Trend of Japanese Labor
 (C) The Future of Elderly People in Japan
 (D) The Future of Young Japanese

［2008 年度 甲南大学（2/2）A 日程（知能情報・理工学部）大問 6］

上例は，パラグラフ構成の原理の理解が試されている．

2.5 O 型問題の研究方法と典型例

我々は上記の A 型にも B 型にも該当しない問題を「O 型」として分類した．そしてこの O 型の傾向をつかむべく，清水（2005）に基づく以下 7 つの質問タイプ分類を用いて小問ごとの内容分析を行った．

(1) 語彙質問: 語彙の意味について問う質問
(2) 指示質問: 代名詞・指示表現の先行詞の理解について問う質問
(3) パラフレーズ質問: 文章中の局所的な一部分を言い換える，あるいは言い換えた表現を選択する質問とそれに対する正解が得られる質問
(4) テーマ質問: パラグラフまたは文章全体の主題について問う質問
(5) 文章構造質問: 比較・対照や時間順などの文章構造について問う質問や，ある内容が文章中のどの部分で述べられていたかを問う質問

(6) 推論質問：文章に基づいて適切に推論されることについて問う質問
(7) その他：上記分類に当てはまらない問題，問題文に直接かかれていない事柄を判断するあるいは，推論する (inference) 力を問う。

さらにその質問タイプの参照文脈が言語的か非言語的かを分析した。言語的とは，

(1) 前後の表現：文脈の前後の表現をほぼそのまま拾うことによって解答する
(2) 言語的連想：前後の表現から連想される表現を問うもの

のいずれかである。非言語的についても 2 つのカテゴリーに別れ，

(3) 直接的場面：文章・発話の場面と直接的につながっている表現を問うもの
(4) より広範な場面：一般常識や文章・発話の場面と 間接的につながっているもの

とがある。これらを踏まえて O 型の典型例を見てみよう。

a. 推論質問で参照文脈が言語的連想の例

> A: I bought this jacket here the other day, and it's too big.
> B: Would you like to return it or exchange it for another item?
> A: (　　)
>   (1) I'll bring it back.
>   (2) I believe it was in the chest.
>   (3) I'd like my money back, please.
>   (4) I don't have any change on me.
> ＊カッコ内に入るべき発言を (1)～(4) から選ぶ問題
> ［2008 年 英語 立命館大学【3】〔1〕(A)］

この対話文では，B の発話の return it or exchange it から連想し，(3) I'd like my money back, please. が導き出される推論質問である。

b. 推論質問で参照文脈が直接的場面の例

> A: I can't believe I failed my driving test!
> B: (　　) Most people don't pass on the first try.
> (1) You're right.　　(2) Don't worry.
> (3) Not that way.　　(4) That's the way!
> ＊カッコ内に入るべき発言を (1)〜(4) から選ぶ問題
> [2008年 英語 立命館大学【3】〔1〕(B)]

　この対話文では，言語的な連想ではなく，社会的な背景知識から判断して(2) Don't worry. が導き出される推論質問である。
　さらに会話文の空所補充問題を見てみよう。

c. 会話文の空所補充問題

> In a dentist's office
> A: What seems to be the problem?
> B: I've had a toothache for the last few days. It really hurts when I eat <u>cold</u> things.
> A: (　あ　) Does it bother for you then?
> B: Not really. Mostly it's just things like ice cream.
> A: Let's have a look. (　い　)
> B: On the <u>right side</u>. In the <u>back</u> on the <u>bottom</u>.
> A: Have you had problems with this tooth <u>in the past</u>?
> B: (　う　)
> A: I see. (　え　) We'd better clean it out and <u>fill</u> it.
> (1) Which one is it?
> (2) What about frozen food?
> (3) Where did I put my light?
> (4) I believe this is the first time.
> (5) How about when you eat hot food?
> (6) I still have some of my baby teeth.
> (7) Have you been in pain for a long time?

(8) You can brush your teeth after every meal.
(9) There seems to be a pretty large hole in it.
(10) The two front teeth look like they are loose.
[2008年 立命館大学【3】〔2〕]

　空欄（あ）の前の B の発話 when I eat cold things から（5）の How about when you eat hot food? が言語的に連想される推論質問である。空欄（い）に関しては，後ろの B の発話の right side, back, bottom の表現を拾って（6）Which one is it? が導き出される推論質問である。空欄（う）は前の A の発話の in the past から（4）I believe this is the first time. 導き出され，同様に（え）は A の発話の fill から連想して（9）There seems to be a pretty large hole in it. を選び出す，推論質問である。
　このように O 型の会話文の特徴は，短い会話（話者 A → B → A の 3 ターン程度）が多く，推論質問で前後の言語表現，あるいは直接的場面を参照するものが多い。受験者には短いやりとりから状況や場面を把握したり，使われている言語表現が用いられた意図（function）を推論したりする力が求められている。
　次に論説文の中のパラフレーズの問題を見てみよう。

d. 推論質問で参照文脈が言語的連想の例

　下線部（1）breathtaking の意味として，もっとも適当なものを一つ選びなさい。
　A small former logging company town in northern California is a beautiful village in a (1) breathtaking setting among pine trees near Mount Shasta. (passage 後略)
　① extremely high　　② highly developed
　③ shockingly terrible　　④ astonishingly beautiful
[2009年 龍谷大学 A 日程〔1〕]

　この問題は，546 語の passage の第一文中の語の意味が問われており，a beautiful village や among trees near Mount Shasta の前後の表現を参照することによって ④ astonishingly beautiful が解答として導かれる。

さらに前例と同じ問題の推論質問を考察しよう。

> 問11　空所 ⑪ に入れるのに，もっとも適当なものを一つ選びなさい。
>
> 　Under the contract, the company can build a very big plant in the town. Some residents said, "This would destroy the integrity of our small, historic town." Others think that jobs will strengthen the town's economy, and that (　⑪　). However, one report said that most of the jobs would be filled "by people who do not live in the town." Only low-paying jobs would be open to local residents.
> 　① townspeople would lose their jobs
> 　② any job would be better than no job
> 　③ no change would happen to the company
> 　④ local residents would stay away from the company
> 　［2009 年 龍谷大学 A 日程〔1〕］

　この問題についても，前後の文脈を参照することによって解答が得られる例である。工場建設に関して否定的な意見を述べているのが Some residents said 以下の内容で，Others think that 以下の内容が肯定的な意見であることを読み取り，② any job would be better than no job を選ぶことができる。
　このように O 型の論説文の特徴は，語彙を問うもの，パラフレーズさせるもの，代名詞や指示表現の先行詞の理解を問うもの，推論させるもの，テーマを選ばせるものなど，質問の種類が多様であり，文脈については前後の文脈や言語的連想，あるいは広範なコンテクストを参照させるものが多い。B 型に見られるような深い読解よりは，多くの英文を短時間で読み把握する力に焦点が置かれ，前後の文脈を参照し，意味と形式の両面から答えを選ぶ力が求められる。また，そのために必要な語彙力や表現力を試している。

3.　分析結果と考察

　本節では，我々が行った入試問題分析全体の量的特徴を整理する。分析は，プロジェクト参加者で数大学ずつを分担して行い，それを集約したデータに対して筆者らがクロス・チェックを実施した。調査した 91 の入試問題の概要に関する記述統計を表 1 に示す。ここでは A 型と B 型の顕著な特徴のみ

について報告するが，分析データの詳細はプロジェクト Web ページ (http://ecrproject.half-moon.org/) で参照することができる。

表1 分析した91の入試問題の全体的出題傾向

	試験時間 (分)	総語数[a] (語)	FRE[b]	小問数 (個)	タイプ別問題数 (個)		
					A型	B型	O型
平均	83.85	2109.04	55.62	39.80	16.07	6.82	16.91
標準偏差	19.05	815.35	9.81	12.81	9.55	8.27	10.57
最大値	140	4246	85.60	62	39	32	41
最小値	60	767	36.40	10	1	0	0

Note a) 英語による指示文・出題文・選択肢の語数を含む。
b) FRE = Flesch Reading Ease (p. 296 参照)

3.1 問題文の語数増加の傾向

表1から明らかなように，全体的にかなり多くの量の英文（問題指示文と出題文）を読ませる出題傾向が確認できた。大分量の英文を処理させる例では，早稲田大の理工学部が08・09年とも4,000語程度の英文問題を80分で解かせている。ベネッセ（2009）は大学入試センター試験出題においても英文量が増加傾向にあることを報告しており，国立・私大を問わず，現代の入試は大分量の英文を短時間で読みこなす力を要求している。隅から隅まで一字一句を日本語訳するだけの指導では，これに対処することは困難と言える。

3.2 A型問題・B型問題の割合

図2は，小問ごとのタイプ（A・O・B）の分布を示している。全体としては，A型問題は40.95％に過ぎず，量的に見るだけでも「生徒を志望大学に合格させるには，文法訳読式授業が最も効率的だ」という主張は当たっていない[2]。さらにこのように，傾向の異なる3タイプが出題され，大学によってそのバランスに大きな差が生じている以上，教師が全大学を一括りにして生徒に単一の受験対策を薦めることはもはや不適切と言えよう。また，受験産業はこうした現代の英語入試の実態を，模擬試験においてもっと考慮すべきであろう。

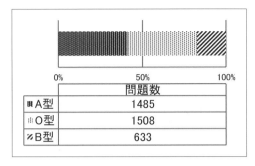

図2　タイプ別問題数（全体）

3.3　B型問題の特徴

図3は問題タイプ別の出題・解答言語を示している。A・O型では全体としては和問英答が主だったが，B型問題の特徴は，問題指示文が英語で与えられ，それに英語で解答するタイプが主流という点にある。一方，図4は「検索範囲」すなわち「解答を得るために検索することが必要な範囲」の分布を示している。この検索範囲は，筆者らが実際に各問題に解答することによって特定した。A型問題の検索範囲は語句〜一文以内が9割，O型でもそれが半数を占める。それに対して，B型問題では語句〜一文以内の検索で答え得る問題は2割以下であり，複数文〜全文の検索範囲が8割以上を占める。つまり，reading fluency を問う B 型問題では，答えるために複数文〜全文の検索を要求することが主流であることを示している。

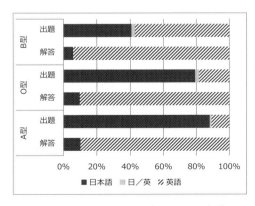

図3　出題・解答言語（問題タイプ別）

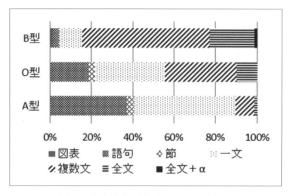

図4 「検索範囲」(問題タイプ別)

3.4 B型問題の広がりと語数との相関

次に個々の入試問題に関して,「B型が全小問に占める割合 −(マイナス)A型が全小問に占める割合」で「B型度傾向」を算出した。図5は,そうして算出したB型度傾向に総語数(問題指示文＋出題文＋解答選択肢)を掛けた「B型度×語数傾向」の散布図である($n=91$)。全体として右肩上がりの分布を示しており($r=.57, p<.001$),問題の構成がB型寄りになればなるほど大量の情報を処理する能力が要求されることがわかる。このうちで「B型度傾向」が高い大学を一覧にしたのが付録資料1である。2節の例 ⑧ ⑨ で例示されたように,「B型寄り」に該当しない入試にもB型問題は登場してお

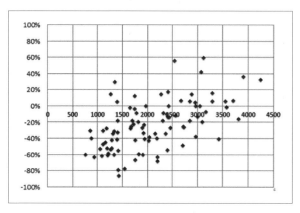

図5 「B型割合−A型割合」×総語数

り，B 型問題は徐々に広がり増えつつあることが推察される。

3.5 O 型問題の特徴

今回分析した問題において最も大きな割合を占める O 型問題はどのような特徴を持っているだろうか。

質問タイプで見ると，O 型問題 1,508 問中，推論質問が 52.94%，次いでパラフレーズ質問が 13.59%，語彙質問 13.25%，テーマ質問 11.40%，指示質問 5.90%，文章構造 1.46%，その他 1.46% という分布であった。図 6 は出題形式別の質問タイプを示しているが，O 型問題の 5 割近くを占める空所補充問題では推論質問が約 8 割で，2 割強を占める内容確認問題ではテーマ質問と推論質問が約 6 割であったことがわかる。O 型問題の大半は推論質問で構成されていると言ってよい。

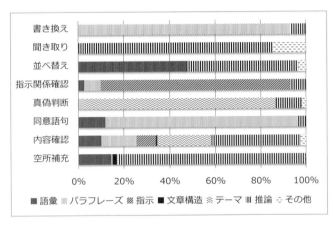

図 6　出題形式別質問タイプ

その参照文脈を見ると，2.5 節で挙げた例 a〜c のような会話問題では，おおよそ言語的文脈の参照を求めるものが約 6 割，非言語的文脈の参照を求めるものが約 4 割であった。一方，論説文問題では 6 割以上が前後の表現，つまり局所的な文脈の参照を求めるものであったとまとめることができる。

詳しくその内容を見てみよう。図 7 は出題形式別の参照文脈を示しているが，空所補充問題・内容確認問題・書き換え問題は言語的連想の参照を求めるものが比較的多いが，大半は前後の表現を拾うことを求めるものだと言え

る。空所補充問題・内容確認問題に次いで 10% 弱を占める同意語句問題の約半数は文脈の参照を要求しておらず，唯一，半数以上でより広範な場面への参照を求められる真偽判断問題の出題数は，全体としては同意語句に次ぐ 7% 弱を占めるに過ぎない。

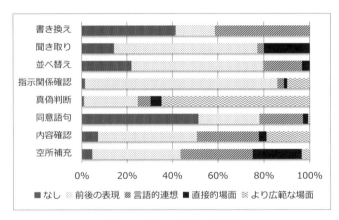

図7　出題形式別参照文脈

図8は質問タイプ別の参照文脈を示しているが，推論質問の7割以上が言語的文脈の参照を求めており，その他の質問は特に前後の表現の参照を求めるものが多い。出題形式の同意語句問題で確認したことと重なるが，語彙質

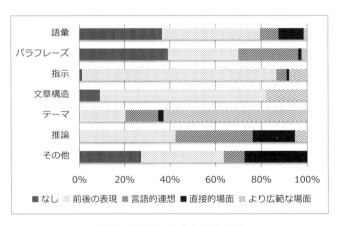

図8　質問タイプ別参照文脈

問とパラフレーズ質問の4割近くは文脈の参照は必要のないものである。非言語的文脈の参照が求められるのはテーマ質問が多いということがわかる。

4. まとめと展望

本研究は限られたサンプルでの分析であり，当然ながらただちに大学全般に適用できるものではない。それを踏まえた上で，分析結果をまとめたい。調査91本の入試問題の内訳を見ると，A型問題が40.95％を占めている（図2）。その特徴は，解答するためにせいぜい数語〜一文以内の参照しか必要としないものが9割方だということである（図4）。一方B型問題は17.46％を占めておりすでに無視できない存在である。しかもB型問題は長文で，答えるための検索範囲が広いので，A型よりも配点が高いと推測される。この事実から考えれば，文法訳読式の授業・入試対策のみでは多様で総語数の多い入試問題のごく限られた範囲しかカバーできないことがわかる。

B型問題に備えるためには，英文の段落構造を見抜き，段落間の論理構成を掌握し，メッセージ内容の中核を把握し，必要ならばそのメッセージ内容に関する自分の見解を英文で論述する力を育てる授業が必要だと言える。

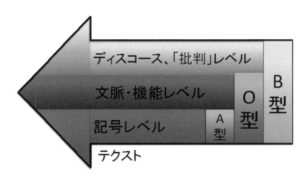

図9 テクストの階層と入試問題タイプの射程

教師はどのタイプの問題に焦点をあてて授業を行うべきだろうか。図9は，記号レベルからディスコース・レベルまでが重なるテクストの階層を模式的に示しており，B型の問題に対応できるような授業を行えば，O型，A型の問題に対応できる能力も養われると我々は考えているが，英語教師が現状としてそのような授業準備に充てられる能力・環境を考えると，常にB型対応

の授業を行うのは容易ではないかもしれない。それに比べて，Ｏ型問題に対応する授業運営は行いやすいのではないかと考えられる。

　我々がこの入試問題分析に取り組んでからすでに７年が経とうとしている。この７年の間に，Ａ型・Ｂ型・Ｏ型のバランスがどのように変化してきたかが気がかりである。33大学91本という規模の入試問題を分析するのは，16名のチームをもってしても，へとへとになるような大仕事であった。しかし，それだけの苦労をするだけの価値はあったと我々は考えている。あまりにも多くの大学入試英語問題論議が，しっかりとした統計調査に基づかない憶測に基づいて行われている現状を，日本の英語教育は早く脱却しなければならない。そのための入試問題分析の先例と分析手法を，本研究が提出できたとすれば幸いである。

〈注〉
1. Reading Ease $= 206.835 - (1.015 \times \alpha) - (84.6 \times \beta)$，（$\alpha =$ 文あたりの平均語数，$\beta =$ 単語あたりの平均音節数）。リーダビリティについて，詳しくは清川（2000）を参照されたい。
2. 2012年のＯ型問題分析時の見直しによって，関ほか（2011）で報告した数字に若干の修正が加わっている。具体的には，小問とみなされていなかったもの8問が加わり，Ａ型問題と分類されるものが23問，Ｂ型問題と分類されるものが10問増え，Ｏ型と分類されるものが25問減った。

〈引用文献〉
清川英男（2000）.「リーダビリティ」高梨庸雄・卯城祐司（編）『英語リーディング事典』（pp. 29–40）研究社.
清水真紀（2005）.「リーディングテストにおける質問タイプ：パラフレーズ，推論，テーマ質問と処理レベルの観点から」『STEP Bulletin』*17*, 48–62.
関静乃・加藤和美・茶本卓子・永倉由里・三浦孝・亘理陽一（2011）.「現代の大学入試問題に，文法訳読式授業はどれだけ対応できるか：高校英語授業改革プロジェクト発表その1」『中部地区英語教育学会紀要』*40*, 315–322.
ベネッセ教育研究開発センター（2009）.「生徒の学習意欲を高め，英語の力をつける方法を探る」
三浦孝（2010）.「大学入試英語に関する2つの主張を検証する」『英語教育』8月号，24–25.

付録資料 1 B 型寄りの入試（B 型割合 − A 型割合 ≧ 0）

No.	大学名	系	年度	解答時間	文章・会話語数	総語数（含リスニング）	平均FRE	総問数	B型−A型の割合
1	早稲田	文	08	90	2,084	3,122	39.68	49	59.18%
2	東京	共	08	120	2,548	2,548 (4,400)	58.97	45	55.56%
3	上智	理	08	90	1,994	3,076	48.00	50	42.00%
4	早稲田	理	09	90	1,632	3,902	63.90	53	35.85%
5	早稲田	理	08	90	1,854	4,246	46.85	52	32.69%
6	一橋	共	09	120	1,277	1,343 (2,038)	37.65	17	29.41%
7	立教	共	08	75	1,702	2,411	57.70	29	17.24%
8	関西	理	09	90	1,946	3,301	58.70	45	15.56%
9	甲南	文	09	70	1,938	2,886	65.45	42	14.29%
10	東京工業	共	08	90	1,265	1,265	55.45	21	14.29%
11	東京	共	09	120	2,245	2,276 (4,141)	59.43	49	14.29%
12	中央	理	08	80	1,538	1,742	56.20	33	12.12%
13	上智	文	08	90	2,059	3,705	39.30	60	6.67%
14	立教	共	09	75	1,777	2,672	58.60	33	6.06%
15	関西	理	08	90	2,335	3,557	64.77	50	6.00%
16	北海道	共	08	90	2,779	2,855	48.24	17	5.88%
17	慶應	文	09	90	2,154	3,302	47.66	55	5.45%
18	一橋	共	08	120	1,336	1,396 (1,852)	57.50	19	5.26%
19	関西	文	09	90	1,838	2,956	61.53	45	4.44%
20	甲南	理	09	70	2,296	3,055	53.93	33	0.00%[a]
21	甲南	理	08	70	2,213	2,969	53.70	34	0.00%
22	北海道	共	09	90	2,075	2,426	49.00	17	0.00%
23	龍谷	文	08	70	1,254	1,972	56.40	35	0.00%

Note a) No. 20〜23 は A 型問題と B 型問題が同数のため「B 型 − A 型の割合」が 0% となっているが，B 型問題が全体の平均程度からそれ以上（30.30〜17.14%）を占めるという事実に鑑み，「B 型寄り」に含めた。

あとがき

　私たちはこの本を通して，世界で通用する英語力を育てるには，授業を英文理解で留めるのでなく意見交換へとつなげること，そのためには議論する価値のある教材を用いることの必要を述べてきました。
　私たちは，今の大人の発想の枠内でしか，ものを発想できないミニ大人を育てているのではありません。今の大人が見えないものを見，大人が思いつかない問いを発することのできる，未来の大人を育てているのです。
　機械とコンピューターと人工知能が，どんどん人間に取って代わっていく近未来において，与えられた答をうのみにすることなく，当然とされていることにも疑問を発し，正解のない問いに答えを出してゆく力が求められます。そのために考え・構想し・意見交換することこそが，人間にしかできない得意分野です。だからこそ，生徒にもっと意見を問い，生徒に耳を傾けようではありませんか。本書がそうした未来志向型英語教育の，ささやかな礎石となれば幸いです。
　最後に，本書に結実したアイディアと実践は，その研究母体である「生き方が見えてくる高校英語授業改革プロジェクト」の，40余名のメンバーによって提案され練りあげられたものです。4年間にわたって，研究を推進しアイディアを貢献してくださったメンバーに，心から感謝申し上げます。

2016年5月　執筆者一同

執筆者一覧（あいうえお順）

伊佐地恒久　（岐阜聖徳学園大学教授）
今井　理恵　（新潟県立三条商業高等学校教諭）
加藤　和美　（東海大学海洋学部講師）
鈴木　章能　（長崎大学教育学部教授）
関　　静乃　（静岡大学非常勤講師）
種村　綾子　（岐阜大学非常勤講師）
永倉　由里　（常葉大学短期大学部教授）
三浦　　孝　（静岡大学名誉教授）編集委員
峯島　道夫　（新潟医療福祉大学准教授）
柳田　　綾　（愛知県立阿久比高等学校教諭）編集委員
山本　孝次　（愛知県立刈谷北高等学校教諭）編集委員
亘理　陽一　（静岡大学教育学部准教授）編集委員

（肩書きは 2016 年 3 月現在）

索　引

ア行

アイスブレイク　125–127　→ Icebreaking
穴埋め式ディクテーション　205, 206
生き方が見えてくる高校英語授業改革プロジェクト　5, 89, 159, 229, 248, 257, 291
エッセイ・ライティング　91, 99
オーラル・アプローチ（Audio-lingual Approach）　262
オーラル・イントロダクション（oral introduction）　37, 101, 235, 245–247
オール・イン・イングリッシュ　121

カ行

学習指導要領　4, 5, 121, 288
カルタ活動　67–71
期待×価値理論（Expectancy-Value Theory）　84, 86
気づき　201
グラフィック・オーガナイザー　7, 12, 14–18, 21–28, 174, 193
クリティカル・シンキング（critical thinking）　8, 34–36, 54, 55, 157　→ 批判的思考力
クリティカル・リーディング　34–36, 52, 54, 55, 169
クリティカル・リーディング・クエスチョン（critical reading questions）　38, 47, 55, 182, 236, 239
高等学校基礎学力テスト　289, 291

サ行

サポート・センテンス（Support Sentences）　9, 14, 20, 21, 302
自己評価　78, 79, 82

事実発問　35, 36, 42, 54, 55, 236, 237
小タスク　60, 62, 63, 158–161, 163–165, 167, 169, 171–173, 175, 176, 179, 180, 184, 192, 201–208, 210–216, 219–222, 226
ジョブズ，スティーブ（Jobs, Steve）　25, 32, 33, 156–197, 248, 249
シラバス　15, 92–94, 100, 170
自律的学習　8, 103, 105
推論質問　304–307, 311, 312
推論発問　7, 35, 36, 38, 44, 54, 55, 236–239, 259
スキーマ（schema）　63, 69, 73　→ 背景知識
精緻化推論　35
全人的（whole person）　230, 254
相互評価　78, 79
即答バトル　64, 71

タ行

大学入学希望者学力評価テスト　288–290
対置テキスト　8, 176, 177, 182, 184, 185, 192
頂上タスク　7, 60, 62, 63, 103, 104, 125, 151, 152, 158–161, 164, 167–169, 171–173, 183, 184, 186, 192, 193, 201, 202, 214–216, 222, 226, 239–244, 248, 249, 269, 270
ディスカッション　2, 6, 9, 72, 123, 151, 200, 220, 223, 224
ディベート　2, 6, 16
動機づけ　41, 60, 84, 86, 87　→モチベーション
読解前発問（pre-reading questions）　37
トピック・センテンス（Topic Sentence）　9, 14, 20, 21, 23, 54, 302

ハ行

背景知識 36, 63, 69, 102, 150 → スキーマ
パフォーマンス・テスト 121
パラグラフ・ライティング 54, 218
批判的思考態度 50, 51, 55, 59
批判的思考力（critical thinking skill） 50, 51, 55, 57, 91, 99, 122, 156, 157
評価（型）発問 7, 35, 37, 38, 55, 156, 259
ビンゴ（Bingo） 64, 74–77, 261
ふりかえりシート 82, 129, 130, 132, 133, 137, 138, 140, 141, 143, 144, 147
ブルームの教育目標の分類体系 122, 151
プレゼンテーション 198

マ行

ミニ・スピーチ 60, 62, 63, 78–80, 83
メタ認知ストラテジー能力 82
モチベーション 98, 199, 214, 215, 226, 256, 260, 281 → 動機づけ

ヤ行

8つの指導原則 7, 102, 159
ヨーロッパ共通参照枠（Common European Framework for Language） 289

ラ行

ラカン, チャールズ・A. 258
リーダビリティ公式 296
リズム音読 63, 65
ロジャーズ, カール（Rogers, Carl） 230, 253, 254, 256, 257, 265, 282

A〜Z

accuracy 258
bottom-up 14
Brainstorming 64, 72
CAN-DOリスト 289, 291
conversation strategy 299
CT → critical thinking
CTスキル目標 157, 159, 162–167, 169, 171, 174, 175, 178, 179, 181, 183, 188–190, 192, 194
Find who… 64, 74, 77
fluency 258, 298
G.O 14–17, 20–28 → グラフィック・オーガナイザー
Humanistic Language Teaching 230, 253
Icebreaking 63–65, 260 → アイスブレイク
inference 299, 304
Learner-centered education 258
learning community 101, 102
Learning Journal 64, 82, 83, 85
Look up & Say 63, 66
Magical Quiz 63, 64, 69
1-Minute Monologue 64, 73
open-endedな問い 161, 171
peer-editing 96–98, 100–102, 105
picture story 199, 200, 202, 210, 213, 222
Readability 296
recast 37, 43
Shadowing 66
Shadowing Quiz 63, 65
skimming 299
TEAP (Test of English for Academic Purposes) 290
Think & Talk 78
top-down 14
Trinity English Series 6, 9, 229–232, 248, 249, 257, 258, 260, 281
2-Minute Dialogue 64, 73

編著者紹介

三浦　孝（みうら・たかし）
大卒後 23 年間県立高校英語教師。在職中バーミンガム大学大学院に学び M.A. 取得。名古屋明徳短大，静岡大学に奉職後，2013 年同大学定年退職，名誉教授。現在バーミンガム大学院 dissertation supervisor，愛知大学非常勤講師。主要著書に『だから英語は教育なんだ』（共著），『ヒューマンな英語授業がしたい！』（共著），『英語授業への人間形成的アプローチ』。

亘理陽一（わたり・よういち）
静岡大学教育学部准教授。博士（教育学）。専門は英語教育学・教育方法学。主たる研究領域は，文法指導を中心とする，授業づくり・教材構成・カリキュラム編成論。実践的関心としては，英語教員養成・研修課程の組織・開発。中部地区英語教育学会静岡地区運営委員。著書に『英語教師は楽しい』（共著），『学習英文法を見直したい』（共著）など。www.watariyoichi.net

山本孝次（やまもと・こうじ）
愛知県立大学卒業以来，現在まで 30 年間愛知県立高校の英語教員。1995 年，南山大学大学院にて M.A. 取得。2015 年米国務省主催 E-Teacher スカラシッププログラム Critical Thinking in Language Learning and Teaching 修了。2008 年 JICA 主催教師海外研修（フィリピン）に参加，以来開発教育・国際理解教育にも関心を持ち，教員や青年海外協力隊経験者の仲間と活動中。

柳田　綾（やなぎだ・あや）
南山大学外国語学部英米学科卒業。米国 School for International Training, Master of Arts in TESOL コースにて M.A. 取得。現在，愛知県立高等学校教諭。『フォーカス・オン・フォームでできる！ 新しい英文法指導アイデアワーク　高校』，『ワーク＆評価表ですぐに使える！ 英語授業を変えるパフォーマンス・テスト　高校』（以上佐藤一嘉編著，明治図書）の執筆者の一人。

高校英語授業を知的にしたい
—内容理解・表面的会話中心の授業を超えて—

2016 年 7 月 1 日　初版発行

編著者	三浦　孝／亘理陽一 山本孝次／柳田　綾
発行者	関戸雅男
印刷所	研究社印刷株式会社
発行所	株式会社　研究社 http://www.kenkyusha.co.jp

KENKYUSHA
〈検印省略〉

〒102-8152
東京都千代田区富士見 2-11-3
電話（営業）03(3288)7777（代）
　　（編集）03(3288)7711（代）
振替　00150-9-26710

© Takashi Miura *et al.*, 2016

表紙デザイン：小島良雄

ISBN 978-4-327-41094-0　C 3082　　Printed in Japan